# Ethik und Unternehmensführung

Herausgegeben von
Charles Lattmann

Mit Beiträgen von
G. Enderle, W. Hess, M. Hofmann, E. Küng
Ch. Lattmann, F. M. Rachel, H. Ruh, B. Staffelbach
P. Ulrich, P. A. Ziegler

Mit 8 Abbildungen



Physica-Verlag Heidelberg

**Reihenherausgeber**
Michel Domsch, Universität der Bundeswehr Hamburg
Michael Hofmann, Wirtschaftsuniversität Wien
Charles Lattmann, Rüschlikon, Schweiz

**Schriftleitung**
Torsten J. Gerpott, Universität der Bundeswehr Hamburg
Johannes Steyrer, Wirtschaftsuniversität Wien

**Bandherausgeber**
Professor Dr. Charles Lattmann, Alte Landstraße 101
8803 Rüschlikon, Schweiz

ISBN 3-7908-0385-5 Physica-Verlag Heidelberg

CIP-Kurztitelaufnahme der Deutschen Bibliothek

Ethik und Unternehmensführung / Charles Lattmann
Heidelberg: Physica-Verlag, 1988
(Management Forum)
ISBN 3-7908-0385-5
NE: Lattmann, Charles [Hrsg.]



Druck und Bindearbeiten: Weihert-Druck GmbH, Darmstadt
7120/7130-543210

# Geleitwort der Herausgeber der Schriftenreihe

Zu Ende des Jahres 1986 fassten die Herausgeber des "Management Forum" und der mit seiner Drucklegung betraute Physica-Verlag den Entschluss, diese Zeitschrift in eine Schriftenreihe umzuwandeln. Dadurch sollte eine grössere Beweglichkeit bei der Behandlung der jeweils ausgewählten Sachfragen, insbesondere im Hinblick auf den Umfang der Veröffentlichungen, gewonnen werden. Wir fühlten uns in der Wahl dieses Weges durch die gute Aufnahme bestätigt, die unsere themenzentrierten Nummern über den Kreis der Abonnenten hinaus erfahren hatten.

Es ist unsere Absicht, jährlich drei Bände herauszubringen. Jeder wird jeweils von einem der drei Herausgeber betreut werden. Wir verfolgen dabei das gleiche Ziel, das auch für unsere Zeitschrift wegleitend war: Wir wollen uns mit Fragen der Unternehmung, welche in unserer heutigen Zeit für die Wirtschaftspraxis erheblich sind, aus einer interdisziplinären Sicht auseinandersetzen.

Wir legen heute den ersten von Charles Lattmann bearbeiteten Band unserer Schriftenreihe vor. Er befasst sich mit der Stellung ethischer Forderungen in der Unternehmungsführung. Wir gestatten uns, dieses Werk einem der massgeblichen Wegbereiter der wissenschaftlichen Behandlung dieses Fragenzusammenhangs zu widmen. Es ist dies Arthur Rich, dem wir dadurch unsere Dankbarkeit und unsere Hochschätzung für die von ihm als Lehrer und Forscher erarbeiteten Bausteine zur Schaffung einer Wirtschaftsethik ausdrücken wollen.

Michel Domsch
Michael Hofmann
Charles Lattmann

Wien, Hamburg, Rüschlikon b/Zürich, im Mai 1987.

# Vorwort

Die Unternehmung ist in weiten Kreisen der öffentlichen Meinung in eine zwielichtige Lage geraten. Sie wird für viele der Schädigungen des menschlichen Lebensfeldes, die in den letzten vier Jahrzehnten eingetreten sind, verantwortlich gemacht. Der früher ausschliesslich an sie angelegte Bewährungsmassstab ihrer wirtschaftlichen Leistungsfähigkeit genügt nicht mehr. Im Gegensatz zur Zeit vor dem zweiten Weltkrieg wird in ihr nicht mehr ein ausschliesslich ökonomisches, sondern ein sozio-ökonomisches Gebilde gesehen, dem Pflichten der Gesellschaft gegenüber auferlegt sind.

Eine Eingliederung in diese zu finden, die auf Grund der Wahrnehmung ihres Wertes für die menschliche Gemeinschaft zur erneuten Erlangung einer anerkannten Stellung in ihr führt, erscheint für sie stets wichtiger. In ihr ist ein Kreis von Massnahmen entstanden, welche von diesem Ziel bestimmt werden. Sie bemüht sich, das über sie in der Oeffentlichkeit bestehende Meinungsbild durch die Gestaltung ihrer öffentlichen Beziehungen zu pflegen. Vor allem hat sich in ihr eine stets stärker zusammenhängende normative Leitungsfunktion herausgebildet, welche ihr Handlungsgefüge überlagert und es einem Rahmen von ihr selbst gesetzter Anforderungen unterstellt. Diese schlagen sich in Leitbildern nieder, in denen sich die Unternehmung zu bestimmten Verpflichtungen dem Staat, der Gesellschaft und ihren Mitarbeitern gegenüber bekennt, in damit übereinstimmenden Politiken, welche ihre Geschäftstätigkeit regeln, in Führungsrichtlinien, in denen die Stellung der für sie arbeitenden Menschen in ihrem Aufgabenfeld umschrieben wird und ihnen bestimmte Rechte zuerkannt werden.

Die Besinnung auf den Grund und die Tragweite der ihr durch das Gesetz aufzuerlegenden oder durch die eigene Anerkennung von ihr zu übernehmenden Normen des Verhaltens bringt die Unternehmung in den Gesichtskreis der Ethik. Damit ist eine Anknüpfung ihrer Be-

trachtung an deren ursprünglichen Herkunftsort zustande gekommen, nämlich den "moral sciences", aus denen sich die klassische Nationalökonomie vor etwas mehr als zweihundert Jahren herauslöste.
Im vorliegenden Sammelband wird die Untersuchung dieser in der Gegenwart wieder bedeutsam gewordenen Wechselbeziehung zwischen Ethik und Unternehmungsführung aus einem breit gespannten Fächer von Gesichtspunkten angestrebt.

In seinem einleitenden Beitrag versucht der Herausgeber des vorliegenden Bandes die sich durch die Einbeziehung ethischer Fragestellungen in der Lehre der Unternehmungsführung ergebenden wissenschaftstheoretischen Fragen darzustellen. Vom heutigen Legitimationsbedarf der Unternehmung ausgehend, arbeitet Bruno Staffelbach den Sinn einer eigenständigen Management-Ethik heraus und untersucht die möglichen Ansätze und Denkebenen ihrer Gestaltung. Die nächsten beiden Beiträge schöpfen aus theologischem Gedankengut: P. Albert Ziegler stellt den der katholischen Soziallehre entspringenden Standpunkt dar und Hans Ruh behandelt den Fragenzusammenhang aus evangelischer Sicht. Von der Diskursethik ausgehend, wie sie vor allem Habermas entwickelt hat, entwirft Peter Ulrich eine Vernunftethik der Unternehmensführung, deren Endziel die Erzielung einer Verständigung zwischen allen an der Unternehmung Beteiligten und von ihr Betroffenen in einem freien Dialog ist. Emil Küng leitet die ethischen Anforderungen an die Unternehmung aus ihrer Einbettung in den ihr übergeordneten Systemen der Gesellschaft und letztlich des gesamten Lebenszusammenhanges ab. Georges Enderle arbeitet den Gehalt heraus, den die goldene Regel für die Erfüllung moralischer Anforderungen im Bereiche der Unternehmungsführung in sich birgt. Michael Hofmanns Beitrag stellt tiefenpsychologische Betrachtungen zur Arbeitsethik an. Frank Rachel weist einen Weg zur Erfassung der allem ethischen Denken zugrunde liegenden Werthaltungen bei den Mitarbeitern auf. Endlich ergreift in der Person von Walter Hess ein verantwortlich denkender Unternehmer das Wort, der zuerst während seines Wirkens an der Spitze eines internationalen Konzerns und in den letzen Jahren bei der Hilfe an grosse Industriebetriebe, die in schwerste Bedrängnis gelangt waren, alltäglich Entscheide von erheblicher ethischer Tragweite zu fällen hatte.

Rüschlikon b/Zürich, im Mai 1987 Charles Lattmann

# Inhaltsverzeichnis

# Wissenschaftstheoretische Grundlagen der Unternehmungsethik

Ch. Lattmann[1]

Charles Lattmann versah von 1968 bis 1983 den Lehrstuhl für Personalwesen und Mitarbeiterführung der Hochschule St.Gallen. Er ist seit 1983 emeritiert.

Zusammenfassung

Seit der griechischen Antike und somit während zweieinhalb Jahrtausenden wurde in der Erarbeitung und Beurteilung von Lösungen für die erheblichen Lebensprobleme des Menschen eine Aufgabe der Wissenschaft gesehen. Im Jahre 1904 hat Max Weber in seinem berühmt gewordenen programmatischen Aufsatz aufgewiesen, dass Aussagen dieser Art Werturteile zugrunde liegen, die dem Glauben und den Gefühlen des Einzelnen entspringen und nicht empirisch bewiesen werden können. Er stellte daher die Forderungen auf, die Sozialwissenschaft habe sich auf die Darlegung ihrer Wirkungen zu beschränken und auf ihre Setzung zu verzichten. Dieses Postulat der Werturteilsfreiheit wurde in der Folge geradezu zu einem Paradigma sozialwissenschaftlicher Forschung. Es führte zu einer Verkürzung der wissenschaftlichen Sicht auf die instrumentelle Zweckmässigkeit. Den aus ihrem Bereich verbannten Fragen der Gestaltung sozialer Gefüge kommt in der Gegenwart eine besonders erhebliche Bedeutung zu. Es stellt sich daher die Frage, ob und wie in den Sozialwissenschaften über Sollensaussagen und Werte Erkenntnisse gewonnen werden können. Im vorliegenden Aufsatz werden die hierfür gebildeten Ansätze einer Betrachtung unterzogen.

## 1. Das Paradigma der Werturteilsfreiheit in den Sozialwissenschaften

Neben seiner Neugier war es sein Streben nach Bewältigung der sich ihm bei seiner Daseinsfristung in den Weg stellenden Schwierigkeiten, welche den Menschen zu jener geistigen Auseinandersetzung mit der Welt veranlasste, aus der die Wissenschaften hervorgingen. Von diesen wurde stets die Aufweisung von Wegen zur Lösung auftretender lebenserheblicher Fragen erwartet. Als solche traten in das Gesichtsfeld der Sozialwissenschaften insbesondere jene nach der Gestaltung aller zwischenmenschlichen Beziehungen in Gesell-

---

[1] Charles Lattmann, Alte Landstrasse 101, CH-8803 Rüschlikon.

Management Forum
Ethik und Unternehmensführung
ed. by Charles Lattmann

schaft und Staat. Bei diesen Fragen geht es stets um die Auswahl von Zwecken, deren Bestimmung jeweils eine Wertentscheidung voraussetzt. Auf dem Boden der Wissenschaft wurden solche von ihrem Anbeginn in der griechischen Antike bis zur letzten Jahrhundertwende - also während zweieinhalb Jahrtausenden - immer wieder getroffen, ohne sich bewusst zu werden, dass ein Erkenntnisproblem mit ihnen verknüpft war.

Dieses aufgewiesen zu haben, ist das Verdienst MAX WEBERs. Aus Anlass der Uebernahme der Verantwortung für die Herausgabe der Zeitschrift "Archiv für Sozialpolitik" gemeinsam mit EDGAR JAFFE und WERNER SOMBART veröffentlichte er einen programmatischen Aufsatz in dieser Zeitschrift, in dem er die Setzung von Werturteilen als eine von einer empirischen Wissenschaft nicht lösbare und von ihr daher nicht zu übernehmende Aufgabe kennzeichnete (Weber 1904a). Da sich die Sozialwissenschaft mit einem Ausschnitt der Wirklichkeit befasst, trifft diese Forderung auch auf sie zu. Wie jede Wissenschaft strebt auch sie nach Erkenntnissen, denen Wahrheit im Sinne objektiver Geltung zukommt. Eine solche besteht nach WEBER nicht für Wertungen, die dem Wollen des Menschen, seinem Gewissen und seiner Weltanschauung entspringen. Ihnen kommt daher nur eine subjektive Bedeutung zu. Sie werden von WEBER keineswegs gering geachtet. Sinnvolles menschliches Handeln wird durch Zwecke geleitet, deren Auswahl nicht anders als durch wertendes Abwägen erfolgen kann. Auch der Wissenschaftler ist zu diesem gerufen, jedoch als Mensch und nicht als akademischer Lehrer und Forscher. WEBERs Weggenosse SOMBART (1930) stellt sogar fest, Werte gründeten "in einer viel grösseren Tiefe, als der, in die das Senkblei der Wissenschaft hinabreicht". WEBER verbannt sie auch nicht völlig aus dem Betrachtungskreis der Wissenschaft, sondern unternimmt eine sehr genaue Untersuchung ihrer Beziehungen zu dieser vor. Er gelangt dabei zu folgenden Unterscheidungen:

1. Die Zuwendung des Forschers zu einem Untersuchungsgegenstand stellt ein Handeln dar, das - wie jedes Handeln - einem Entscheid entspringt. Das ausgewählte Stück Wirklichkeit erhält für ihn Bedeutung durch seine Beziehung auf eine Wertidee. Diese bestimmt wohl sein Erkenntnisinteresse; in ihrer Ver-

wendung hingegen ist er "an die Normen unseres Denkens gebunden" und hat nach objektiver Wahrheit zu streben, d.h. nach einer solchen, die "für alle gelten will, die Wahrheit wollen" (Weber 1904a/1922, S.184). ALBERT (1961) hat diesen "Bezug auf Wertideen" später als die nicht zu umgehende Wertbasis der Wissenschaft bezeichnet.

2. Wie es WEBER für ethische und religiöse Überzeugungen im Hinblick auf das Wirtschaftsleben nachweist, gehören Wertungen zu den wichtigsten Bestimmungsgründen menschlichen Verhaltens (1917/1922, S.464). Als solche fallen sie in den Betrachtungskreis der Wissenschaft (nach ALBERT in ihren Objektbereich). WEBER hat sich denn auch - insbesondere in seinen religionssoziologischen Untersuchungen (1904b) - eingehend mit der Bedeutung von Werten für die Prägung und Ausrichtung wirtschaftlicher und gesellschaftlicher Vorgänge befasst.

3. Endlich werden über Werte Urteile gefällt, d.h. "Bewertungen einer durch unser Handeln beeinflussbaren Erscheinung als verwerflich oder billigenswert" (1917/1922, S.451). Es ist dieser dritte Bezug zu Werten, der den Bereich der Wissenschaft (nach ALBERT ihren Aussagezusammenhang) überschreitet; denn aus ihr lassen sich keine Sollensvorschriften ableiten (1904a/1922, S.151). Es ist aber nur die Setzung solcher Werturteile aus der Wissenschaft auszuschliessen. Sie sind ihrer Betrachtung in den folgenden Hinsichten zugänglich (1904a/1922, S.149-151):

a) Die Wissenschaft vermag die Eignung von Mitteln zur Erfüllung des dem Werte entsprechenden Zwecks zu bestimmen. Sie kann niemanden lehren, was er soll, wohl aber, was er kann. Dabei ist sie in der Lage, die Unmöglichkeit oder Unwahrscheinlichkeit einer Zweckerreichung aufzuzeigen (1917/1922, S.472).
b) Sie kann die der Zweckerfüllung entspringenden Folgen sowie unbeabsichtigte Nebenwirkungen ermitteln und so deren Kosten feststellen.
c) Sie vermag ferner die Bedeutung von Gewolltem zu erhellen und aufzuweisen, welche Werte ihm zugrunde liegen.

d) Endlich kann sie Werturteile formallogisch auf ihre Widerspruchslosigkeit prüfen.

Mit seinem Aufsatz löste WEBER den zweiten Methodenstreit der Volkswirtschaftslehre aus. Der Höhepunkt seiner Austragung war die Wiener Tagung des Vereins für Sozialpolitik vom Jahre 1909. Für eine wertfreie Wissenschaft trat an dieser ausser WEBER vor allem auch SOMBART ein. Ihr Standpunkt wurde von einer Reihe von Volkswirtschaftern übernommen, insbesondere von ADOLF WEBER, VOIGT und DIEHL. Gegen diese wertfreie Ausrichtung traten alle jene ein, welche die Ansicht vertraten, sozialpolitische Forderungen liessen sich wissenschaftlich beweisen. Zu ihnen gehörten die "Katheder-Sozialisten" der jüngeren historischen Schule, insbesondere ihr geistiges Oberhaupt GUSTAV SCHMOLLER sowie v. PHILIPPOVICH und HERKNER, der die Auffassung vertrat, Werturteilen komme für die Volkswirtschaftslehre die Bedeutung objektiver Massstäbe zu, wenn sie aus den gemeinsamen Ansichten des ganzen Volkes abgeleitet würden. Für die Einbeziehung von Werten in die wissenschaftliche Betrachtung traten ferner SPANN und WEIPPERT ein. Für SPANN (1924, 1925) entspringen diese der ontologischen Grundlegung seiner universalistischen Wirtschafts- und Gesellschaftslehre, nach welcher aus den Gesetzen des Seins solche des Sein-Sollens abgeleitet werden können. WEIPPERT (1966) stellte an die Gestaltung sozialer Gebilde die Forderung ihrer Lebensrichtigkeit.

Die strenge Gedankenführung WEBERs und SOMBARTs siegte in diesem Meinungsstreit und die Werturteilsfreiheit erlangte in den Wirtschafts- und Sozialwissenschaften je länger je mehr die Stellung eines bis in die Gegenwart wirkenden Paradigmas. Dieses erfuhr eine Verstärkung zuerst durch den Neopositivismus des Wiener Kreises und später durch den von POPPER begründeten kritischen Rationalismus. Als Kriterium der Wissenschaftlichkeit wurde vom Wiener Kreis die Verifizierbarkeit von Aussagen vertreten, deren Fehlen metaphysische Stellungnahmen zu Leeraussagen stempelt (Hahn et al. 1929). Nach POPPER (1971) kann eine auf die Wirklichkeit bezogene Aussage durch ihre empirische Ueberprüfung nie vollständig, sondern immer nur vorläufig bestätigt werden, da nicht auszuschliessen ist, dass neu festgestellte Tatsachen mit ihr nicht im Einklang stehen. Eine einzige solche Feststellung genügt zur Verwerfung einer Erklärung. Aus diesem Grunde müssen wissenschaftliche Aussagen, die auf die Wirklichkeit bezogen werden, so gefasst sein, dass sie an ihr scheitern können. Das Wahrheitskriterium empirischer Wissenschaften ist die Uebereinstimmung ihrer Erklärungen mit der Wirklichkeit und seine Erfüllung setzt deren Falsifizierbarkeit voraus. Werturteile können dieser Anforderung nicht genügen und sind daher nicht wahrheitsfähig. Sie sind aber nicht bedeutungslos; denn sie erfüllen eine Funktion in der Gesellschaft. Wenn sie nicht dogmatisch verfestigt, sondern für eine Kritik offen gehalten werden, sind sie einer fortwährenden Verbesserung durch diese zugänglich (Popper, 1962, S. 369 ff.).

MAX WEBER ist nicht der erste gewesen, der erkannte, dass die Setzung von Werturteilen mit einer Erkenntnisfrage belastet ist. Noch vor dem Erscheinen seines Aufsatzes hatte sich SOMBART (1897) gegen ethische Urteile in der Volkswirtschaftslehre ausgesprochen. Vor allem aber findet sich noch wesentlich früher, nämlich bei HUME (1739-40/1975, S. 469) eine ausserordentlich klare Umreissung des Problems. Er schrieb: "In every system of morality, which I have hitherto met with, I have always remark'd, that the author proceeds for some time in the ordinary way of reasoning .. when of a sudden I am surpriz'd to find, that instead of the normal copulation of proposition, is and is not, I meet with no proposition that is not connected with an ought, or ought not. This change is imperceptible; but is, however, of the last consequence. For as this ought, or ought not, expresses some new relation or affirmation, t'is necessary, that it should be observ'd and explain'd; and at the same time that a reason should be given, for what seems altogether inconceivable, how this new relation can be a deduction from others, which are entirely different from it." Es ist auffallend, dass HUMEs Feststellung keinerlei weitere Besinnung hervorrief. Dies dürfte darauf zurückzuführen sein, dass er bei der Aufweisung des Problems stehen blieb und keine methodologischen Folgerungen zog, während die sehr entschiedenen WEBERs eine Auseinandersetzung mit ihnen erzwangen.

## 2. Die als Folge ihrer Ausrichtung auf Werturteilsfreiheit bewirkte Verkürzung der wissenschaftlichen Sicht und die Wiederaufnahme von Wertungen

In dem Ausmasse, wie die Sozialwissenschaften der Forderung nach Werturteilsfreiheit zu genügen trachteten, trat eine Einengung ihres bisherigen Betrachtungsfeldes ein. Diese reiht sich in die geistige Entwicklung ein, welche dem von DESCARTES begründeten und von der Aufklärung übernommenen Rationalismus entsprungen war. In ihr erlangte die Vernunft die Stellung des massgeblichen Schlüssels zur Oeffnung des Verständnisses der Welt, aus welcher die letzten Ueberreste mythisch-religiöser Deutungen vom Positivismus des 20. Jahrhunderts verbannt wurden. MAX WEBER (1964, S. 18) arbeitete als massgeblichen Bestimmungsgrund menschlichen Handelns die Zweckrationalität heraus, welche durch das Abwägen angestrebter Zwecke, ihrer Folgen und der ihr dienenden Mittel gekennzeichnet ist. Die wertfreie Ausrichtung der Wissenschaft lässt für sie nur noch die Bestimmung der Folgen einer Zweckverwirklichung und die Beurteilung der Eignung einsetzbarer Mittel zu, während die Auswahl der Zwecke in den Raum persönlicher Glaubensentscheidungen verwiesen wird. Die Wissenschaft befasst sich nur noch mit der instrumentellen Rationalität (vgl. Brantl 1985, S. 96).

Dies hat zur Folge, dass eine Vielzahl von Fragen aus den Sozialwissenschaften ausgeblendet werden, welche sie aus der praktischen Philosophie übernommen hatten und die zu eigentlichen Knotenpunkten in ihren Untersuchungen geworden waren. Zu ihnen gehören insbesondere die folgenden:

- die Festlegung der Rechte und Verpflichtungen andern gegenüber, so dass nicht mehr der normativen Ethik, sondern nur noch der das tatsächliche sittliche Verhalten feststellenden beschreibenden und der vor allem den formalen Gehalt ethischer Aussagen bestimmenden Metaethik wissenschaftliche Bedeutung zukommt;
- die Bestimmung der Aufgaben des Staates und seiner Organe, wodurch die Sicht der politischen Wissenschaft auf die zur Macht im Gemeinwesen führenden Vorgänge und die ihnen entspringenden Gefügebildungen beschränkt wird;

- die vom Recht zu erfüllenden Anforderungen, was im Rechtspositivismus, wie er etwa von KELSEN vertreten wurde, dazu führt, dass der ausschliessliche Auswahlgesichtspunkt der Lehre in der tatsächlichen Geltung von Rechtssätzen besteht, auch dann, wenn sie sich nach dem allgemeinen Empfinden als unmenschlich erweisen;
- die Ordnung der Wirtschaft, von der nur noch die in ihr ablaufenden Vorgänge zu untersuchen sind;
- der ästhetische Gehalt von Kunstwerken, an denen nur noch ihre geschichtlichen Bestimmungsgründe aufgewiesen werden;
- die Erschliessung von Sinn als Bedeutung für den Menschen, der stets ein Wertgehalt anhaftet.

Die Welt zerfällt so in zwei getrennte Bereiche: den kognitiv und damit wissenschaftlich fassbaren und den privat-subjektiven, in den Empfindungen des eigenen Gewissens hervortretenden.

Die aufgeführten, auf die Gestaltung von Wirtschaft und Gesellschaft bezogenen Fragen, welche von der Forderung nach Werturteilsfreiheit aus den Sozialwissenschaften verbannt werden, haben an Bedeutung nichts verloren. In der Gegenwart, in welcher der ausserordentlich schnell ablaufende Wandel zu einer allgemeinen Verunsicherung der Menschen geführt hat und die Aenderung der Werthaltungen die bestehenden Ordnungen in Frage stellt, sind sie sogar erheblicher geworden. Es wird ein deutliches Bedürfnis spürbar, sie aus einer übergeordneten, sachbestimmten Sicht zu durchleuchten. Dies hat dazu geführt, dass die Auseinandersetzung über Werturteile wieder aufgelebt ist.

Einer der ersten, der seine Stimme gegen den Szientizismus in den Sozialwissenschaften erhob, war RÖPKE (1944). Diese haben es mit moralischen Fragen zu tun, mit denen ein Werten unmittelbar verknüpft ist. Bei jenen, die lebens- und gesellschaftswichtig sind, "wird der Grad der Subjektivität so gering, dass diese Werturteile einen geradezu objektiven Charakter annehmen, d.h. auf allgemeine Zustimmung rechnen können" (Röpke 1944, S. 154-155). Sodann hob MYRDAL hervor, es sei nicht möglich, Wissen ohne eine Bewertung abzuleiten. Der WEBERsche "Bezug auf Wertideen" bestimmt die Fragen und die Ausrichtung der jeweils gewonnenen Antworten. MYRDAL (1971 und 1975) trat daher für die Einführung von Wertprämissen ein, die als solche herauszuheben und nicht willkürlich, sondern im Hinblick auf ihre gesellschaftliche Bedeutung zu wählen sind. Den grössten Widerhall fand die von HABERMAS (1977) geäusserte Kritik an der Werturteilsfreiheit. Die Basiswerte, welche die Forschung leiten, rechtfertigen und verstärken die bestehenden Herrschaftsverhältnisse. Um sie zu überwinden, ist ein Ausbruch aus der "verzerrten Kommunikation" zu "emanzipierten" Erkenntnisinteressen in einem echten, d.h. nach Uebereinstimmung trachtenden Diskurs erforderlich.

Die scharfsinnigen Betrachtungen von WEBER, SOMBART, dem Wiener Kreis und den Vertretern des kritischen Rationalismus haben unwiderlegbar deutlich gemacht, dass die Gültigkeit von Werturteilen nicht in der gleichen Weise ermittelt werden kann, wie jene empirisch prüfbarer Aussagen. Anderseits wird in dem SCHMOLLER nachgesagten Ausspruch: "Kein Nagel wird ohne Ethik in die Wand geschlagen" (Jöhr 1980, S. 13) die Wertgeleitetheit allen menschlichen Handelns deutlich, so dass die Sozialwissenschaften beim Verzicht auf ihre Beurteilung sich der Gesellschaft bei der Lösung von Fragen versagen, die im Lebensfeld des Menschen von höchster Bedeutung sind. Es drängt sich daher die Frage auf, ob bzw. wie Werturteile aus dem Bereich lediglich subjektiv getroffener Entscheidungen hinausgeführt und einen intersubjektiv geltenden Gehalt erlangen können.

## 3. Die Bedeutung von Werturteilen für die Betriebswirtschaftslehre

Die Betriebswirtschaftslehre ist von ihrem Anbeginn vom Streben geprägt worden, den in Unternehmungen und Verwaltungen tätigen Führungskräften Mittel und Wege aufzuweisen, um die sich in ihrem Aufgabenkreis stellenden Probleme zu lösen. Im Hinblick auf die Art und Weise, wie dieses Lehr- und Ausbildungsziel zu erreichen gesucht wird, lassen sich in ihr folgende Ansätze unterscheiden:

1. eine ethisch-normative Richtung, welche das Handeln der Unternehmung obersten sittlichen Werten unterstellt und deren Bestimmung in den wissenschaftlichen Aussagenzusammenhang einordnet. Diese Auffassung wurde von einer Reihe der Begrün-

der der Hochschullehre vertreten, insbesondere von SCHÄR und NICKLISCH. Diese Einstellung wurde verstärkt durch die Abwehr des in ihrem Nachbarfach der Volkswirtschaftslehre der neuen Wissenschaft gegenüber erhobenen Vorwurfs ihrem Anliegen nach eine schnöde Profitlehre zu sein. In diesem Sinne beteiligte sich sogar der um ihre Anwendungsbezogenheit besonders bemühte SCHMALENBACH (1911, S. 311) an dieser Auseinandersetzung, indem er die Betriebswirtschaftslehre nicht der privatwirtschaftlichen Rentabilität, sondern der Gemeinwirtschaftlichkeit verpflichtete. Nachdem die während dieser ersten Auseinandersetzung wenig beachtete Forderung nach Werturteilsfreiheit vermehrt in das wissenschaftliche Denken eindrang, wurde der ethische Ansatz immer mehr zurückgedrängt. Ihm blieben vor allem unter dem Einfluss der katholischen Soziallehre stehende Persönlichkeiten treu, wie KALVERAM, G. FISCHER (dessen Modell der partnerschaftlich geführten Unternehmung auch in der Wirtschaftspraxis Widerhall fand) und A. MARX. In der Folge ist LOITSLBERGER (1971) für die Gründung der Betriebswirtschaftslehre in meta-ökonomische Werte eingetreten, die als ausdrücklich umschriebene Axiome den Ausgangspunkt ihres Systems abgeben sollten.

2. eine <u>rein theoretische Richtung</u>, die ausschliesslich nach der erkenntnismässigen Erfassung der in der Unternehmung entstehenden Vorgänge und Zusammenhänge strebt und damit im Einklang mit den Forderungen WEBERs steht. Die wichtigsten Vertreter dieses Ansatzes waren RIEGER in den zwanziger und GUTENBERG in den fünfziger Jahren. In der Gegenwart hat SCHANZ in seiner verhaltenstheoretischen Betriebswirtschaftslehre (1975, 120) darauf hingewiesen, dass "Theorien durch technologische Transformationen in ihre technologische Form gebracht werden können", indem unter Einhaltung der Werturteilsfreiheit aus wissenschaftlichen Kausalerkenntnissen final gerichtete Aussagen abgeleitet werden.

3. eine <u>praktisch-normative Richtung</u>, welche der Betriebswirtschaftslehre bewusst die Aufgabe zuweist, der Lenkung der Unternehmung dienende Vorgehensweisen zu erarbeiten, die auf ihre als solche keiner Wertung unterworfenen Ziele abzustimmen

sind. Die Betrachtung bleibt dadurch auf die Ebene der Mittel und Verfahren beschränkt. Dabei ist bis in die Gegenwart vorwiegend davon ausgegangen worden, dass der Unternehmung ein ihrem Wesen entspringendes Streben nach Gewinn (oder sogar Gewinnmaximierung) anhaftet, dem deshalb die Bedeutung einer Richtschnur für ihre Untersuchung zukommt. Im Gegensatz zu dieser Betrachtungsweise, welche das Modell des homo oeconomicus übernimmt, richtet HEINEN (1976) seinen Blick auf die tatsächlich gesetzten Ziele der Unternehmung, die empirisch zu ermitteln sind. Zur Erarbeitung und Festlegung der diesen Zielen zugrunde liegenden Werthaltungen hat ULRICH (1981, S. 15) ein Wertvorstellungsprofil entwickelt. In der Folge hob er hervor, dass für das Entscheiden und Handeln in der Unternehmung nicht die persönlichen Werte der Führungskräfte massgeblich sein sollen, sondern dass sie in einem überindividuellen, auf die Unternehmung abgestimmten Wertzusammenhang gründen müssen. Dieser selber ist "im Lichte eines Wertsystems höherer Ordnung" zu prüfen (1983, S. 147-149). Mit dieser letzten Feststellung nähert sich ULRICH dem ethisch-wertenden Ansatz.

In der Gegenwart wird eine Vielzahl von Forderungen an die Unternehmung herangetragen, die nicht auf ihre wirtschaftlichen Ziele bezogenen Zweckmässigkeitsüberlegungen entspringen, sondern darin gründen, dass sie moralische Verpflichtungen den in ihr tätigen Menschen und der Gesellschaft gegenüber zu erfüllen hat. Die Öffentlichkeit erwartet von ihr, dass sie die Interessen der Allgemeinheit beachtet. Sie zeigt in diesem Sinne eine besondere Empfindlichkeit Verhaltensweisen gegenüber, welche die menschliche Gesundheit schädigen oder die Umwelt belasten, und sie verurteilt als ausbeuterisch wahrgenommene Verhaltensweisen in den Ländern der dritten Welt. Es wird verlangt, dass die Unternehmung die körperliche und seelische Gesundheit ihrer Mitarbeiter nicht schädigt, dass sie ihre menschliche Würde achtet und dass sie die zu erfüllenden Arbeitsaufgaben so gestaltet, dass die in ihr Tätigen sich wohl fühlen und zu einer Entfaltung ihrer Persönlichkeit gelangen. Darüber hinaus wird von den Gewerkschaften gefordert, dass die Arbeitnehmer auf Grund einer Mitbestimmung an der Willensbildung der Unternehmung beteiligt werden. Für sie wird daher die grundsätzliche Bestimmung ihrer Stellung im sozialen Feld immer wichtiger. Dies hat dazu geführt, dass sie immer häufiger eine eigentliche normative Grundlage ihrer Führung erarbeitet, die ihren Niederschlag in Leitbildern, in Führungsrichtlinien oder einer Verfassung findet. Der Rückzug der Betriebswirtschaftslehre von einer Auseinandersetzung mit den Wertentscheiden, die den von aussen an die Unternehmung gestellten oder von ihr selber gesetzten Anforderungen an ihr Verhalten zugrunde liegen, würde bedeuten, dass sie an den ausschlaggebenden Problemen vorbeigeht, denen sich diese in der Gegenwart gegenüber gestellt sieht. Es stellt sich auch die Frage, ob es überhaupt möglich ist, ein Gebilde wie die Unternehmung, das auf Zwecke bezogen ist, deren Festlegung und Anwendung aus Entscheidungen hervorgehen, die durch Werte geleitet sind, voll zu erfassen, ohne diese ihre Grundlage darstellenden Werte zu bestimmen.

KIRSCH (1972) hat aufgewiesen, dass eine Erarbeitung unternehmerischer Vorgehensweisen überhaupt nicht werturteilsfrei erfolgen kann. Wenn im Sinne der praktisch-normativen Betriebswirtschaftslehre von den tatsächlich gesetzten Unternehmungszielen ausgegangen wird, so kommt es - wenn diese einheitlich sind - zu einem "schwachen" Wertentscheid, nämlich der Empfehlung der Verwendung des diesen Zielen gerecht werdenden Verfahrens. Fehlt diese Zieleinheitlichkeit - und damit ist in der Mehrzahl der Fälle zu rechnen, da die Ausrichtung des Unternehmungsverhaltens durch eine Mehrzahl unterschiedliche Ziele verfolgender Organisationsmitglieder bestimmt wird, die im Sinne von CYERT und MARCH (1964) eine Koalition bilden - so wird ein Schlichtungs- und damit ein "starkes" Werturteil zur Herstellung der Übereinkunft erforderlich. Diese Feststellungen gelten auch für die auf dem Boden der reinen Theorie von SCHANZ zur Vermeidung vorschreibender Aussagen vorgeschlagene Lösung der "tautologischen Transformation" von Grund-Folge-Feststellungen in solche über Mittel und Zwecke. Ihr entspringt eine mit einem Werturteil verknüpfte Empfehlung. Die Vertreter der ethisch-normativen Richtung endlich haben es mit Ausnahme von LOITLSBERGER unterlassen, den Aussagegehalt der in ihren Systemen enthaltenen normativen Sätze zu bestimmen. Der erste hierzu erforderliche Schritt dürfte in einer genaueren Erfassung dessen bestehen, was ethische Sollensvorstellungen kennzeichnet. Dies soll im folgenden Abschnitt versucht werden.

## 4. Die ethische Bezugshaltung des Menschen

Die den Gegenstand der Ethik als Wissenschaft bildenden Forderungen an das menschliche Verhalten sind nicht erst von ihr - und auch nicht von der Religion - erschaffen worden. Sie sind vielmehr zu allen Zeiten in den Handlungsweisen des Menschen in seinem Alltag in Erscheinung getreten. In diesem fällt er auf Grund ihrer immer wieder Urteile über eigenes wie fremdes Tun und Lassen. Einstellungen dieser Art erscheinen als Ausfluss einer den Menschen - und nur ihn - als Vernunftwesen kennzeichnenden Bezugshaltung.

Dieser kommen folgende Merkmale zu:

1. Ihre Inhalte sind Empfindungen eines Sollens. Das diesem entspringende Streben ist anderer Art als das Begehren, dem es auch zu widersprechen vermag.

2. Mit der Sollensempfindung ist die Wahrnehmung eines Wertes verbunden, der in ihrer Bezeichnung als gut oder bejahenswert bzw. beim Fehlen dieses Wertes oder beim Widerspruch zu ihm als schlecht oder verwerflich in Erscheinung tritt. Dieser ethische Wert gründet nicht in subjektiven Nutzenerwägungen, und zwar nicht nur nicht in eigennützigen, sondern auch nicht in der Erfüllung der Anliegen Anderer. Sie wurzelt vielmehr ausschliesslich im Gesollten als solchem. Nutzenswirkungen - insbesondere solche für die Allgemeinheit - können allerdings Inhalt des Gesollten sein. Die ethischen Werte sind nicht die einzigen, denen eine solche objektive Geltung zuerkannt wird. Eine solche zeigt sich auch bei Werten der Nützlichkeit, zu denen die wirtschaftlichen gehören, ferner bei ästhetischen und Heilswerten. Von diesen Werten unterscheiden sich die ethischen dadurch, dass sie nicht aus ihren Wirkungen hervorgehen, sondern ausschliesslich aus ihrem Sein-Sollen, dem auch die Nützlichkeits- und die ästhetischen Werte unterstellt werden. Die ethischen Werte erscheinen daher als die Grundwerte des menschlichen Daseinsbezugs.

3. Die Sollenswahrnehmung reicht über die blosse Bejahung des ethischen Wertes hinaus, indem sie seine Verwirklichung durch ein Handeln des Angesprochenen fordert. Sie hat einen präskriptiven Gehalt, dessen sprachliche Fassung sich in einem Imperativsatz niederschlägt. Zu seiner Verwirklichung genügt nicht die blosse Absicht oder gar der Wunsch des Angesprochenen. Es ist vielmehr erforderlich, dass sein ganzes Streben bis zu den Grenzen, welche ihm durch die Umstände und durch seine Einsicht sowie seine Fähigkeit gesetzt sind, auf die Erstellung des dem Wert entsprechenden Zustandes ausrichtet. Die Forderung nach Erfüllung der Sollensforderung wird daher nur durch die Bedingungen der Zumutbarkeit und der Möglichkeit des in Frage stehenden Handelns beschränkt, wie dies im römischen Rechtsgrundsatz "nemo ad impossibilia tenetur" festgehalten wird.

4. Der von ihr Angesprochene wird durch die Sollensempfindung auf Grund des ihr anhaftenden Wertes in seinem Gefühl angesprochen. Die Wahrnehmung dieses Wertes und der ihm entspringenden Forderung stellt zugleich einen Akt der Erkenntnis dar, auch wenn diese nicht einem bewusst vollzogenen Urteil, sondern einer bestehenden Einstellung enspringt. Der Sollenswahrnehmung eignen daher sowohl eine emotionale wie eine kognitive Tragweite an.

5. Die Forderung zu einem Handeln entspringt der Wahrnehmung einer Verpflichtung. Diese kann einem unterschiedlich weiten Kreis gegenüber gelten. In der primitiven Gesellschaft ist sie auf die Sippenangehörigen beschränkt. Im Christentum erstreckt sie sich auf die ganze Menschheit, die Feinde eingeschlossen. Sie kann dieses anthropozentrische Bezugsfeld überschreiten und wie im Hinduismus ("tat twam asi") alle Lebewesen einschliessen oder sich sogar in einem pantheistischen Gefühl auf das ganze Universum beziehen. Einerseits entspringt sie einem Gefühl des Verbundenseins, anderseits schafft sie ein solches. Die Verpflichtung zu einem Sollen kann nur von einem Vernunftwesen - und d.h. von einem Menschen - wahrgenommen werden und setzt bei ihm eine ausreichende Einsicht in ihre Bedeutung voraus.

6. Die ethische Verpflichtung entspringt ihrer Wahrnehmung durch das Subjekt und ist daher autonomer Natur. Sie kann auf andere Menschen bezogen werden und wird dann zu einer heteronomen Norm, die in Gebote des Rechts und der Sitte umgesetzt wird. Es ist auch umgekehrt möglich, dass solche heteronomen Forderungen innerlich übernommen werden, wodurch sie in autonome umgewandelt werden.

7. Die Empfindung ethischen Sollens kann zwar bei den Einzelnen sehr unterschiedlich ausgeprägt sein. Sie entspringt aber als solche dem Daseinsbezug des Menschen. In sie geht dadurch eine den Bereich des Subjektiven überschreitende, der Menschheit als Ganzes zukommende gemeinsame Grundlage ein.

## 5. Die Entstehung der ethischen Sollenswahrnehmung des Menschen

Die Bestimmung der Verhaltensweisen des Menschen durch von ihm wahrgenommene ethische Sollensforderungen ist in den Gesichtskreis aller Humanwissenschaften getreten und aus ihren Erkenntnissen lassen sich Einsichten in die Entstehungs- und Wirkungsweise der ethischen Bezugshaltung gewinnen.

1. Die biologischen Wissenschaften einschliesslich der vergleichenden Verhaltensforschung haben vieles zur Klärung der Frage ermittelt, ob und innerhalb welcher Grenzen ethische Bestimmungsgründe menschlichen Verhaltens angeboren sind. Die körperliche Ausstattung des Menschen - seine Organe, seine Sinne, die Funktionsweise seines Gehirns und Zentralnervensystems - bildet den unverrückbaren Rahmen, innerhalb dessen sich sein Fühlen, Denken und Wollen auszufalten vermag. Sie umgrenzt damit auch den Bereich seiner Sollensempfindungen. Die für diese ausschlaggebende Zuwendung zum Andern hat ihren Urgrund in zwei Trieben, welche der Mensch mit den höheren Tieren teilt: jener des Geschlechts und jener der Fürsorge für die Nachkommenschaft. Nach EIBL-EIBESFELDT (1973, S. 155) ist der Mensch "zur Nächstenliebe gewissermassen vorprogrammiert". Es zeigt sich sogar ein Rest der Instinkthaftigkeit der Fürsor-

gehaltung des Menschen, die zu ihrer die eigene Art überschreitenden Erweiterung solchen Verhaltens führt, nämlich die Wirkung kleinkindhafter Körperformen als Auslöser für betreuendes Verhalten (Lorenz, 1934, Bd. II, S. 156, sowie Eibl-Eibesfeldt 1984, S. 84-86). Es fehlt nicht an Ansätzen, welche die Ethik völlig an biologische Vorgänge binden. Für den bis zu HERBERT SPENCER (1820-1903) zurückreichenden Sozial-Darwinismus ist sie in die Evolution eingebaut, welche durch das Überleben des Tüchtigsten zu einer Höherentwicklung der Menschheit als Art führt. Auf Grund dieser Denkrichtung ist dieser Auslesevorgang zu fördern. Diese Auffassung fand eine folgenschwere Anwendung in der national-sozialistischen Rassentheorie. Diese Reduktion der Ethik auf biologische Vorgänge tritt auch in der "operationalen Ethik" A. RAPOPORTs (1970) in Erscheinung. Nach ihm entspringt alles Begehren des Menschen drei Bedürfnissen, die in jeder Kultur auftreten und denen die Bedeutung von Invarianten zukommt. Es sind dies jene, am Leben zu bleiben, die Nachkommenschaft zu erhalten und Ordnung und Sicherheit zu schaffen. Da sie unveränderlich sind, stellt sich nicht die Frage, ob sie "gut" sind. Der Mensch ist in seinem Wünschen nicht frei, sondern nur in seinem Handeln. Wählbar sind daher nur die Mittel zur Befriedigung dieser Bedürfnisse. Die verschiedenen Wertsysteme erscheinen daher als "nichts anderes als verschiedene Mittel zur Erreichung der gleichen Ziele". Im Lern- und Sozialisierungsablauf verwandeln sich diese Mittel zu Zielen. Der hier behaupteten Unentrinnbarkeit dieser grundlegenden Bedürfnisse steht die Tatsache entgegen, dass sie der Mensch willentlich zurückzudrängen vermag, um von ihm als höher empfundene Verpflichtungen zu erfüllen. Die biologische Forschung hat auch deutlich gemacht, dass der Bestimmung ethischen Verhaltens durch Erbanlagen erhebliche Schranken gesetzt sind. Diese entspringen insbesondere der Unausgeprägtheit des Artgedächtnisses, mit dem der Mensch ausgestattet ist (seiner Instinktreduktion), auf welche noch zurückzukommen sein wird.

2. Die Soziologie hat den Einfluss der Gesellschaft auf die Sollensvorstellungen der ihr angehörenden Menschen herausgearbeitet. Nach DURKHEIM (1893 und 1895) sind es die in ihr geltenden Normen, welche das moralische Handeln bestimmen. Dementsprechend kann es nach ihm keine schlechthin gültige

Ethik geben; diese ist vielmehr je nach der Sozio-Kultur verschieden. In der Folge sind solche weitgehenden Unterschiede von der ethnologischen Forschung - so jener von LEVI-STRAUSS und MARGARET MEAD - aufgewiesen worden. Diese soziologische Erklärung ethischen Urteilens und Verhaltens wurde von vielen Psychologen übernommen. So stellt z.B. BERKOWITZ (1964) fest: "moral values are evaluations of action believed by members of a given society to be right".

3. Sollenswahrnehmungen treten als mentale Vorgänge in Erscheinung. Als solche fallen sie in den Betrachtungskreis der Psychologie. Zunächst sind an ihnen stets Gefühle beteiligt. Die Vertreter des Emotivismus erblicken in Sollensforderungen als Reize wirkende Gefühlsäusserungen (vgl. insbesondere Stevenson 1964). Von besonderer Bedeutung für die Entstehung der ethischen Bezugshaltung im Individuum ist das dem Menschen eigene Nachfühlen-Können. Von der Feststellung den eigenen gleichgearteter Gefühle der Freude und des Leids beim Andern gelangt er zum Mitgefühl und Mitleid. SCHELER (1913 und 1923) sieht in dieser Fähigkeit die Grundlage für die Wahrnehmung der Welt der Werte. - FREUD (1923) führt die Entstehung der ethischen Sollensempfindungen des Menschen auf die Verinnerlichung der von den Eltern in seiner Kindheit gestellten Forderungen in sein Über-Ich zurück. Durch deren Einhaltung vermeidet er Schuldgefühle. - Die wohl wichtigsten Einsichten in das Zustandekommen und die Ausformung der ethischen Bezugshaltung des Menschen entstammen der entwicklungspsychologischen Forschung PIAGETs und KOHLBERGs. Nach PIAGET (1932) entspringt das moralische Urteil zwei Quellen: Die erste besteht in den von den Erwachsenen ausgeübten Zwängen, aus deren Erleben die Wahrnehmung von Pflichten hervorgeht. Auf dieser ersten Stufe ist die entstehende Moral völlig selbstbezogen und heteronom. Die zweite, ausschlaggebende, sind die Beziehungen zu Gleichaltrigen, die zur Zusammenarbeit führen. In dieser wird die ursprüngliche Eigenbezogenheit des Kindes überwunden und an deren Stelle entsteht um das 12. Alterjahr eine Beziehung der Gegenseitigkeit (réciprocité). Gleichzeitig bewirkt die Verinnerlichung der Norm der Gerechtigkeit, dass die Fremdbestimmtheit der Selbstbestimmtheit weicht. Diese Entwicklung strebt auf einen Gleichgewichtszustand zu, in dem das morali-

sche Urteil zum Selbstlenkungsmittel des Gefühlslebens wird. Zwischen beiden besteht die gleiche Beziehung wie zwischen der Logik und der Intelligenz. PIAGET bezeichnet denn auch die Logik bildlich als die Moral der Intelligenz und die Moral als die Logik des Handelns (1932, S. 322-323). - Der Denkrichtung PIAGETs folgend, hat KOHLBERG (1971) dessen Entwicklungsstufen verfeinert. Er unterscheidet deren sechs und weist nach, dass ihre Herausbildung weit über das 12. Alterjahr hinaus bis in das dritte Lebensjahrzehnt dauert. Die abschliessende - nur von einem Teil der Bevölkerung erreichte - sechste Entwicklungsstufe weist die schon von PIAGET festgestellte Loslösung von der Eigenbezogenheit und an deren Stelle die Gegenseitigkeit und Allgemeingültigkeit der Beziehungsregelung auf, die sich in die Fähigkeit niederschlägt, die Rolle des Andern innerlich zu übernehmen sowie dem Andern die eigene Rolle zuzuweisen, ferner die Ausrichtung nach dem Grundsatz der Gerechtigkeit im Sinne der Gleichstellung aller (1971, S. 193). Die sechs von ihm unterschiedenen Stufen des ethischen Urteils kommen auf Grund seiner empirischen Untersuchungen zwar in verschiedenartiger Verteilung und in einem unterschiedlich lang dauernden zeitlichen Ablauf, aber in der gleichen Abfolge in allen Sozio-Kulturen und bei allen Bevölkerungsschichten vor. Jede von ihnen weist ihre eigene Struktur auf, baut aber auf die ihr vorangehende auf und kann nur nach dem Durchlauf durch diese erreicht werden. Die jeweils spätere Stufe erweist sich ethischen Fragen gegenüber als angepasster ("more adequate") und daher als höher als die frühere, indem sie eine allgemeiner anwendbare Urteilsweise ausbildet. Sie fügen sich daher zu einer unverrückbaren Taxonomie zusammen, die ihren Abschluss in der das allgemeine Gleichgewicht aufweisenden sechsten Stufe findet. - Die Befunde PIAGETs und KOHLBERGs machen den kognitiven Inhalt ethischer Sollenswahrnehmungen deutlich.

4. Die ethische Bezugshaltung erstreckt sich auf das gesamte Tun und Lassen des Menschen, auch auf solches, das auf andere Zwecke, wie jene der Nützlichkeit und der Schönheit ausgerichtet ist. Sie erweist sich so als ein wichtiger Bestimmungsgrund menschlicher Daseinsweise, mit deren Aufbaumerkmalen sich die <u>philosophische Anthropologie</u> befasst hat. Diese hat sich mehr und mehr von einer ursprünglich metaphysisch, spekulativen

zu einer realwissenschaftlich vorgehenden Wissenschaft entwikkelt. Aus ihren Ergebnissen lassen sich insbesondere folgende den Menschen kennzeichnende Merkmale ableiten, in denen Grundlagen für die Herausbildung seiner ethischen Bezugshaltung zu erblicken sind.

a) Der Mensch trägt - wie alle Lebewesen - die Züge eines offenen und d.h. in Austauschbeziehungen zu seiner Umwelt stehenden Systems im Sinne von BERTALANFFY (1951). Er ist zur Fristung seines Daseins ganz von dieser abhängig. Zu allererst ist er auf Seinesgleichen angewiesen. Er ist jenes Lebewesen, das am längsten der Pflege und Obhut durch Artgenossen bedarf. Er ist das in Beziehung zu Anderen und Anderem stehende Wesen. Diese Aussengerichtetheit ist die Voraussetzung aller seine Person überschreitenden Bezüge, auch jenen ethischen Sollens.

b) Als bedingender Grund für die Eigenart der menschlichen Daseinsform ist übereinstimmend von etlichen Biologen, Psychologen und Philosophen die Instinktreduktion hervorgehoben worden. K.BÜHLER (1922, S. 78-79) spricht von der "Armut des neugeborenen Menschen an fertigen Instinktmechanismen". LORENZ (1942, S. 235 ff, und 1965, S. 176) kennzeichnet den Menschen als das "Instinkt-Reduktions-Wesen" und deutet seine Eigenart als Folge "domestikationsbedingter Ausfälle starrer angeborener Aktions- und Reaktionsformen". PORTMANN (1951, S. 62) hebt die "geringe Entwicklung instinktiver Verhaltensweisen" hervor und bringt sie mit der Unausgereiftheit des menschlichen Neugeborenen in Zusammenhang, dessen erstes Lebensjahr eine extrauterine fötale Lebensphase darstellt. Die weitgehende Unausgereiftheit seiner Instinkte bewirkt, dass der Mensch des Kompasses entbehrt, welches das Tun und Lassen des Tiers in den an es herantretenden Lebenslagen leitet. Als Ersatz für das fehlende Artgedächtnis hat sich im Menschen seine Vernunft entwickelt, dank der er sich denkend in seiner Umwelt zurechtfindet. Er ist das intentional handelnde Wesen, das Zwecke und Ziele setzt und anstrebt. In dieser Intentionalität wurzeln auch die ethischen Sollensforderungen. In diesem Sinne hat schon KANT (1785/1922, S. 241) die Sittlichkeit dem menschlichen Wollen als der Fähigkeit zugeordnet, sich selbst zum Handeln zu bestimmen. GEHLEN (1955) sieht als wesentlichstes Daseinsmerkmal des Menschen sein Gezwungensein zu einer Bestimmung seines Verhaltens auf Grund von Stellungnahmen.

c) Diese anthropologische Betrachtungsweise weiterführend, lässt sich sodann feststellen, dass der Mensch im Gegensatz zum Tier, das nur seine Umwelt wahrnimmt und gestaltend auf sie einwirkt, auch sich selber wahrzunehmen und auszuformen vermag. Er ist das reflexive Wesen, das des Bezugs zu sich selbst fähig ist und sich selber erlebt. Er vermag dadurch aus seinem triebhaften Begehren herauszutreten und eine ekzentrische Sicht zu gewinnen, in der er sich selber in Frage stellt und dadurch über sich selber hinaus zu wachsen vermag. Er wird dadurch insbesondere auch befähigt, an sich selber Forderungen zu stellen.

d) Die Loslösung von seinem eigenen unmittelbaren dranghaften Dasein erschliesst dem Menschen die Möglichkeit, auf dem Wege des Hineinfühlens in andere Lebewesen den eigenen gleiche Erlebnisweisen von Freud und Leid wahrzunehmen. Hieraus geht als die wohl wichtigste Grundlage ethischer Sollenswahrnehmungen das Mitleid hervor.

e) In seinem Wollen erlebt der Mensch sich selber als Ursache seines Tuns und der von diesem ausgelösten Wirkungen. Aus dieser Selbstwahrnehmung und dem Gefühl des Mitleids entspringt das Erleben von Verantwortung andern Lebewesen gegenüber für das eigene Handeln und dessen Folgen.

f) Im Gegensatz zu allen anderen Arten von Forderungen - wie etwa jenen der Wirtschaftlichkeit oder der technischen Wirksamkeit - sind für die ethischen keine Zwecke vorgegeben. Die ihnen entspringende Verantwortung erstreckt sich daher nicht nur auf ihre Erfüllung, sondern schon auf ihre Setzung.

## 6. Das Problem der Begründung ethischer Aussagen

Die ethischen Sollensforderungen finden sich nicht in Sachverhalten der Lebenswirklichkeit vor, sondern werden an diese herangetragen. Aus dem Sein eines Verhaltens - auch wenn es jenes der Mehrheit ist - kann sein Sollen nicht abgeleitet werden. Wie MOORE (1903) hervorgehoben hat, lässt sich auf einen solchen Sachverhalt stets die Frage beziehen, ob er gut ist ("open question"-Argument). Seit MOORE wird ein dieser Einschränkung widersprechendes Vorgehen als naturalistischer Fehlschluss bezeichnet. Es gilt aber auch das Umgekehrte. Mit einem Sollen ist dessen Sein nicht notwendig verbunden. Wo dies behauptet wird, kann von einem ethizistischen Fehlschluss gesprochen werden.

Es erhebt sich die Frage, ob diese sich dem Beweis der Richtigkeit einer ethischen Aussage entgegenstellende Schwierigkeit umgangen werden kann. Hierfür fallen folgende Wege in Betracht:

1. Von verschiedenen Philosophen - so schon von PLATO in seiner Ideenlehre und in der Neuzeit von SCHELER (1916) - ist eine apriorische Erkenntnis ethischer Werte auf Grund ihrer unmittelbaren Schau angenommen worden. Wie v. KUTSCHERA (1982, S. 228) feststellt, werden ethische Werte aber nicht als Gegenstände, sondern als Eigenschaften von Handlungen und Sachverhalten in genau gleicher Weise wie andere qualitative Erscheinungen wahrgenommen. Der Rückgriff auf eine besondere Form der Wahrnehmung ist daher für ihre Erklärung nicht nötig.

2. Nach Kohlberg (1971) erfährt das moralische Urteil auf seiner sechsten Entwicklungsstufe eine abschliessende Ausformung. In seiner allgemeinen Anwendbarkeit stellt es eine Gleichgewichtslage her, welche das Auftreten von Aporien ausschliesst. In dieser tritt sein operativer Aufbau - gewissermassen seine ontologische Grundform - in Erscheinung. Sein und Sollen fallen so zusammen. Kohlberg ist sich bewusst, mit dieser Behauptung einen naturalistischen Schluss zu ziehen, hält ihn aber auf Grund der Schlüssigkeit der ihm entspringenden Einsicht für

vertretbar. Es muss ihm aber entgegengehalten werden, dass sein Befund nur die Lösungskraft des voll ausgereiften moralischen Urteilens des Menschen beweist, nicht aber die Richtigkeit irgend einer Sollensforderung an sich.

3. Kann eine ethische Sollensforderung nicht unmittelbar an der Lebenswirklichkeit aufgezeigt werden, so fragt sich, ob ihre Richtigkeit nicht mittelbar an den Folgen der bei ihrer Anwendung eintretenden Wirkungen beurteilt werden kann. Sie erschiene dann im Sinne des kritischen Rationalismus als eine Hypothese über ein durch ein bestimmtes Verhalten herbeigeführtes Ergebnis. Aus dieser seiner Folge kann aber nur bewiesen werden, dass der eingeschlagene Weg zur Erfüllung der Forderung richtig gewählt wurde, nicht aber, ob diese Forderung als solche richtig war. Sie bleibt Gegenstand der "open question" Moores.

4. Da ethische Sollensforderungen vom Menschen gesetzt werden, stellt sich die Frage, ob sie nicht analytische Aussagen darstellen, die auf dem Wege des blossen Denkens auf Grund des Kriteriums ihrer Folgerichtigkeit und Widerspruchslosigkeit überprüft werden können. Die Ethik erschiene dann als eine Formalwissenschaft. Ethische Sollensforderungen werden nun wohl analytisch gesetzt. Dadurch dass sie das Handeln des Menschen in der Wirklichkeit zum Gegenstande haben, erhalten sie aber einen Bezug, der synthetischer Natur ist. Um dessen Richtigkeit geht es aber gerade beim Beweis einer ethischen Sollensforderung.

Da das Bestehen von Sollensforderungen nicht an der Wirklichkeit bewiesen werden kann, erscheint das Kriterium der empirischen Wahrheit ihnen nicht angemessen.

Nachdem die Anwendung einerseits des für Realwissenschaften gültigen empirischen Wahrheitskriteriums auf ethische Aussagen nicht möglich ist und anderseits jene der in Formalwissenschaften verwendbaren Folgerichtigkeit und Widerspruchslosigkeit für ihren Beweis nicht ausreichen, stellt sich die Frage, ob es überhaupt möglich ist, ihre Richtigkeit zu beurteilen, oder ob ein solches Anliegen im Einklang mit der Forderung nach Werturteilsfreiheit aus der Wissenschaft zu verbannen ist. Der Umstand, dass sich ethische Sollensforderungen nicht als vorgegebene Tatbestände in der Wirklichkeit auffinden lassen, heisst aber nicht, dass sie blosse Äusserungen von Gefühlen und Glaubenseinstellungen sind. Sie haben einen Inhalt, der in einer Aussage gefasst zu werden vermag. Diese kann als solche zum Gegenstand einer sachgerichteten und damit wissenschaftlichen Anforderungen genügenden Erörterung gemacht werden. Auf Grund dieser ist sie wohl nicht eines Beweises im Sinne der Bestätigung einer wenn-dann-Feststellung, hingegen einer Begründung zugänglich. Hierzu hat sie folgenden Anforderungen zu genügen:

1. Sie muss so gefasst sein, dass die zu ihr führenden Feststellungen und Folgerungen intersubjektiv nachvollzogen und ihnen widersprechenden Tatsachen und Überlegungen entgegengestellt werden können. Sie wird dadurch falsifizierbar.

2. Ihre Begründung darf nicht auf die Verwirklichung irgend eines besonderen Interesses - weder eines eigenen noch eines solchen von Dritten - gerichtet sein, sondern muss ausschliesslich der Rechtfertigung ihres Inhalts dienen. In den Worten TAMMELOs (1977, S. 105) darf die Gedankenführung nicht in ein Überreden, sondern muss in ein Überzeugen münden.

3. Sie muss auf die Verhältnisse passen, auf welche sie einwirkt. Dies setzt eine entsprechende Sachkenntnis des Zusammenhangs voraus, auf den sie angewendet wird.

## 7. Die Unternehmungsführung als Gegenstand ethischer Sollensführungen

Es lassen sich drei Betrachtungsweisen feststellen, in deren Sicht die Unternehmungsführung nicht als Gegenstand auf sie bezogener ethischer Sollensforderungen in Betracht zu ziehen ist:

1. Nach der ersten sind auf die Wirtschaft bezogene ethische Forderungen überflüssig, weil die in ihr ablaufenden Vorgänge - wenn nicht in sie eingegriffen wird - in eine ausgewogene und gerechte Verteilung des in ihr geschaffenen Nutzens mündet. Diese Harmonievorstellung wurde insbesondere von ADAM SMITH vertreten, tritt aber in vielen Betrachtungen der Unternehmungsführung ebenfalls als Hintergrundvorstellung auf. - Diesem Ansatz kann entgegen gehalten werden, dass die sich selber überlassene Wirtschaft keineswegs zu einer durchwegs zu bejahenden Verteilung der Lasten und Erträge der wirtschaftlichen Tätigkeit führt, wie die masslose Ausbeutung der Arbeitnehmer durch die Unternehmung bis zum Ende des zweiten Weltkriegs und die schweren, die Gesundheit weitester Bevölkerungskreise schädigenden Störungen der ökologischen Umwelt durch die Unternehmungstätigkeit zeigen.
2. Nach der zweiten ist die Regelung des Wirtschaftsgeschehens durch ethische Normen nicht möglich. Dieses bildet einen Zusammenhang, der durch ihm selber entspringende Bedingungen bestimmt wird. Wirtschaftliches Verhalten muss ausschliesslich auf diese abgestimmt werden und kann sich daher nicht nach ausserhalb ihrer stehenden Zwecken richten. Mit besonderer Deutlichkeit tritt dieser Gesichtspunkt bei den Vertretern der zweiten Generation der Begründer der klassichen Nationalökonomie - insbesondere bei RICARDO und MALTHUS - in Erscheinung. Nach ihnen unterstehen die wirtschaftlichen Abläufe unausweichlichen Gesetzen, die vom Menschen ebenso wenig aufgehoben werden können, wie die Schwerkraft. Diese Denkweise findet sich auch in der Gegenwart in der Rückweisung ethischer Forderungen an die Unternehmungsführung mit der Begründung, sie könnten im Wettbewerbskampf nicht erfüllt werden. Eine von KAUFMANN et al. (1986) durchgeführte Erhebung zeigt, dass dieser Standpunkt von sehr vielen höheren Führungskräften eingenommen wird. Er führt dazu, dass die Ethik auf den privaten Lebensbereich beschränkt wird. - Das wirtschaftliche Handeln untersteht ohne Zweifel mannigfaltigen Sachzwängen, welche letzten Endes der Knappheit der zur Bedürfnisbefriedigung benötigten Güter entspringen. So droht in der Gegenwart das MALTHUSsche Bevölkerungsgesetz in den Ländern der dritten Welt eine Lage zu schaffen, an welcher alle vom medizi-

nischen und technischen Fortschritt getragenen Verbesserungsbemühungen scheitern. Dennoch handelt es sich bei den wirtschaftlichen Abläufen nicht um naturgesetzliche Vorgänge, sondern um solche, die vom Menschen bewirkt werden und daher der Kultur zuzuordnen sind. Sie gehen aus menschlichen Handlungen hervor, deren Grundlage stets in einem Willensentscheid besteht. Wenn in diesen ausschliesslich persönliche Nützlichkeitserwägungen eingehen, hat die Vernachlässigung ethischer Gesichtspunkte zur Folge, dass für andere nachteilhafte Wirkungen entstehen. Deren Wahrnehmung in der Gesellschaft schädigt das Ansehen der Unternehmung und untergräbt die Anerkennung ihrer Daseinsberechtigung, was ihr nicht gleichgültig sein kann. Zur Abhilfe bieten sich zwei Wege an. Einerseits kann der Staat Vorschriften erlassen und durchsetzen, welche - wie die durch die Sozialgesetzgebung erreichten Verbesserungen zeigen - die wirtschaftlichen Vorgänge mit Erfolg in eine gewünschte Richtung zu lenken vermögen. Anderseits bietet sich die Möglichkeit zur Heranbildung einer jener der Ärzte ähnlichen Berufsethik für Unternehmungsführer an, zu deren Aufbau vor allem die Ausbildungsstätten und die wirtschaftlichen Organisationen selber gerufen erscheinen. Sie würde die ethische Sicht unmittelbar in die Unternehmungsentscheidungen hinein tragen. In diese Richtung weisende Ansätze lassen sich denn auch feststellen. Beim Einschlagen des einen wie des andern Weges ist jeweils in Rechnung zu setzen, dass wirtschaftliche Handlungen innerhalb eines Geflechts von unüberschaubarer Vielfalt in Wechselwirkungen zueinander treten und ganze Ketten sich verzweigender Wirkungen auslösen können.

3. In der dritten wird im Gegensatz zur unmittelbar vorangehend dargestellten die Auffassung vertreten, eine besondere Unternehmungsethik erübrige sich, weil ethische Sollensforderungen für alle Lebensbereiche gelten und in der Wirtschaft und Politik die gleichen sind, wie im privaten Leben. - Diesem Ansatz ist insofern Recht zu geben, als ethische Forderungen als generelle Imperative allgemeine Geltung beanspruchen und wirtschaftlichem Verhalten gegenüber nicht tiefer angesetzt werden sollten, als in andern Situationen. Da einerseits der Zweck und anderseits der Verwirklichungsweg der ethischen Sol-

lensforderungen von den durch sie zu regelnden Sachverhalten abhängt, ist aber die Erfassung dieser für ihre Festlegung erforderlich. Die besonderen Probleme der Wirtschaftsethik im allgemeinen und der Ethik der Unternehmungsführung im besonderen entspringen daher nicht der Bestimmung der grundlegenden Richtwerte der Sollensforderungen, welche stets die gleichen bleiben, sondern der Notwendigkeit, sie der Situation anzupassen, in der sie Anwendung finden sollen. Diese Situation ist aber jene, in welche die je bestimmte wirtschaftliche Tätigkeit eingebettet ist.

In dieser Hinsicht ist die ethische Regelung der Unternehmungsführung mit einer Reihe ihr durchgängig anhaftender Gegebenheiten verknüpft, welche die sich ihr stellenden Einzelprobleme umhüllen und durchdringen. Zu ihnen sind insbesondere die folgenden zu zählen:

1. Verantwortung setzt Einsicht voraus und kann daher nur für personhafte Vernunftwesen bestehen. Die Unternehmung aber ist ein überpersönliches Gebilde, dem die Fähigkeit zu fühlen, zu denken und zu wollen abgeht. Ihre Seinsweise ist eine solche des Getragenseins durch die für sie handelnden Menschen. Die Verantwortung für das Tun der Unternehmung fällt daher auf alle diese Menschen und in besonderem Masse auf jene zurück, welche ihre Willensträger sind. Ihr Kreis hat sich im 20. Jahrhundert ständig ausgeweitet. Er besteht nur noch zum Teil aus den Eigentümern, vornehmlich aber aus Unternehmungsführern von Berufs wegen. Auf Grund ihrer massgeblichen Beteiligung an den Leistungserstellung und Wertschöpfung der Unternehmung erwarten ihre Mitarbeiter, dass ihren Anliegen in deren Willensbildung Rechnung getragen wird. Es entsteht daraus das Begehren, an ihr in einer angemessenen Form beteiligt zu werden. Die Frage nach der Begründetheit dieser Forderung nach Mitbestimmung der Arbeitnehmer ist eine solche ethischer Natur.
2. Die in der Unternehmung eingesetzten sachlichen wie gedanklichen Mittel - ihre Maschinen und Anlagen, der Aufbau ihrer Organisation, die in ihr entwickelten Führungs- und Entscheidungsmittel - werden von in ihr tätigen Menschen nicht nur benützt, sondern sie verknüpfen sich zu einem auf diese zurück-

wirkenden Gefüge, das ihr Verhalten und ihr Befinden bestimmt und auch in die Umwelt der Unternehmung ausstrahlt. Die Verantwortung ihrer Willensträger erstreckt sich daher auch auf alle Folgen des institutionalisierten Bestehens der Unternehmung.

3. Die Unternehmung ist Teil des sie umfassenden Wirtschafts- und Gesellschaftssystems. In ihr vorgenommene Veränderungen bewirken solche in ihren Beziehungen zu diesem ihr übergeordneten Zusammenhang und können - besonders wenn sie auf einer breiten Grundlage durchgeführt werden - auch diesen umgestalten. Unternehmerische Handlungsentscheidungen haben daher diesen ihren mittelbaren Folgen Rechnung zu tragen.
4. Der personhaften Natur der für die Unternehmung tätigen Menschen und ihrer Stellung als Träger aller zur Erreichung ihrer Ziele führenden Vollzüge entspringt die Forderung ihrer Anerkennung als Wertträger, welche ihre Behandlung als blosse Mittel ausschliesst. Ihre Arbeit ist sowohl die Grundlage ihrer materiellen Lebensfristung als auch das wichtigste Feld ihrer Sinnfindung. Den Willensträgern der Unternehmung obliegt daher die Verpflichtung, ihnen einen angemessenen Anteil an der unternehmerischen Wertschöpfung zukommen zu lassen und ihren Einsatz so zu gestalten, dass er nicht nur die angestrebte Leistung ermöglicht, sondern darüber hinaus auch die Ausfaltung ihres Menschseins.
5. Die Unternehmung untersteht immer wieder Sachzwängen, auf Grund welcher die Erfüllung einer ihrer Verantwortung entspringenden Forderung jene einer andern ausschliesst. Eines der miteinander unvereinbaren Anliegen muss dann geopfert werden. Der für die Unternehmung Verantwortliche untersteht dann einer besonders hohen Belastung, wenn allen Werten, unter denen er auszuwählen gezwungen ist, eine grosse Erheblichkeit zukommt. So kann die Unternehmung durch den infolge einer Verschlechterung ihrer Wettbewerbslage entstehenden Kostendruck zur Entlassung eines Teils ihrer Belegschaft gezwungen werden. Nach welchen Gesichtspunkten auch die auszuscheidenden Mitarbeiter bestimmt werden, entsteht für die Betroffenen eine spürbare Benachteiligung, deren Vermeidung durch den Verzicht auf die Massnahme die Erhaltung der Arbeitsplätze aller gefährden würde. GÄFGEN (1985) hat solche Wahlhandlungen am Beispiel der pharmazeutischen Industrie veranschaulicht und für sie die treffende

Bezeichnung "tragische Entscheidung" eingeführt. Eine solche untersteht besonders hohen Anforderungen an die Wahrung ihrer Verantwortung durch die Entscheidenden.

## Literatur

Albert, Hans (1961) Wert. Stichwort im Handwörterbuch der Sozialwissenschaften, 11. Band, S. 639, Göttingen.

Berkowitz, L. (1964) Development of Motives and Values in a Child. New York.

von Bertalanffy, Ludwig (1951) General systems theory: a new approach to the unity of science. In Ch. Winsor et al. (Editors): Human Biology, Vol. 23, 306-361. Baltimore (Maryland).

Brantl, Stefan (1985) Management und Ethik. Planungs- und Organisationswissenschaftliche Schriften, herausgegeben von W.Kirsch. München.

Bühler, Karl (1922) Die geistige Entwicklung des Kindes. 3. Auflage (1. Auflage 1918). Jena.

Cyert, R. M., and J. G. March (1964) The behavioral theory of the firm. A behavioral science-economics amalgam. In W. W. Cooper, H. J. Leavitt and M. W. Shelley (Editors): New Perspectives in Organizational Research, S. 289-304. New York et al.

Durkheim, Emile (1893) De la division du travail social. Paris.

Durkheim, Emile (1895) Les règles elementaires de la methode sociologique. Paris.

Eibl-Eibesfeldt, Irenäus (1984) Die Biologie des menschlichen Verhalten. München-Zürich.

Freud, Sigmund (1923) Das Ich und das Es. In Gesammelten Werken, Bd. 13. S. 236-289. London 1940.

Gäfgen, Gerard (1985) Die ethische Problematik von Allokationsentscheidungen - am Beispiel des Ressourceneinsatzes im Gesundheitswesen. In G. Enderle: Ethik und Wirtschaftswissenschaft, S. 249-274. Berlin.

Gehlen, Arnold (1955) Der Mensch, seine Natur und seine Stellung in der Welt. 5. Auflage. Bonn.

Habermas, Jürgen (1977) Erkenntnis und Interesse. 4. Auflage. Frankfurt a.M.

Halm, H., O. Neurath und R. Carnap (Herausgeber) (1929) Wissenschaftliche Weltauffassung: Der Wiener Kreis. Wien.

Heinen, E., (1976) Grundlagen betriebswirtschaftlicher Entscheidungen. Das Zielsystem der Unternehmung. 3. Auflage. Wiesbaden.

Hume, David (1739-40). A Treatise of Human Nature. 2nd Edition of L.A. Selby-Bigge (1888) by P. H. Niddilch. Oxford 1978.

Jöhr, Walter Adolf (1980) Werten. Unveröffentlichte Unterlage für ein Doktoranden-Seminar in Wissenschaftstheorie. St.Gallen.

Kant, Immanuel (1785) Grundlegung zur Metaphysik der Sitten. Herausgegeben von Artur Buchenau und Ernst Cassirer (4. Band). Berlin 1922.

Kaufmann, Franz Xaver, Walter Kerber und Paul Zulehner (1986) Ethik und Religion bei Führungskräften. Eine Studie im Auftrag des Arbeitskreises für Führungskräfte in der Wirtschaft. München.

Kirsch, Werner (1972) Die entscheidungs- und systemorientierte Betriebswirtschaftslehre - Wissenschaftsprogramm, Grundkonzeption, Wertfreiheit und Parteilichkeit. In G. Dlugos, E. Ebernlein und H. Steinmann: Wissenschaftstheorie und Betriebswirtschaftslehre. Eine Kontroverse. S. 153-184. Düsseldorf.

Kohlberg, Lawrence (1971) From Is to Ought. How to commit the naturalistic fallacy and get away with it in the study of moral development. In T. Mischel (Editor): Cognitive Development of Epistemology, S. 151-335. New York.

von Kutschera, Franz (1982) Grundlagen der Ethik. New York und Berlin.

Loitlsberger, Erich (1971) Metaökonomische Wertvorstellungen und Rechtsordnungen als Determinanten betriebswirtschaftlicher Theorien. In G. von Kortzfleisch (Herausgeber) : Wissenschaftsprogramm und Ausbildungsziele der Betriebswirtschaftslehre. S. 79-99. Berlin.

Lorenz, K. (1942/43): Die angeborenen Formen menschlicher Erfahrung. Zeitschrift für Tierpsychologie, Bd. 5.

Lorenz, K. (1984) Ueber tierisches und menschliches Verhalten. Aus dem Werdegang der Verhaltenslehre. 2 Bände. München.

Moore, G. E. (1903) Principia Ethica. Cambridge.

Myrdal, Gunnar (1971) Objektivität in der Sozialforschung. Frankfurt a/M.

Myrdal, Gunnar (1975) Das Wertproblem in der Sozialwissenschaft. 2. Auflage. Bonn-Bad Godesberg.

Piaget, Jean (1932) Le jugement moral chez l'enfant. 3ème édition 1969. Paris.

Popper, K. R. (1962) The Open Society and its Enemies. Vol. II: The High Tide of Prophecy: Hegel, Marx and the Aftermath. 4th edition. London.

Popper, K. R. (1971) Logik der Forschung. 4. Auflage. Tübingen.

Portmann, A. (1951) Biologische Fragmente zu einer Lehre vom Menschen. 2. Auflage. Basel.

Rapoport, A. (1970) Philosophie heute und morgen. Einführung ins operationale Denken. Darmstadt.

Röpke, W. (1944) Civitas humana. Grundfragen der Gesellschafts- und Wirtschaftsreform. Erlenbach-Zürich.

Schanz, Günther (1975) Einführung in die Methodologie der Betriebswirtschaftslehre. Köln.

Scheler, Max (1913) Zur Phänomenologie und Theorie der Sympathiegefühle und von Liebe und Hass. Gesammelte Werke, Bd. 7, herausgegeben von Manfred S. Frings, 1973. Bern und München.

Scheler, Max (1954) Der Formalismus in der Ethik und die materiale Wertethik. Neuer Versuch einer Grundlegung eines ethischen Personalismus. Gesammelte Werke, Bd. 2.

Schmalenbach, Eugen (1911/12) Die Privatwirtschaftslehre als Kunstlehre. Zeitschrift für handelswissenschaftliche Forschung, Jg. 6, S. 304 ff.

Sombart, Werner (1930) Die drei Nationalökonomien. Geschichte und System der Lehre von der Wirtschaft. München und Leipzig.

Sombart, Werner (1897) Ideale der Sozialpolitik. Archiv für soziale Gesetzgebung und Statistik, Bd. 10, S. 13.

Spann, Othmar (1924) Kategorienlehre. Jena.

Spann, Othmar (1925) Fundament der Volkswirtschaftslehre. 4. Auflage. Jena.

Stevenson, Charles L. (1964) Ethics and Language. 12th edition. New Haven and London.

Tammelo, Ilmar (1977) Theorie der Gerechtigkeit. Freiburg und München.

Ulrich, Hans (1981) Management-Philosophie für die Zukunft - Zusammenfassende Ueberlegungen. In Derselbe (Herausgeber): Managementphilosophie für die Zukunft. Gesellschaftlicher Wertewandel als Herausforderung an das Management, S. 123-128. Bern.

Ulrich, Hans (1983) Management - eine unverstandene gesellschaftliche Funktion. In Hans Siegwart und Gilbert J. B. Probst (Herausgeber): Mitarbeiterführung und gesellschaftlicher Wandel. Die kritische Gesellschaft und ihre Konsequenzen für die Mitarbeiterführung. Bern-Stuttgart.

Weber, Max (1904a) Die "Objektivität" sozialwissenschaftlicher Erkenntnis. Archiv für Sozialwissenschaft und Sozialpolitik, 19. Bd. In "Gesammelte Aufsätze zur Wissenschaftslehre", S. 146-214. Tübingen 1922.

Weber, Max (1904b) Über die protestantische Ethik und den Geist des Kapitalismus. Archiv für Sozialwissenschaft und Sozialpolitik, 19. Band.

Weber, Max (1917) Der Sinn der "Wertfreiheit" der soziologischen und ökonomischen Wissenschaften. Gesammelte Aufsätze zur Wissenschaftslehre, S. 451-502. Tübingen 1922.

Weber, Max (1964) Wirtschaft und Gesellschaft. Herausgegeben von J. Winckelmann. Köln.

Weippert, Georg (1966) Sozialwissenschaft und Wirklichkeit. Göttingen.

# Plädoyer für eine Management-Ethik

B. Staffelbach[1]

Dr. Bruno Staffelbach ist Oberassistent am Institut für betriebswirtschaftliche Forschung an der Universität Zürich, Lehrbeauftragter der Universität Zürich, Dozent an der Höheren Wirtschafts- und Verwaltungsschule Luzern und dort Leiter des Nachdiplomstudiums in Unternehmungsführung für Ingenieure und Architekten.

**Zusammenfassung**

In der Praxis des Managements wird Ethik zunehmend erheblicher. Wird die Führung zweckorientierter sozialer Organisationen als Ausgangspunkt einer (anwendungsorientierten) Betriebswirtschaftslehre aufgefasst, so hat sich diese auch mit Ethik auseinanderzusetzen. Trotz weiterreichender Ähnlichkeit zwischen "Ethik" und "Management" ergeben sich für die unter anwendungsorientierter Sicht zu fordernde Integration von Management und Ethik aber einige Schwierigkeiten.

Management-ethische Reflexion bedingt fundiertes Fakten- und Methodenwissen sowohl aus den Bereichen der Ethik wie der Betriebswirtschaftslehre. Aus der speziellen "Natur" von Management-Problemen in arbeitsteiligen Organisationen wird für eine eigenständige Management-Ethik plädiert, worin eine bedenkenlose Uebertragung allgemein-ethischer und/oder sozial- und wirtschafts-ethischer Prinzipien nicht möglich ist. Aus Management-Sicht ergibt sich andererseits das Erfordernis der praktischen Umsetzbarkeit. Hierin zeigen sich Unterschiede zwischen verschiedenen Ansätzen zu einer Management-Ethik.

Verschiedene Beobachtungen lassen den Schluss zu, dass heute ein höheres Mass an ethischem Legitimationsbedarf im unternehmerischen Entscheiden und Handeln besteht als noch vor einigen Jahren. Moral hat Konjunktur. Ethische Werte halten Einzug in Leitbilder und Führungsrichtlinien. Daraus ergibt sich die Frage, ob, inwiefern und worin Lösungshilfen von der Betriebswirtschaftslehre erwartet werden können, befasst sie sich doch mit den Problemen, Erscheinungen und Tatbeständen, die sich aus der Führung produkti-

---

1 Dr.Bruno Staffelbach, Institut für betriebswirtschaftliche Forschung der Universität Zürich, Rämistrasse 66, CH-8801 Zürich.

Management Forum
Ethik und Unternehmensführung
ed. by Charles Lattmann

ver, sozialer Organisationen ergeben, und denen eben ein erhöhter "Ethik-Bedarf" zugeschrieben wird.

Hierin tut sich die Betriebswirtschaftslehre - zumindest im deutschsprachigen Raum - allerdings ziemlich schwer, denn es scheint, als gäbe es nur ein "entweder - oder": sie ist wertfrei (praktisch-normativ) und damit in weiten Kreisen wissenschaftlich anerkannt, überlässt die Wertung dann aber der Praxis und liefert somit keinen Beitrag zur ethischen Reflexion betrieblicher Probleme, oder sie gibt sich ethisch-normativ, d.h. sie ist selbst wertend, kann dann aber nicht mehr den Anspruch der Objektivität und der Wahrheit erheben, sondern unterliegt der Gültigkeit und Akzeptanz. Nachfolgende Überlegungen haben zum Ziel, die scheinbare eindeutige Abgrenzung dieses "entweder - oder" aufzulockern und zu zeigen, dass die Betriebswirtschaftslehre durchaus im Stande ist, ethische Reflexionen miteinzubringen ohne dogmatisch zu wirken und wissenschaftlichen Gehalt zu verlieren.

Dabei soll in der Folge unter 'Betriebswirtschaftslehre' eine Managementlehre verstanden werden, d.h. eine anwendungsorientierte Wissenschaft mit dem Ziel, Handlungsanleitungen zur Gestaltung und

| Wissenschaften / Merkmale | Theoretische Wissenschaften | Angewandte Wissenschaften |
|---|---|---|
| Entstehung der Probleme | In der Wissenschaft selbst | In der Praxis |
| Art der Probleme | disziplinär | a-disziplinär |
| Forschungsziele | Theorie-Entwicklung und -prüfung, Erklären der bestehenden Wirklichkeit | Entwerfen möglicher Wirklichkeiten |
| Angestrebte Aussagen | Deskriptiv wertfrei | normativ wertend |
| Forschungsregulativ | Wahrheit | Nützlichkeit |
| Fortschrittskriterien | Allgemeingültigkeit Bestätigungsgrad Erklärungskraft Prognosekraft von Theorien | Praktische Problemlösungskraft von Modellen und Regeln |

Abb. 1: Unterschiede zwischen theoretischen und anwendungsorientierten Wissenschaften (aus: Ulrich 1985, 11)

Lenkung zweckorientierter sozialer Systeme zu entwickeln (Ulrich, 1985). Da in solchen Systemen i.d.R. nicht nur wirtschaftliche Probleme anfallen, stellt die Wirtschaftlichkeit in aller Regel nie einziges (aber vielfach u.a. notwendiges) Erkenntniskriterium im Rahmen der Formulierung von Handlungsanleitungen dar. Von daher ist die Managementlehre nicht eine wirtschaftswissenschaftliche Betriebswirtschaftslehre (mit theoretischen Zielsetzungen), sondern eine angewandte Wissenschaft, für die der Beitrag zur Lösung von in der Praxis entstandenen Problemen der Führung produktiver sozialer Systeme entscheidend ist (vgl. Abb. 1).

## 1 Zur Situation in der Management-Praxis

Empirische Untersuchungen zu verschiedenen Einzelaspekten von ethischen Werten im Management zeigen, dass diese in der Führung eine Rolle spielen. Bereits 1968 stellte z.B. Baumhart (Steiner 1971, 222) in einer Untersuchung amerikanischer Manager fest, dass von 100 Befragten 87 "would rather go bankrupt than act unethically". Eine Mitte der 70er Jahre in der Bundesrepublik Deutschland durchgeführte Umfrage zur Moral der Manager ergibt ein wesentlich differenzierteres Bild (Fiedler-Winter 1977). Dabei stehen z.B. Führungskräfte der Wirtschaft Verhaltenskodizes viel aufgeschlossener gegenüber als die der Politik. Eine 1984 bei den grössten Unternehmungen (Fortune 500) in den Vereinigten Staaten durchgeführte Umfrage ergab, dass 80% (Response: 28%) der antwortenden Unternehmungen Schritte zur Implementierung ethischen Verhaltens in ihren Organisationen unternehmen (vgl. Abb. 2).

| | No # | No % | Yes # | Yes % | No resp. # | No resp. % | Total # of responses | |
|---|---|---|---|---|---|---|---|---|
| Has your company been taking steps to incorporate ethical values and concerns into the daily operations of your organization? | 56 | 20.1% | 223 | 79.9% | 0 | 0% | 279 | 100% |

Abb. 2: Die Bedeutung ethischen Verhaltens bei amerikanischen Grossunternehmungen (aus: Center for Business Ethics 1986, S. 86)

In der Schweiz fehlen Untersuchungen zur Bedeutung und zum "Handling" von ethischen Werten im Management. Dafür zeigt die Erhebung von Ulrich/Probst (1982), dass ausserökonomische Werthaltungen und Einstellungen eine Rolle spielen. Zudem sind für verschiedene Branchen Verhaltenskodizes bekannt (z.B.: Standesregeln für Ärtze und Apotheker, Grundsätze der schweizerischen Kommission zur Überwachung der Lauterkeit in der Werbung, Codex für das eidgenössische Management -ASOS-), die nicht nur einem inneren Bekenntnis der Kerngruppe der jeweiligen Berufsorganisation entspringen, sondern über verschiedene Sanktionsmechanismen auch durchsetzbar sind.

Seit wann, warum und wie stark (wenn sich diese Fragen überhaupt so stellen lassen) ethische Werte heute im Management vermehrt eine Rolle spielen,ist nicht klar, doch dürften spezifische publizitätswirksam gewesene Einzelfälle (z.B. Nestle/Ersatz-Muttermilch, Lockheed/Bestechung oder Hoffmann-La Roche/Preispolitik) und allgemeine Entwicklungen (z.B. Umweltbelastung und -katastrophen, technische Entwicklungen) eine Katalysatorwirkung haben. Unabhängig davon, ob nun der Ruf nach "Ethik und Moral im Business" im Zeitgeist liege und/oder sich damit Probleme im technologischen, ökologischen und wirtschaftlichen Bereich mit gesellschaftlicher Reichweite lösen lassen oder nicht, ethische Werte stellen Bestandteile des Managements dar und eine Managementlehre ist von daher aufgerufen, Problemlösungen und Handlungshilfen im Umgang mit ethischen Werten bei der Führung zweckorientierter sozialer Systeme zu entwickeln bzw. ihre Handlungsanleitungen selbst ethisch zu reflektieren. In der Praxis jedenfalls, so zeigen die erwähnen Untersuchungen, wird "mit Ethik gearbeitet".

## 2 Management und Ethik ?

Grundsätzlich kann aus zwei Perspektiven an eine Management-Ethik herangegangen werden. Einerseits aus der Richtung der Ethik; dann stellt die Management-Ethik eine auf die Gestaltung und Lenkung zweckorientierter sozialer Systeme angewandte Moralphilosophie dar. Andererseits kann sich die Managementlehre selbst die Ethik erschliessen. Management wird dann inhaltlich (Politik) und formell (Strukturen, Prozesse, Instrumentierung) (Rühli 1975, 10f) unter spezieller Berücksichtigung einer "ethischen Rationalität" reflektiert. Die beiden Betrachtungsperspektiven schliessen sich jedoch gegenseitig nicht aus, d.h. es geht nicht um ein "entweder/oder", sondern sie sind integrativ miteinander verbunden und ergänzen sich gegenseitig. Die Möglichkeit solch gegenseitiger, symbiotischer Integration zeigt und ergibt sich aus verschiedenen Überlegungen:

* Historische Entwicklung: Aristoteles teilte die praktische Philosophie in Ethik, Ökonomie und Politik auf. In dieser Triade der praktischen Vernunft entwickelte sich dann die Ethik zu einer vorrangigen Rolle und die Ökonomie und Politik wurden zu Handlungsbereichen, um oberste ethische Prinzipien zu realisieren (Schwemmer 1985, 33f). Auch Adam Smith war Moralphilosophe und christlicher Ethiker. In ihrer Ursprünglichkeit gehören also Ethik und Politik (und damit auch die Betriebswirtschaftspolitik, womit sich die Managementlehre beschäftigt) zusammen.

* Objektbereich: Sowohl die Managementlehre wie die Ethik sind auf das praktische Handeln ausgerichtet. Ihre "Probleme" entstehen in der Praxis.

* Art der Aussage: Sowohl in der Ethik wie in der Führung von Organisationen geht es letztlich um Sollensnormen, d.h. um praktische Handlungsanweisungen. Beide orientieren sich an den "Realitäten der Kulturwelt und Naturwelt" (Lay 1983, 7). Nicht die Gültigkeit/Wahrheit von Theorien steht im Vordergrund, sondern das Anwenden von Regeln für vernunftgeleitetes Verhalten (Tun, Dulden oder Unterlassen) in der Praxis.

* Methode: Von daher sind beide, Ethik und Unternehmungs bzw. Organisationsführung, letztlich wertend. Die Managementlehre als anwendungsorientierte Wissenschaft ist a-disziplinär, die Ethik - ist sie realitätsorientiert - ebenfalls. Für beide gilt die Nützlichkeit, nicht eine allgemeingültige Wahrheit, als Forschungsregulativ.

Diese Ähnlichkeit in Entwicklung und Auffassung der beiden Lehrgebiete 'Ethik' und 'Management' bedeutet aber nicht Identität. Es ergibt sich insbesondere ein Unterschied in den Nützlichkeitskriterien: im Bereiche der Ethik liegen diese im Guten und Gerechten, d.h. es wird nach Regeln gefragt, die das Gute und Gerechte erkennen und verwirklichen lassen können. Die Nützlichkeitskriterien der Managementlehre ergeben sich aus den jeweiligen Anforderungen der Führung zweckorientierter sozialer Systeme im Rahmen einer arbeitsteiligen Gesellschaft.

Bis hierhin sprechen also drei Gründe für die Aufnahme ethischer Reflexion in die Managementlehre:

1. Die Situation in der Praxis.
2. Das Wissenschaftsverständnis der Managementlehre.
3. Die Analogien in der Entwicklung und Auffassung der Managementlehre und der Ethik.

Analysiert man aber die heutige Situation der Betriebswirtschaftslehre, so kommt man nicht umhin, feststellen zu müssen, dass sich diese, insbesondere im deutschsprachigen Raum, trotz unvergleichlich längerer Ethik-Tradition als in den Vereinigten Staaten, in der Auseinandersetzung mit ethischen Fragen recht schwer tut. Von dieser Feststellung aus sollen anschliessend die folgenden Kernfragen näher erörtert werden:

- Wie lässt sich diese "gestörte Beziehung" zwischen Betriebswirtschaftslehre und Ethik erklären?

- Inwiefern zeigen sich in der Betriebswirtschaftslehre, wie sie sich bis heute in ihrer ganzen Vielfalt entwickelt hat, dennoch Ansätze mit ethischem Gehalt?

- Woher könnte sich eine Management-Ethik ihre Wissens-Basis erschliessen?

## 21 Management = Ethik

Die Wissenschaftsgeschichte, als Folge davon die heutige Wissenschaftsorganisation und die Anforderungen an eine anwendungsorientierte Wissenschaft, die die Mängel der Wissenschaftsorganisation ncoh potenziert, sind mögliche Gründe für die Diskrepanzen zwischen 'Management' und 'Ethik'. Historisch betrachtet, waren es insbesondere drei Entwicklungen, die dazu führten, dass heute die beiden Lehrgebiete 'Management' und 'Ethik' getrennte Wege gehen. Die wissenschaftliche Revolution des 17. Jahrhunderts führte zum Standpunkt jener Zeit, nach dem man die Natur nur dann verstehen könne, wenn man die Natur selbst zu Rate ziehe (und nicht die Schriften des Aristoteles). Von daher war Wissenschaft naturwissenschaftliche, empirisch-induktiv und "weltbildlos" geleitet. Im Bereiche der Sozialwissenschaften wurden im Anschluss an Max Weber aus diesem Wissenschaftsbereich Werturteile verbannt und dieser zu einer instrumentellen Zweckmässigkeit reduziert. Im Vordergrund wissenschaftlicher Erkenntnis standen jetzt Wirkzusammenhänge und Theorien, die mit empirisch-naturwissenschaftlichen Methoden zu erhellen versucht wurden. In diese Landschaft kam die Betriebswirtschaftslehre, die ihre wissenschaftliche Legitimation vor allem im deutschsprachigen Raum als eine wertfreie, theoretische (nicht anwendungsorientierte) Disziplin zu erlangen versuchte. Mit der Konzentration auf wirtschaftliche Sachverhalte (Betriebswirtschaftslehre als Wirtschaftswissenschaft) verschwanden dann ethische Werte selbst aus dem Objektbereich der BWL. Im Wissenschaftsprogramm einer Betriebswirtschaftslehre als Wirtschaftswissenschaft und theoretischer Wissenschaft war von daher für Werte - und damit für die Ethik - kein Platz mehr: der Objektbereich beschränkte sich auf wirtschaftliche Werte, der Aussagebereich war auf eine technokratische, instrumentelle Rationalität gestutzt und die Forschungsmethoden lagen im Naturwissenschaftlich-Empiristischen.

In den Vereinigten Staaten war die Entwicklung der Managementlehre durch viel mehr Unbefangenheit gekennzeichnet. "Bei aller wissenschaftlichen Fundierung einzelner Teilbereiche, die inzwischen in den USA stattgefunden hat, ist diese pragmatische, anwendungs- und berufsorientierte Ausrichtung der Managementlehre erhalten geblieben; sie kommt zum Ausdruck in der raschen Aufnahme praktisch aktuellen Wissens in die Lehrgänge der Business Schools wie z.B. von "Business Ethics", ohne dass dabei lange über Erkenntnisobjekt und Auswahlprinzip der Managementlehre gestritten wird, und in der zunehmenden Loslösung der Managementausbildung von einer spezifischen disziplinären Vorbildung in den MBA-Programmen (Ulrich 1985, 8).

Die historische Entwicklung der Wissenschaften führte auch zu einer entsprechenden Wissenschaftsorganisation. In der Regel liegen heute an den Universitäten des deutschsprachigen Raumes die Lehrstühle und Curricula in Betriebswirtschaftslehre und Ethik organisatorisch und konzeptionell weit auseinander. Die Einstellungen der jeweiligen Wissenschafter zu ihrer und der anderen "Disziplin" bzw. Lehrbereich können dabei noch verschärfend wirken. Im Sinne einer blossen Behauptung soll hier die Aussage gewagt werden, dass einem Betriebswirt der Einbezug ethischer Reflexion in seine Zweckmässigkeits- und Nützlichkeitskalküle sehr oft schwer fällt, weil ihm der "Grenznutzen" der Befassung mit "facts and figures" der Unternehmungsführung höher erscheint als der der Auseinandersetzung mit (vielleicht seiner Ansicht nach durchaus gutgemeinten und schön-geistigen) ethischen Reflexionen, und dass umgekehrt es für den Moralphilosophen einen Schritt in die "Niederungen der Geldwirtschaft" bedeuten mag, wenn er sich mit Fragen des Managements auseinandersetzt.

Unter diesen Aspekten ergeben sich einige Schwierigkeiten, die unter anwendungsorientierter Sicht zu fordernde Integration von Management und Ethik zu vollziehen. Diese verschlimmern sich noch, wenn man in Rechnung stellt, dass es zu ethisch und sachlich rationalen Aussagen zum Management fundiertes Fakten- und Methodenwissen sowohl aus dem Bereiche der Ethik wie der Betriebswirtschaftslehre braucht.

## 22 Management und Ethik

Die Entwicklung der Betriebswirtschaftslehre war und ist jedoch nicht im beschriebenen Sinne einspurig, sondern sehr vielfältig. In der Vielzahl ihrer Methoden und Denkvorstellungen bestanden immer Ansätze, die mehr oder weniger Platz für den Einbezug nichtökonomischer Werte liessen. Neben der grossen Mehrheit deutschsprachiger Betriebswirte, die dem Wissenschaftsprogramm des kritischen Rationalismus verpflichtet ist, findet sich eine längere Tradition einer Minderheit, die einer sog. ethisch-normativen Betriebswirtschaftslehre anhängt, z.B. Nicklisch, Kalveram oder - als "Spezialtyp" - die Arbeitsorientierte Einzelwirtschaftslehre (AOEWL). Die praktisch-normative BWL führte, trotz ihres Bekenntnisses zu einer werturteilsfreien Wissenschaft, dazu, dass auch Werte ausserökonomischer Art in den Objektbereich der Betriebswirtschaftslehre aufgenommen wurden. 1974 schlägt Wild (1985, 290) vor, dass auch Aussagen zur "philisophischen Analyse der Voraussetzungen und Implikationen der Gewinnung und Verwendung der Erkenntnisse einer Disziplin (Philosophie)" zu den Funktionen einer Führungslehre als wissenschaftliche Disziplin gehören. "Hierzu zählen sowohl metatheoretische (etwa methodologische) wie auch metatechnologische (normative, ethische, ideologische) Erörterungen, einerseits um in wissenschaftlicher Analyse zur Entideologisierung wissenschaftlicher Aussagen beizutragen, andererseits um die in die Technologie nur konditional eingeführten Ziele oder Normen aufgrund elementarer Werturteile ethisch oder philosophisch zu begründen". Am weitesten geht wohl die "holistisch-interdisziplinäre Betrachtungsweise" (Lattmann 1985, 497) des Systemansatzes von Ulrich. In seiner Auffassung, die auch hier eingangs kurz vorgestellt wurde, wonach die Betriebswirtschaftslehre als eine Managementlehre, verstanden als eine anwendungsorientierte Wissenschaft zur Gestaltung und Lenkung zweckorientierter sozialer Systeme, aufzufassen ist, bietet sich konzeptionell und inhaltlich Platz für einen Einbezug ethischer Reflexionen.

Neben diesen, hier eher unter methodologischen Gesichtspunkten unterschiedenen Ansätzen der ethisch-normativen, praktisch-normativen und systemtheoretischen Betriebswirtschafts- bzw. Managementlehre sind auch verschiedene Schwerpunkte inhaltlicher Art zu erkennen, worin ausserökonomische und ethische Werte eine zentrale Rolle spielen. Die der Marketing-, Personalwirtschafts-, Organisations- und Mitarbeiterführungslehre zugrundeliegenden Modelle des Käufer-, Arbeits-, Führer- und Geführtenverhaltens beinhalten Werte als Verhaltensvariablen und führen zu "Konstrukten", die z.T. stark "wertgeladen" sind (z.B. Arbeitsmotivation, Führungsautorität, Käufereinstellung) und bei nüchterner Betrachtung durchaus ethische "Ziele" darstellen können, z.B. "Humanisierung der Arbeit", "Konsumentenwohlfahrt". Das Konzept der gesellschaftlichen Verantwortung oder 'sozialen Verantwortung' von Unternehmungen hat in der amerikanischen Managementlehre eine längere Tradition und kann als "Vorläufer" einer "Business Ethics" angesehen werden. Das Konzept ist allerdings primär deskriptiver Natur und beinhaltet im Wesentlichen nur die Aussenbeziehungen der Unternehmung. Ebenfalls schwerpunktmässig deskriptiver Art aber die Innenbeziehungen umfassend ist das Konzept der Unternehmungskultur. Darunter wird "die Gesamtheit der tradierten, wandelbaren, zeitspezifischen, jedoch über Symbole erfahrbaren und erlernbaren, Wertvorstellungen, Denkhaltungen und Normen, die das Verhalten von Mitarbeitern aller und damit das Erscheinungsbild einer Unternehmung prägen" (Krulis-Randa 1984, 360) verstanden. Aus der Einsicht, dass im Rahmen der Gesamtführung von Unternehmungen/Organisationen diese letztlich u.a. auch vom Entscheidungsverhalten der unternehmungspolitischen Organe und damit von deren Werthaltungen abhängt, prägte Ulrich den Begriff der 'Management-Philosophie', die Inhalt des Normativen Managements ist. Dieses ist dem strategischen und operativen Management vorgelagert und übergeordnet und hat das Ermitteln und Festlegen von Einstellungen, Überzeugungen und Werthaltungen zum Inhalt, nach denen das Unternehmen/die Organisation geführt werden soll. Dabei geht es darum, "den festzulegenden Zielen und Massnahmen der Unternehmungsführung, dem Unternehmen selbst einen Sinn zu geben, das zukünftige tun zu begründen" (Ulrich 1981, 14). Darin zeigt sich wieder deutlich die Ähnlichkeit von Ethik und Unternehmungsführung, geht es doch gerade am Beispiel des Normativen Managements darum, Sollensaussagen auf der Basis eigener Überzeugungen und Einstellungen festzulegen.

## 23 Management-Ethik!

Die Ethik als wissenschaftliche Disziplin hat eine lange Tradition. Sie ist Teil der praktischen Philosophie. Deshalb stellt sich die Frage, ob und inwiefern sich die Management-Ethik das Lehrgebiet der Allgemeinen Ethik oder von Teilgebieten und Speziallehren davon erschliessen kann bzw. wie ein Transfer von daher in die Managementlehre erfolgen könnte. Grundsätzlich bieten sich verschiedene Möglichkeiten an: Transfer von Aussagen aus einer "Allgemeinen Ethik", aus der Sozialethik, die als ein Teilgebiet der Allgemeinen Ethik aufgefasst wird, oder aus der Wirtschaftsethik, die "als Spezialfall der Sozialethik" (Rich 1985, 67) betrachtet wird. In allen drei Fällen ergeben sich jedoch z.T. erhebliche Schwierigkeiten, aber auch Ansatzpunkte:

* Allgemeine Ethik: Die Management-Ethik alleine auf eine Allgemeine Ethik abstützen zu wollen bzw. diese als einzige Argumentationsquelle zu erschliessen, würde heissen, dieser Universalität für das praktisch vernünftige Handeln zuzuschreiben. Aus der Sicht und Problemlage derjenigen, die praktisch mit Management zu tun haben, würden sich Antworten aus einer Allgemeinen Ethik mit "einer gewissen Trivialität" auszeichnen, die den jeweiligen Managern "die alleinige Mühe aufbürdet, diese Prinzipien mit einigen inhaltlich relevanten Unterscheidungen zu verknüpfen. Die Vagheit der Prinzipien - im Sinne ihrer vielfältigen Auslegungsmöglichkeiten - , die mühsame Subtilität ihrer inhaltlichen Interpretation durch die praktischen Wissenschaften und schliesslich auch ... die Spärlichkeit der Ergebnisse selbst der raffiniertesten Interpretationsbemühungen, ... stimmen ... misstrauisch über den Sinn einer so konzipierten Diskussion" (Schwemmer 1985, 34). Die Allgemeine Ethik als Argumentationsbasis bewegt sich, bezogen auf die konkreten Management-Probleme, auf einem zu hohen Abstraktionsniveau, sie ist von daher - wenn sie als einzige Basis genommen wird - unvollständig und ungenau und übersieht, dass es zur "ethischen Rationalität" im Management Kenntnis der konkreten Situation und Fachwissen der Managementlehre braucht. Andererseits sind aber aus ihr wertvolle Antworten zu grundsätzlichen Fragen möglich.
* Sozialethik: Sozialethik befasst sich "mit den sittlichen Antrieben, die aus dem Boden der zwischenmenschlichen Gebilde hervorgehen" (Suranyi-Unger 1965, 83) bzw. beinhaltet, wie Rich (1985, 71) formuliert, "die verantwortliche Existenz des Menschen im Verhältnis zu den Mitmenschen und der Umwelt, soweit dieses Verhältnis keinen unmittelbaren Charakter hat, sondern durch gesellschaftliche Institutionen vermittelt wird". Von daher liegt die Sozialethik schon viel näher im Gesichtskreis des Managers als die Allgemeine Ethik. Sie beschränkt sich

allerdings auf die Bereiche, die sich auf strukturelle Ordnungen und institutionelle Regelungen und Ausgestaltungen erstrecken. Damit werden wohl wichtige Aufgabenbereiche des Managements erfasst, das Führungsverhalten, soweit es sich durch Unmittelbarkeit und direkte Beeinflussung auszeichnet, liegt aber nicht im Bereiche der Sozialethik. Sozialethik als alleinige Argumentationsbasis für eine Management-Ethik ist also einerseits zu eng (Aspekte einer Individual- und Personal-Ethik kämen hinzu) und andererseits zu weit (Spezifikation auf das "Management" notwendig).

* <u>Wirtschaftsethik</u>: Es scheint, die Wirtschaftsethik liege der Management-Ethik sehr nahe. Allerdings ist die Zugrundelegung der Wirtschaftsethik als Argumentationsbasis einer Management-Ethik auch nicht problemlos. Einerseits wird sie als "Spezialfall der Sozialethik" (Rich 1985, 67) betrachtet. Damit könnten alle oben erwähnten Kritikpunkte auch für die Wirtschaftsethik gelten. Andererseits hat sie wirtschaftliche Grundprobleme in ihrem Objektbereich. Diese stellen aber, wie zu Beginn festgestellt wurde, nur einen Teilaspekt des Managements dar. Auch die Wirtschaftsethik kann von daher nicht einzige zu erschliessende ethische Argumentationsbasis für eine Management-Ethik sein. Zudem meint z.B. Jäger (1981, 47), die Wirtschaftsethik sei noch "wenig wissenschaftlich differenziert und akademisch etabliert".

Zusammenfassend muss also festgestellt werden, dass eine inhaltliche Ausdifferenzierung einer Management-Ethik allein auf der Basis der Allgemeinen Ethik, der Sozial- oder der Wirtschaftsethik ausserordentlich schwierig und zudem unvollständig ist. Dies verschärft sich noch, wenn nicht die ethische Argumentationsbasis, sondern die <u>spezifischen und eigentümlichen Ausprägungen der Management-Probleme</u> herausgeschält und differenziert werden.

Gegenstand des Managements sind produktive soziale Systeme in einer arbeitsteilig organisierten Gesellschaft. Bestimmte und für management-ethische Fragestellungen nicht unwesentliche Rechte und Pflichten Einzelner und von Organisationen sind für das jeweilige produktive soziale System durch die politischen, wirtschaftlichen und insbesondere rechtlichen Verhältnisse <u>gegeben</u>. Was in der

Sozial- und Wirtschaftsethik Gegenstand der Reflexion ist, ist für die Management-Ethik mehr oder weniger als Faktum vorgegeben. Dazu gehören z.B. die Handels- und Gewerbefreiheit, das Eigentumsrecht, die Ordnungs- und Strukturpolitik. Auch organisationsintern ergeben sich Spezifitäten. In aller Regel sind produktive soziale Systeme ihrerseits arbeitsteilig organisiert, indem die Führungs- und Ausführungsaufgaben differenziert werden und es diese zu koordinieren gilt. Daraus ergibt sich der für die Führung unerlässliche und notwendige Tatbestand der Fremdbestimmung. Dies führt dazu, dass das Handeln anderer Menschen in solchen Organisationen bewusst, willentlich und notwendigerweise beeinflusst wird, Ziele für andere gesetzt werden und deren Erreichung kontrolliert wird (Lay 1983, 309). Ein dritter Umstand, der für die Management-Ethik konstitutiv ist, ist die Überlassung von Produktionsfaktoren und Leistungen in treuhänderischer Art. In der Regel sind die in den Betrieben zur Kombination gelangenden Input-Faktoren nicht letztliches Eigentum des Betriebes selbst, sondern beruhen auf Überlassungen (mit Ausnahme der zu 100% eigenfinanzierten Einmann-Eigentümer-Unternehmung). Betriebspolitik ist von daher u.a. ein Umgehen mit zu treuen Handen überlassenen Gütern, Finanzmitteln, menschlicher Arbeitsleistung und Know How.

Die Beispiele mögen illustrieren, dass sich im Rahmen der Management-Ethik Probleme stellen, die

- sich aus der "Natur" des Managements ergeben und von daher erklärbar sind
- und für die deshalb eine bedenkenlose Uebertragung allgemeinethischer, sozial- und/oder wirtschaftsethischer Prinzipien nicht möglich ist.

Eine Management-Ethik muss deshalb, bedingt durch die speziellen Rahmenbedingungen und die Andersgeartetheit der Probleme, im Objektbereich eine Eigenständigkeit erlangen. Methodisch und inhaltlich können wohl Prinzipien der allgemeinen, der Wirtschafts- und Sozialethik erschlossen werden, jedoch nur im Lichte der besonderen Bedingungen, in denen sich "Management" bewegt, und unter Zugrundelegung des jeweiligen Management-Fachwissens, das erst die Bedingungen und Konsequenzen inner- und ausserbetrieblicher Entscheidungen und Handlungen aufzudecken und somit einer umfassenden ethischen Reflexion zuzuführen vermag.

## 3 A Framework

Nach der Begründung der Eigenständigkeit einer Management-Ethik stellt sich nun die Frage, wie diese konzeptionell und inhaltlich Gestalt annehmen kann. Bedingt durch ein viel pragmatischeres Auffassungsverständnis der Managementlehre, sind im anglo-amerikanischen Raum die diesbezüglichen Ansätze viel weiter gediehen als hierzulande. Dort gibt es bereits eine ganze Reihe von Lehrbüchern, eigene Fachzeitschriften, und entsprechende Lehrgänge haben in den Lehrplänen der Schulen und Universitäten für Business Administration Einzug gehalten. Die Gesamtheit dieser Massnahmen wird unter der Bezeichnung "Business Ethics" zusammengefasst. Im deutschsprachigen Raum sind vereinzelt Publikationen zu finden, an der Hochschule St.Gallen wurde eine Forschungsstelle eingerichtet und im Praktiker- und populär-wissenschaftlichen Lesematerial ist ein mehr oder weniger starker "Ruf nach Moral und Ethik" festzustellen. Insgesamt darf aber behauptet werden, dass die Management-Ethik (nicht die Wirtschafts-Ethik) im deutschsprachigen Raum noch ein recht verkümmertes Dasein fristet. Eine Aufnahme und Konstituierung in der Betriebswirtschafts- bzw. Managementlehre bringt für diese in Theorie und Praxis wesentliche Konsequenzen.

### 31 Voraussetzungen

Sich mit Management-Ethik zu befassen, heisst für die Managementlehre, dass sie sich mit Werten auseinanderzusetzen hat. Zwar hat sie dies auch bis anhin getan, allerdings in sehr eingeschränkter Art, indem (ausserökonomische) Werte solange Einzug in Modelle gehalten haben, als sie empirisch über Werthaltungen erfassbar waren. Werte aber sind Elemente einer geistigen Welt und sind deshalb mit einem erfahrungswissenschaftlichen Forschungsinstrumentarium nur beschränkt bzw. bedingt zugänglich. Die Betriebswirtschafts- bzw. Managementlehre als anwendungsorientierte Wissenschaft bewegt sich traditionellerweise in einer erfahrungswissenschaftlich zugänglichen Welt. Die Aufnahme von Werten impliziert nicht nur ein kulturwissenschaftliches Verständnis der BWL, das über naturale Wirkzusammenhänge und soziale Evolutionsprozesse hinausgeht (Steinmann/Oppenrieder 1985, S. 175), sondern fordert auch die Aufnahme von geisteswissenschaftlichen Methoden und Aussagebereichen. Lay (1983, 8) formuliert dazu: "Ethisches Handeln ist kein Handeln aus technischer Rationalität. In aller Regel setzt es die Abwägung von Gütern voraus, die technisch-rational wertlos sind. Deshalb sind die Regeln, die die Technik zur Beherrschung ökonomischer, politischer, sozialer, psychischer, kultureller Abläufe entwickelt hat, hier unbrauchbar". Management-Ethik in der Praxis setzt Handlungsfreiheit voraus und zwar in doppeltem Sinne:

- Freiheit von: d.h. eine trotz Fremdbestimmung durch Vorgesetzte, Recht oder Markt gegebene Handlungskompetenz bzw. Handlungsspielraum
- Freiheit zu: d.h. die Möglichkeit, zwischen verschiedenen Alternativen zu wählen.

Mit anderen Worten setzt Management-Ethik in der Praxis ein "ethisches Vakuum" (Brantl 1985, 277) voraus, wo Steuerungspotentiale z.B. von Märkten oder des Rechts keine moralische Entlastungsfunktionen bewirken können. Management-Ethik setzt drittens, wie bereits in anderem Zusammenhang erwähnt, in Theorie und Praxis breites und fundiertes Fakten- und Methodenwissen im Bereich der Ethik wie des Managements voraus, um die Bedingungen, Nebenwirkungen und Konsequenzen beim Formulieren und Durchsetzen von Zielen, Mitteln und Strategien zu erkennen und die damit verbundenen ethischen Implikationen in ihrer ganzen Tiefe und Breite zu beurteilen und zu bewerten. Dazu soll nun nachfolgend ein Denkraster skizziert werden.

## 32 Konzept

Management-Ethik ist ein vager Begriff. Aus dem Lehrbereich der Ethik selbst wie aus der neueren Business-Ethics-Literatur in den Vereinigten Staaten ergibt sich eine Vielzahl von Ansätzen, Denkmodellen und Begriffsmustern. Von daher drängt sich vorderhand einmal eine Typisierung und Klassifizierung nach verschiedenen Kriterien auf.

Nach der ethischen Forschungsrichtung können grundsätzlich drei "Ethik-Arten" und somit "Management-Ethik-Arten" unterschieden werden. Die deskriptive Ethik hat zum Ziel, die kulturbedingten Wertauffassungen (und damit die "gelebten" ethischen Werte, d.h. die Moral) zu erfassen und zu beschreiben. Damit "zielt sie auf das Ethische als empirischem Tatbestand" (Rich 1985, 20). Die Metaethik oder analytische Ethik verfolgt vor allem drei Anliegen: "das Herausstellen der Bedeutung sittlicher Prädiktionen wie 'gut', 'Sollen', 'Pflicht', 'Gewissen' usw., die begründete Unterscheidung sittlicher und nichtsittlicher Verwendung der Prädikationen und die Möglichkeit der Rechtfertigung sittlicher Urteile" (Reuther 1986, 32). Die normative Ethik beinhaltet das Ethische als Sollensforderung, das heisst, wie der Mensch sich verhalten soll. Von daher kann also eine analytische, deskriptive und normative Management-Ethik unterschieden werden.

Unter dem Gesichtspunkt der Verankerung einer Management-Ethik kann zwischen einer "Corporate Ethics" und einer "Managerial Ethics" unterschieden werden. Die Corporate Ethics hat geeignete institutionelle Regelungen zum Gegenstand, die Managerial Ethics, die ethische Ausbildung der Führungskräfte (Steinmann/Oppenrieder 1985, 178).

Unter dem Aspekt des Umfanges im Management bzw. der politischen Reichweite ist eine Trennung in Unternehmungsethik (bzw. allgemeiner Organisationsethik) und Bereichtsethik möglich. Adressaten der Unternehmungsethik sind die General Managers, sei es in ihrem innenpolitischen Verhalten, d.h. bei der Entwicklung, Beschlussfassung, Realisierung und Ueberwachung der Geschäftspolitik im Innern und der Setzung ethischer Rahmenbedingungen für die nachgeordneten/-folgenden Führungsstufen, oder in ihrer Aussenpolitik, d.h. beim Vertreten der Unternehmung/Organisation nach Aussen (vgl. Abb. 3).

Bereichs-Ethiken beinhalten bestimmte Politik-Bereiche bzw. Teilpolitiken, z.B. die Marketing-Ethik. Weitere Differenzierungen wären denkbar, insbesondere hinsichtlich der normativen Begründungsbasis oder nach der Art der Begründungsverfahren.

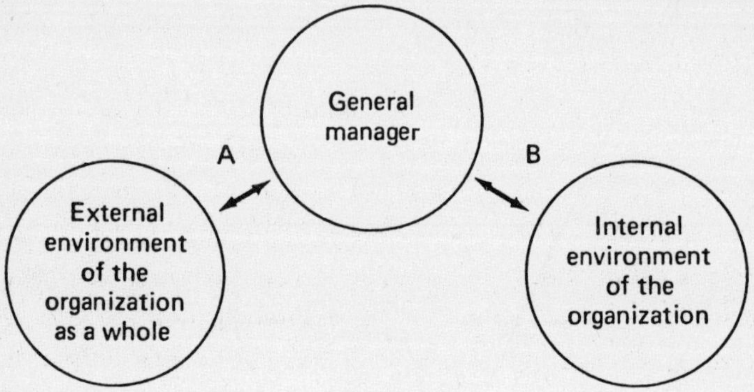


Abb. 3: A-Transaktionen (Aussenpolitik) und B-Transaktionen (Innenpolitik) als die beiden ethischen Beziehungsfelder des General Managements (aus: Matthews/Goodpaster/Nash 1985, S. 493)

Bringt man die Forschungsrichtungen der Ethik und die verschiedenen Organisationsebenen in eine gegenseitige Beziehung, so gelangt man zu Abbildung 4. Darin dürfen die Zeilen- und Spaltenteilung jedoch nicht darüber hinwegtäuschen, dass zwischen den verschiedenen Organisationsebenen vielfältige Beziehungen und Abhängigkeiten bestehen und dass auch die einzelnen Ethik-Ansätze sich nicht durchwegs exakt trennen lassen. Im Sinne didaktischer Transparenz stellt die Klassifikation jedoch ein geeignetes Hilfsmittel dar und erlaubt, bestehende Ansätze und Forschungsgebiete der Managementlehre, die mit Werten (nicht-wirtschaftlicher Art) zu tun haben, einzuordnen. So stellt z.B. die Tugendlehre eine normative Ethik auf der Individual-Ebene dar, die Untersuchungen zu den Werthaltungen von Führungskräften eine deskriptive auf der Individual-Ebene, oder die Erfassung gesellschaftlicher Werthaltungen eine deskriptive auf der Gesellschafts-Ebene. Im Zentrum des Interesses dürfte für die Management-Ethik zweifellos die normative Ethik auf der Individual- und Organisationsebene liegen. Dabei geht es um "Normen, d.h. um Aufforderungen, in bestimmten gleichen

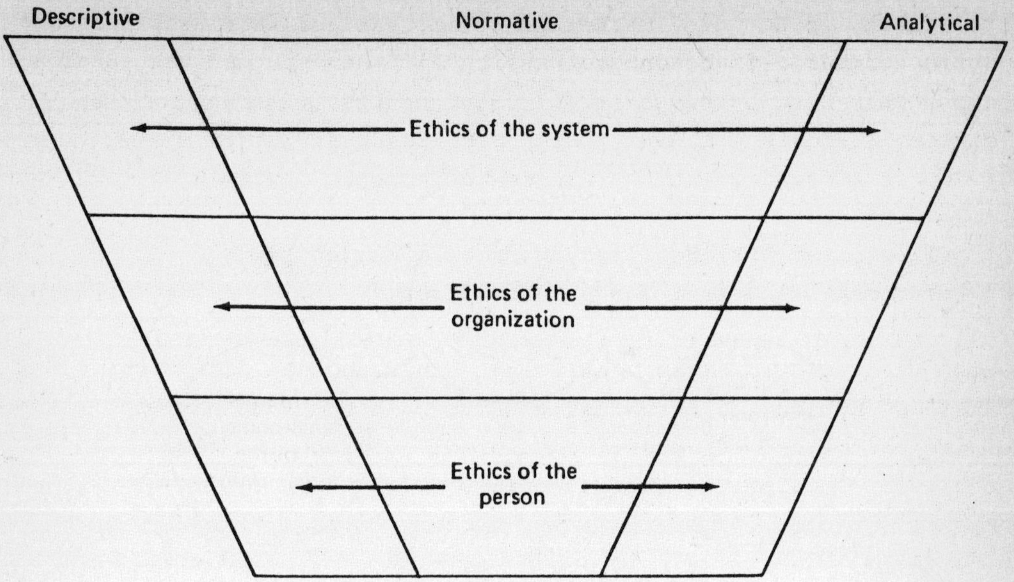


Abb. 4: Klassifikation management-ethischer Ansätze
(aus: Matthews/Goodpaster/Nash 1985, 509)

Situationen bestimmte Handlungen auszuführen (oder zu unterlassen) oder - unter Freistellung der Handlungen als solche - besimmte Wirkungen herbeizuführen (oder nicht herbeizuführen). Solche Normen können sowohl materieller oder prozessualer Art sein" (Steinmann/Oppenrieder 1985, 172). Die normative Ethik lässt sich also ihrerseits in zwei Bereiche unterteilen, nämlich in:

* materiell-ethische Normen
* formell-ethische Normen.

Formell-ethische Normen "beziehen sich auf organisatorisch-institutionelle Regelungen, die die Generierung materieller Normen bezwecken oder fördern sollen" (Steinmann/Oppenrieder 1985, 172), materielle Normen beinhalen konkrete Handlungsanweisungen inhaltlicher Art. Eine normative Ethik in diesem Sinne kann nun ihrerseits wieder unter einem deskriptiven (ggf. explikativen) und einem normativen Aspekt betrachtet werden. Deskriptiv/explikativ würde bedeuten, dass formell- und materiell-ethische Normen auf ihre Ausgestaltung, ihren Gehalt und ihre Entstehungsbedingungen untersucht würden. Normativ auf dieser zweiten Ebene würde heissen, dass Präskriptionen für formell- und materiell-ethische Normen formuliert werden.

An formell-ethischen Normen sind z.B. denkbar: Normen
* institutioneller Art: Ethik-Kommissionen, Ombudsmänner, Sonderbeauftragte
* prozessualer Art: Hearings, Vernehmlassungen
* instrumenteller Art: Verhaltenskodizes.

Die bereits zu Beginn zitierte Untersuchung des Centers for Business Ethics bei den grössten Firmen in den Vereinigten Staaten ergab bezüglich der Verbreitung formell-ethischer Normen die in Abbildung 5 dargestellten Ergebnisse.

Some ways that ethical values can be incorporated into the corporate environment are listed below: Which of these does your company use?

| | Yes # | % | No # | % | Total # responses | |
|---|---|---|---|---|---|---|
| Code of conduct | 208 | 93.3% | 15 | 6.7% | 223 | 100% |
| Ethics committee | 40 | 17.9% | 183 | 82.1% | 223 | 100% |
| Judiciary board | 3 | 1.3% | 220 | 98.7% | 223 | 100% |
| Ombudsman | 17 | 7.6% | 206 | 92.4% | 223 | 100% |
| Employee training in ethics | 99 | 44.4% | 124 | 55.6% | 223 | 100% |
| Social auditing and reporting | 98 | 43.9% | 125 | 56.1% | 223 | 100% |
| Changes in corporate structure | 46 | 20.6% | 177 | 79.4% | 223 | 100% |
| None of the above | 2 | 0.9% | 221 | 99.1% | 223 | 100% |

Abb. 5: Die Verbreitung formell-ethischer Normen in amerikanischen Grossunternehmungen (aus: Center for Business Ethics 1986, S. 87).

Praktische Handlungsanweisungen zur Gestaltung formell-ethischer Normen sind eine zentrale Aufgabe einer anwendungsorientierten Management-Ethik. Praktische Handlungsanweisungen für materiell-ethische Normen (normative Aussagen zu materiell-ethischen Normen) könnten bei oberflächlicher Betrachtung (wieder) einen Wertungskonflikt heraufbeschwören. Eine hypothethische Möglichkeit wäre, bei Zugrundelegung entsprechender Empirie zumindest praktisch-normative Aussagen zu "retten". Bei der Formulierung situationsadäquater materiell-ethischer Normen stellen sich allerdings aus praktischer Sicht derart Probleme, dass die Möglichkeit der a-priori-Formulierung von gültigen materiell-ethischen Normen nicht gegeben ist und sich somit das Problem der Wissenschaftswertung nicht stellt. Denn die Empfehlung situationsgerechter materiell-ethischer Normen würde bedingen, dass die jeweilige Situation mit allen tangierten Interessen, vorliegenden Zielabsichten, Bedingungen und Nebenwirkungen zum vorneherein bekannt wäre und allseitig auch gleich beurteilt würde, was keine Mehrdeutigkeit in der Interpretation der jeweiligen Situation zulassen würde, und es dann möglich wäre, für jede unterschiedliche Situation die entsprechende Norm a priori und quasi ex cathedra bereitzuhalten. Steinmann/Oppenrieder (1985, 172) formulieren dies so: "Die Diskussion hat gezeigt, dass eine Vernunft-Ethik nicht von vornherein als eine materiale Ethik oder als eine Wertethik angegelegt werden kann, sondern auf formal-prozessualer Grundlage entwickelt werden muss. Dies muss auch für die Unternehmensethik gelten; sie kann also von Anfang an nicht als ein Katalog von obersten immer gültigen und situationsunabhängigen materialen Normen für die Orientierung allen unternehmerischen Handelns vorgestellt werden. Eine so geartete Konzeption von Unternehmensethik liesse sich nur auf dogmatischer Grundlage verwirklichen".

Überdenkt man nun, was eine Management-Ethik als anwendungsorientierte Wissenschaft bis hierher zu leisten vermag, so ergibt sich ein recht breitgefächerter Aufgabenkatalog. Analytisch könnte es darum gehen, zentrale Begriffe und Formulierungen, die für die Management-Praxis unter ethischer Perspektive eine wichtige Rolle spielen, zu klären und im Sinne einer Metatheorie die Beziehungen zwischen Management und Ethik näher zu erhellen. Deskriptives Anliegen ist es, aktuelle Wertvorstellungen im Kontext des Managements festzustellen und den Umgang mit und den Einfluss von ethischen Werten im Management zu beschreiben. Normative Aussagen können darin liegen, aufzuzeigen und Handlungsempfehlungen abzugeben, wie ethisches (verantwortliches) Handeln

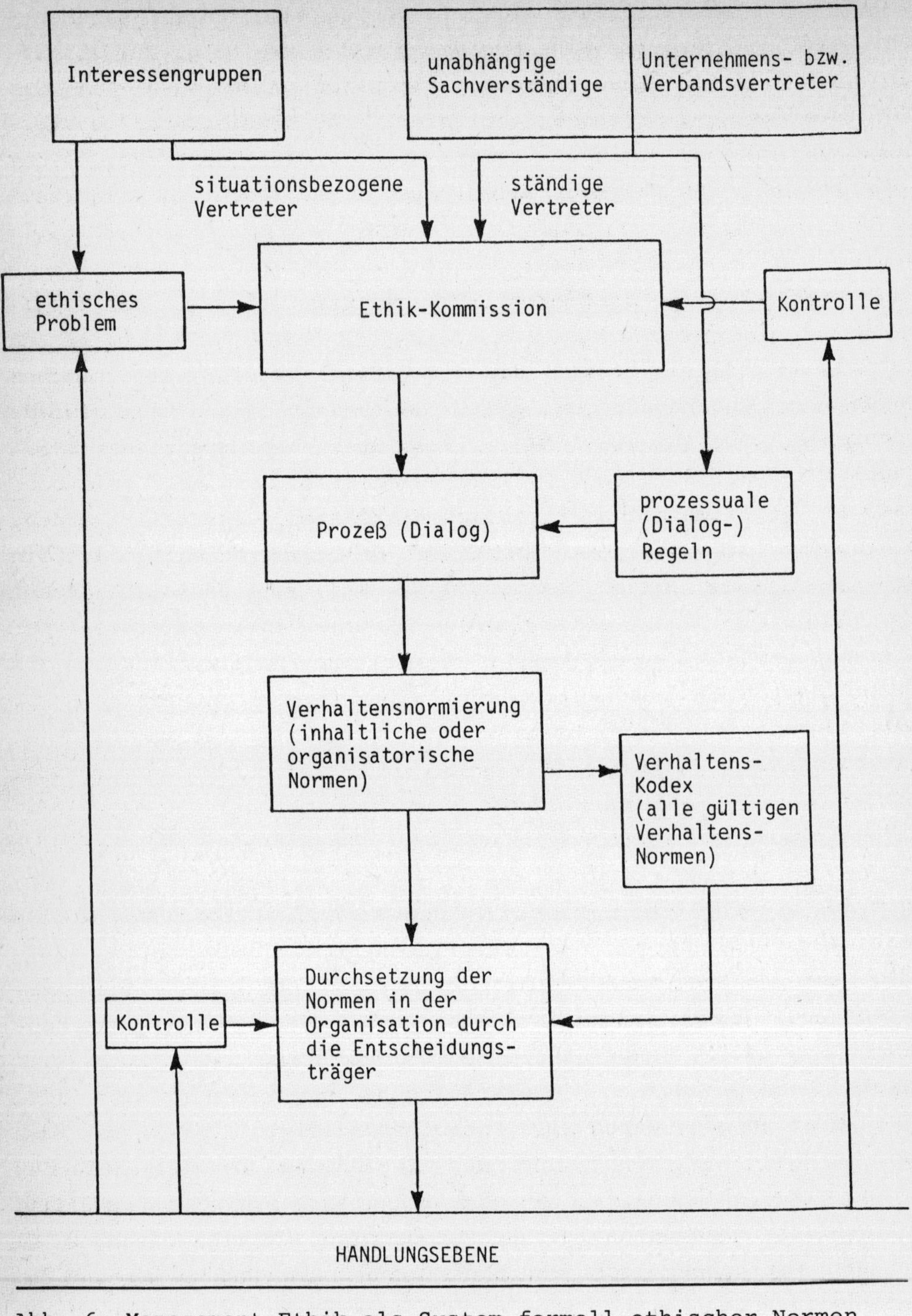


Abb. 6: Management-Ethik als System formell-ethischer Normen (aus: Steinmann/Oppenrieder 1985, S. 180).

in und von Organisationen realisiert werden kann. Die Managementlehre erfährt hierdurch eine Ergänzung und Ausweitung. Der Objektbereich wird durch eine ethische Dimension durchzogen und die Arbeitsweisen und Methoden erfahren eine Erweiterung "geisteswissenschaftlicher Art", indem z.B. das Verstehen, das Interpretieren und das Beurteilen wesentliche Bedeutung erlangen.

## 4 Formell-ethische Normen auf Diskursbasis

Nachfolgend soll ein Modell, das die Entwicklung formell-ethischer Normen zum Gegenstand hat und im deutschsprachigen Raum gewisse Konturen erlangt hat (Ulrich P. 1981, Steinmann/Oppenrieder 1985, Brantl 1985, 502ff, Ulrich P. 1986) vorgestellt und dann kritisch, u.a. im Vergleich mit amerikanischen Ansätzen, beurteilt werden. Ansatzpunkt ist, wie jeder normativen Ethik zugrundeliegend, die Normenbegründung. Diese basiert auf der Idee der dialogischen Verständigung, d.h. "die vorgeschlagene Interpretation der Unternehmensethik orientiert sich an der regulativen Idee der idealen Kommunikationsgesellschaft" (Steinmann/Oppenrieder 1985, 179). Erschlossen wird dabei insbesondere das Gedankengut der Diskursethik von Habermas.

### 41 Darstellung

"Unternehmensethik" wird hier als "die Gesamtheit der durch dialogische Verständigung mit den Betroffenen begründeten bzw. begründbaren Normen" (Steinmann/Oppenrieder 1985, 174) verstanden. Sie basiert auf einem pluralistischen Unternehmungsverfassungsrecht (Ulrich P. 1977), erkennt die Begründung ethischer Normen als Prozess der dialogischen Verständigung und setzt voraus, dass diese Verständigung durch alle Betroffenen erfolgt. Das Ziel liegt also in der Ermittlung und der Empfehlung formell-ethischer Normen, im Rahmen derer dann eine inhaltlich-ethische Begründung der jeweiligen Handlungsalternativen erfolgen kann. Abbildung 6 gibt dazu einen Überblick. Funktionsvoraussetzungen liegen u.a. in den Bedingungen eines idealen "unverzerrten" Dialoges aller Betroffenen/Beteiligten (vgl. Abb. 7).

Dabei muss aber "überall dort, wo aus pragmatischen Gründen (etwa zeitökonomischen) eine kommunikative Konfliktlösung nicht möglich ist, ... an die Stelle sozialethischer institutioneller Lösungen die kommunikativ-ethisch transformierte Verantwortungsethik treten" (Steinmann/Oppenrieder 1985, 179).

*Verfahrensbedingungen*

1. *Beteiligung aller Betroffenen*
   Authentische Einbringung aller Bedürfnisse und Wertungen
2. *Argumentative Einigung (Konsensus)*
   Nur allgemein akzeptierbare Argumente sind gültig
3. *Chancengleichheit (Machtausgleich)*
   Die Verhandlungsmacht aller Beteiligten muss gleich sein
4. *Zwanglosigkeit*
   Verzicht auf Peruasion und Sanktion
5. *Unbeschränkte Information*
   Alle vorhandenen relevanten Informationen sind allen Beteiligten zugänglich
6. *Argumentative Kompetenz*
   Dialogteilnehmer müssen fähig sein, vernünftig zu argumentieren

*Verhaltensbedingung*

7. *Rationale Motivation („Wille zur Vernunft")*
   Dialogteilnehmer müssen gewillt sein, vernünftig zu argumentieren, Gegenargumente unvoreingenommen zu prüfen und einen allgemein akzeptierbaren Konsens zu erzielen

Abb. 7: Bedingungen eines idealen Dialoges (aus Ulrich P. 1981, S. 68; nach Backhaus 1979, 347f).

## 42 Beurteilung

Aus anwendungsorientierter Sicht hat die Beurteilung dieser kommunikativen oder Diskurs-Unternehmensethik am Kriterium der Nützlichkeit für die Management-Praxis und die Weiterbildung der Management-Ethik-Lehre zu erfolgen. Zweifellos gelingt es, mit diesem "Modell" unternehmensethische Erscheinungen der Management-Praxis im Rahmen der Modellbedingungen und -Annahmen zu erfassen, wie dies Steinmann/Oppenrieder (1985) für den Nestle-Fall auch tun. Auch mag die Idee des pluralistischen Unternehmungsverfassungsrechts "Element einer sich abzeichnenden rechtssystematischen Entwicklung" (Ulrich P. 1981, S. 70) sein, was aber angesichts des Standes in der Gesetzgebung z.B. zur Mitwirkung in der Schweiz durchaus noch näher geprüft werden müsste. Zudem bringt das Modell eine Erhellung von Arten und Möglichkeiten formell-ethischer Normen. Einer Unternehmungs-Ethik auf der Basis einer kommunikativen, dialogischen Verständigung kommt aber nur soweit Praxisrelevanz zu, als die Bedingungen bzw. Voraussetzungen dazu auch tatsächlich zutreffen, und das dürfte, was die Bedingungen des idealen Dialoges anbetrifft, nicht durchwegs der Fall sein. Von daher besteht die Gefahr, dass die Diskursethik zu einem "ethischen Formalismus" (Brantl 1985, S. 509) entartet. Schwerpunktmässig ist zudem die skizzierte Unternehmensethik auf der unternehmungspolitischen Ebene anzusiedeln. Das ethische Verhalten des Einzelnen tritt hinter die politische Vernunft zurück. Normen werden zum "Ergebnis ... einer politischen Praxis" (Steinmann/-Oppenrieder 1985, S. 175).

Die Business-Ethics-Ansätze der amerikanischen Literatur sind, wenn als direkte Vergleichsbasis das Casebook in Business Ethics der Harvard Business School (Matthews/Goodpaster/Nash 1985) zugrundegelegt wird, anders gelagert. Sie sind wesentlich pragmatischer gehalten, legen weniger Gewicht auf formell-ethische Normen und haben an materiell-ethischem Begründungspotential wesentlich mehr Gehalt. Formell-ethische Normen beschränken sich weitgehend auf Entscheidungsmethodiken und -verfahren des Managements, das viel weniger in ein pluralistisches, die Handlungsautonomie einschränkendes Politik-Geflecht eingebettet ist. Steht bei der Unternehmens-Diskurs-Ethik das formell-ethische Instrumentarium und Verfahrenssystem im Vordergrund, so ist es bei Matthews/Goodpaster/Nash 1985 schwerpunktmässig das "critical thinking". Dessen Schulung deckt sich dann aber wieder mit der Managerial Ethics von Steinmann/Oppenrieder 1985.

## 5 Zusammenfassende Schlussthesen

* Ethische Werte sind Bestandteil des Managements.

* Die Betriebswirtschaftslehre als angewandte Wissenschaft vom Management zweckorientierter sozialer Organisationen ist deshalb aufgerufen, sich mit Ethik und ethischen Werten zu befassen.

* Ethik und Managementlehre sind sehr ähnlich. Beide sind auf praktisches Handeln ausgerichtet.

* Das Management hat jedoch in seinem Objektbereich eine besondere Geartetheit der Probleme (gegebene Rahmenbedingungen, Fremdbestimmung in der Führung, Überlassung von Input-Faktoren zu treuen Handen), die einen bedenkenlosen Transfer allgemein-ethischer, sozial- und wirtschaftsethischer Prinzipien nicht erlauben, sondern die eine gewissen Eigenständigkeit der Management-Ethik begründen.

* Ethik und ethische Werte sind Elemente einer geistigen Welt. Dies bedingt die Aufnahme geisteswissenschaftlicher Methoden in die Managementlehre.

* Management-Ethik bedingt Handlungsfreiheit in der Praxis (Handlungsspielraum) und fundierte Methoden- und Faktenwissen sowohl im Bereiche der Managementlehre wie der Ethik.

* In der Management-Ethik lassen sich drei Forschungs- und Aussagekategorien unterscheiden: die deskriptive, die normative und die analytische (=meta-ethische) Management-Ethik. "Die deskriptive Ethik zielt auf das Ethische als empirischen Tatbestand, die normative Ethik auf das Ethische als Sollensforderung und die Metaethik auf die philosophische Klärung der Voraussetzungen ethischer Urteile" (Rich 1985, S. 20). In einer zweiten Dimension können Forschungsansätze nach dem Kriterium der erfassten Organisationsebene (Individuum, Organisation, Gesellschaft) unterschieden werden.

* Normative Management-Ethik hat zwei Arten von Aussagen zum Inhalt:
  - formell-ethische Normen
  - materiell-ethische Normen.

  Formell-ethische Normen sind Regelungen institutioneller, prozessualer und instrumenteller Art, die die Generierung situationsspezifischer materieller Normen ermöglichen bzw. herbeiführen sollen.

* In der Behandlung formell-ethischer und materiell-ethischer Normen ergeben sich Unterschiede zwischen amerikanischen Business-Ethics-Ansätzen und - soweit erkennbar - deutschsprachigen Ansätzen zur Unternehmensethik.

## Literaturverzeichnis


Backhaus J (1979) Praktische Philosophie und politische Ökonomie. In: Mittelstrass J (Hrsg) Methodenprobleme der Wissenschaften vom gesellschaftlichen Handeln. Frankfurt, S 320-369

Baumhart R (1968) Ethics in Business. New York.

Brantl St (1985) Management und Ethik. München

Center for Business Ethics (1986) Are Corporations Institutionalizing Ethics? Journal of Business Ethics 5: 85-91

Fiedler-Winter R (1977) Die Moral der Manager. Stuttgart

Jäger A (1981) Wirtschaftsethik: das Prinzip Verantwortung als Element einer Management-Philosophie. In: Ulrich H (Hrsg) Management-Philosophie für die Zukunft. Bern/Stuttgart, S 47-56

Krulis-Randa J (1984) Reflexionen über die Unternehmungskultur. Die Unternehmung 38: 358-372

Lattmann Ch (1985) Sollensaussagen in der Betriebswirtschaftslehre. In: Probst G, Siegwart H (Hrsg) Integriertes Management. Bern/ Stuttgart, S 493-507)

Lay R (1983) Ethik für Wirtschaft und Politik. Herbig

Matthew J, Goodpaster K, Nash L (1985) Policies and Persons. Mc Graw-Hill

Reuther H-J (1986) Ethikunterricht am Gymnasium. Frankfurt a M/-Bern/New York

Rich A (1985) Wirtschaftsethik. Gütersloh

Rühli E (1975) Beiträge zur Unternehmungsführung und Unternehmungspolitik. Bern/Stuttgart

Schwemmer O (1985) Oekonomische Rationalität und praktische Vernunft oder: kann man ethische Grundsätze zu Prinzipien ökonomischer Systeme machen? In: Enderle G (Hrsg) Ethik und Wirtschaftswissenschaft. Berlin, S 33-53

Steiner G (1971) Business and Society. New York

Steinmann H, Oppenrieder B (1985) Brauchen wir eine Unternehmensethik? Die Betriebswirtschaft 45: 170-183

Suranyi-Unger T (1965) Wirtschaftsethik. In: Handwörterbuch der Sozialwissenschaften Bd 12. Stuttgart/Tübingen/Göttingen, S 83-103

Ulrich H (1981) Die Bedeutung der Managementphilosophie für die Unternehmungsführung. In: Ulrich H (Hrsg) Management-Philosophie für die Zukunft. Bern/Stuttgart, S 11-23

Ulrich H (1985) Von der Betriebswritschaftslehre zur systemorientierten Managementlehre. In: Wunderer R (Hrsg) Betriebswirtschaftslehre als Management- und Führungslehre. Stuttgart, S 3-32

Ulrich H, Probst G (1982) Werthaltungen schweizerischer Führungskräfte. Bern/Stuttgart

Ulrich P (1977) Die Grossunternehmung als quasi-öffentliche Institution. Stuttgart

Ulrich P (1981) Wirtschaftsethik und Unternehmungsverfassung: Das Prinzip des unternehmungspolitischen Dialogs. In: Ulrich H (Hrsg) Management-Philosophie für die Zukunft. Bern Stuttgart, S 57-75

Ulrich P (1986) Transformation der ökonomischen Vernunft. Bern/-Stuttgart

Wild J (1985) Betriebswirtschaftliche Führungslehre. In: Wunderer H (Hrsg) Betriebswirtschaftslehre als Management- und Führungslehre. Stuttgart, S 269-295 (Teilabdruck von: Betriebswirtschaftliche Führungslehre und Führungsmodelle. In: Wild J (Hrsg) Unternehmungsführung. Berlin 1974)

# Ethik und Unternehmungsführung aus der Sicht der katholischen Soziallehre

A. Ziegler[1]

P. Albert Ziegler (1927) ist seit 1961 Hochschulseelsorger in Zürich und ist an Seminarien zur Fort- und Weiterbildung von Kaderleuten beteiligt. Diesbezügliche Veröffentlichungen: Grenzen des Wettbewerbs in ethischer Sicht (1985); Die christliche Soziallehre als Grundlage moderner Unternehmensführung (1986); Theologische Aspekte der Menschenführung (1986).

Zusammenfassung

Die katholische Soziallehre ist die Lehre der katholischen Kirche vom Menschen als einem Gemeinschaftwesen und den damit gegebenen verschiedenen Gemeinschaften und gesellschaftlichen Einrichtungen. Grundlegend sind die Prinzipien der personal verstandenen Gemeinwohlgerechtigkeit, der Solidarität und Subsidiarität.

Aus dieser Lehre folgt eine Ethik, zu der eine nach diesen drei Prinzipien gestaltete Sozialethik gehört. Innerhalb der Sozialethik beansprucht eine - ebenfalls nach diesen Prinzipien gestaltete - Wirtschaftsethik einen immer breiteren Raum.

Zu den wichtigsten und dringlichsten Aufgaben einer solchen Wirtschaftsethik gehört die Ethik der Unternehmungsführung, die auch eine Ethik der Unternehmungsleitung und der unternehmerischen Menschenführung umfasst.

In all diesen Bereichen ist das christliche Menschenbild entscheidend, das die katholische Soziallehre mit der evangelischen Sozialethik teilt. Daher stimmen die katholische Soziallehre und die evangelische Sozialethik in ihren Aussagen weitgehend überein, selbst wenn sie dazu von einem unterschiedlichen Standort auf verschiedenen Wegen gelangen.

## Einleitung

Wenn Menschen aus der Wirtschaft über "Ethik und Unternehmungsführung" sprechen, darf man davon ausgehen, dass sie von der Unternehmungsführung eine genauere Vorstellung besitzen als von

---

[1] Dr. Albert Ziegler, Universität Zürich, Katholisches Akademiker Haus, Zürich, Schweiz.

Management Forum
Ethik und Unternehmensführung
ed. by Charles Lattmann

der Ethik. Dies gilt erst recht, wenn man Ethik und Unternehmungsführung "aus der Sicht der katholischen Soziallehre" betrachten soll. Denn unter katholischer Soziallehre können sich manche kaum mehr denken als einige häufig zitierte päpstliche Rundschreiben zu sozialen Fragen.

Diese Unklarheiten lassen es ratsam erscheinen, sich zunächst der katholischen Soziallehre zuzuwenden, dann aus dieser Sicht die Frage der Ethik anzugehen, um - nach diesen Klärungen - die Ethik der Unternehmungsführung zur Sprache zu bringen.

## 1 Die Sicht der katholischen Soziallehre

"Die Soziallehre der katholischen Kirche ist ein integrierender Bestandteil der christlichen Lehre vom Menschen" (Mater et magistra 222). Damit ist gesagt: Die katholische Soziallehre ist die katholische Lehre von jenem Menschen, der als Mitmensch (socius) - von Natur aus auf Gemeinschaft angelegt und verwiesen - sich Gemeinschaften schafft mitsamt den dafür notwendigen gesellschaftlichen Einrichtungen, und damit die katholische Lehre von den menschlichen Vergemeinschaftungen.

Im einzelnen bedeutet dies:

1 - Diese Lehre ist eine <u>katholische</u> Lehre. - Als solche gründet sie zum einen in der biblischen Botschaft des christlichen Glaubens (und damit in einem christlichen Menschenbild), zum anderen in kirchenamtlichen Verkündigungen, schliesslich in unterschiedlichen, im Grundsätzlichen aber übereinstimmenden Lehrmeinungen der gesellschaftswissenschaftlichen, sozialethischen und theologischen Fachleute. Als katholische Lehre ist sie eine auch <u>kirchliche</u> Lehre, die sich den päpstlichen Sozialrundschreiben und andern kirchenamtlichen Verkündigungen entnehmen lässt.

2 - Diese Lehre ist eine <u>Lehre</u>. - Als solche nimmt sie nicht nur eine gesellschaftswissenschaftliche Beschreibung vor. Sie will

auch "belehren" und als normative Wissenschaft - neben dem Ist-Zustand - den Soll-Zustand der Gesellschaft aufzeigen. - Zu beachten ist, dass die katholische Soziallehre eine Lehre nicht nur vom gesellschaftlichen Handeln, sondern auch vom gesellschaftlichen Sein des Menschen ist. Insofern fällt die katholische Soziallehre nicht einfach mit der christlichen Sozialethik (als einer Handlungslehre) zusammen, obwohl sie eine solche einschliesst.

3 - Diese Lehre ist die katholische Soziallehre. - Noch 1965 hatte Hermann Josef Wallraff Anlass zu schreiben: "Für den Aussenstehenden dürfte die katholische Soziallehre zu den monolithisch festen, fast unveränderlichen Ordnungsentwürfen zählen. Vielen Beobachtern gilt sie als Prototyp jener Konzeptionen, die in sich geschlossen und endgültig geprägt sind." Entgegen dieser landläufigen Auffassung betonte Wallraff, dass "die katholische Soziallehre - ein Gefüge von offenen Sätzen" darstelle. Daher kann es innerhalb der katholischen Soziallehre recht unterschiedliche Lehrmeinungen geben. "Keine jener Schulmeinungen und Strömungen darf den Anspruch erheben, sie sei die katholische Gesellschaftslehre schlechthin."

Daraus ergibt sich eine auch für die Unternehmungsethik wichtige Folgerung: "Anders als die lückenlosen Gesamtentwürfe der Gesellschaft weisen die offenen Systeme, weist auch die katholische Gesellschaftsethik die weitaus meisten konstruktiven Schritte dem Verantwortungsbewusstsein dessen zu, der jeweils zu handeln hat."

Trotzdem wird man mit einem gewissen Recht von der katholischen Soziallehre sprechen, insofern sie nämlich (vom christlichen Verständnis des Menschen als eines Ebenbildes Gottes ausgehend) ihren einzelnen Erörterungen vor allem drei Sozialprinzipien zugrunde legt, und zwar das personale Gemeinwohlprinzip, das Solidaritäts- und das Subsidiaritätsprinzip.

3.1 - Das personale Gemeinwohlprinzip (oder das Prinzip der personalen Gemeinwohlgerechtigkeit) stellt den einzelnen Menschen in den Mittelpunkt aller auch sozialer Ueberlegungen. Insofern ist es ein Personprinzip. Aber es sieht den einzelnen Menschen nicht als isoliertes Individuum, sondern als Person, die gleich ursprünglich wie auf sich selbst so auch auf den Mitmenschen hingeordnet ist. Darum heisst es deutlich: "Nach dem obersten Grundsatz der Soziallehre, die die katholische Kirche überliefert und verkündet, muss der Mensch der Träger, Schöpfer und Ziel aller gesellschaftlichen Einrichtungen sein. Und zwar der Mensch, insofern er von Natur aus auf Mit-sein angelegt und zugleich zu einer höheren Ordnung berufen ist, die die Natur übersteigt und diese zugleich überwindet (Mater et magistra (219)."

Insofern der Mensch als Mitmensch verstanden wird, schliesst das Personenprinzip das Gemeinwohlprinzip nicht aus, sondern ein. Das heisst: Als Mitmensch ist der Mensch auf ein allen gemeinsames Wohl hingeordnet das als Gemeinwohl gerade deshalb das Wohl aller Menschen ist, weil es das - recht verstandene - höchstpersönliche und eigene Wohl eines jeden Einzelnen einschliesst. Durch das personale Gemeinwohlprinzip ist die katholische Soziallehre gleich weit vom Individualismus wie vom Kollektivismus entfernt. Sie sieht das Gemeinwohl als eine Ordnungsgrösse, das einem einseitigen Privatwohl wehrt, aber gerade so dem Eigenwohl aller gerecht wird.

3.2 - Aus dem personalen Gemeinwohlprinzip folgt notwendig das Solidaritätsprinzip. - Als Seinsgrundsatz verstanden, bedeutet es jene "Gemeinverstrickung" aller Menschen, die uns im gleichen Boote sitzen lässt. Als ethisches Handlungsprinzip meint es jene "Gemeinhaftung", aufgrund der jeder für das Ganze ("in solidum") haftet, so dass keiner in der Sorge und Verantwortung für den andern sagen kann, "bis hierher und nicht weiter", solange er kann und der andere dessen bedarf.

3.3 - Das Subsidiaritätsprinzip legt innerhalb des Solidaritätsprinzips die Kompetenzen der Verantwortlichkeit fest und zwar nach dem grundlegenden Personenprinzip. - Es knüpft an die Ordnung des römischen Heeres an, wo "subsidium" ursprünglich jene Hilfstruppe war, die für alle Fälle im Hintergrund bereitstand. Einerseits griff sie nur im Notfall in den Kampf ein. Andererseits gab sie der kämpfenden Truppe jederzeit Rückendeckung und verlieh ihr dadurch das beruhigende Gefühl des Rückhaltes und der Rückenstärkung.

Von dieser Vorstellung her besagt das Subsidiaritätsprinzip, dass zunächst jeder und jede Gruppe am eignen Ort für sich selber verantwortlich ist. Übergeordnete Einrichtungen haben erst einzugreifen, wenn die eigenen Kräfte erschöpft sind. Entsprechend müssen die Eingriffe übergeordneter Stellen so gestaltet sein, dass sie - soweit möglich - sich als "Hilfe zur Selbsthilfe" erweisen.

Die Begründung für das Subsidiaritätsprinzip liegt im Personenprinzip und damit in der Einsicht: Die menschliche Person kann sich nur dann selber verwirklichen, wenn sie die eigenen Kräfte regt und in möglichst weitgefasster eigener Verantwortung handelt.

4 - Selbstverständlich sind diese drei grundlegenden Sozialprinzipien der katholischen Soziallehre keineswegs ausschliesslich katholisches oder auch nur christliches Gedankengut. Der Grundgedanke des Solidaritätsprinzips "Wir alle sitzen in einem Boot" ist ebenso Allgemeingut wie die grundlegende Einsicht des Subsidiaritätsprinzips, dass wir "die Kirche nicht aus dem Dorf tragen" sollen.

ERGEBNIS

1. Die Sicht der katholischen Soziallehre lässt uns den Menschen sehen als jenen Mitmenschen, der von Natur aus auf Gemeinschaft angewiesen ist, aber so, dass die Gemeinschaft ihrerseits auf die jeweils einmaligen, einzelnen Personen hingerichtet bleibt und dass das Gemeinwohl das einem jeden eigene Wohl einschliesst.
2. Daraus ergibt sich eine Ethik, die weithin Sozialethik sein muss, aber gerade als Sozialethik auf die Individual- und Personalethik hingeordnet bleibt.

## 2 Ethik in der Sicht der katholischen Soziallehre

In der Sicht der katholischen Soziallehre erscheint Ethik vor allem als Sozialethik. Als solche gehört sie in den Umkreis der Ethik, ist sie selbst zu einem grossen Teil Wirtschaftsethik und als Wirtschaftsethik in nicht geringem Ausmass Unternehmungsethik.

## 2.1 Sozialethik ist Ethik

Aus der Sicht der katholischen Sozialethik ist Ethik die Lehre vom menschlichen Handeln, das nicht nur die eigene, sondern auch der andern Selbstverwirklichung zum Ziele hat und darum in hohem Masse die Lehre vom mitmenschlichen und gesellschaftlichen Handeln sein muss.

### 2.1.1 Ethik - beim Wort genommen

1 - Das Wort "Ethik" enthält zwei indogermanische Wortwurzeln, nämlich "swe" - sich - und "dhe" = setzen. Daher geht es der Ethik dem Worte nach darum, dass ich mich selber irgendwo hinsetze. Dann bin ich hier sesshaft. Allein meine Sesshaftigkeit führt erst dann zu einem "Wohnsitz", wenn ich zum einen als "Bei-sasse" mich an die "Ge-wohnheiten" der bisherigen "Ein-sassen" anpasse und zum andern mich daran so "ge-wöhne", dass mir diese "Ge-wohnheiten" zur "zweiten Natur" werden. Entsprechend gibt es im Griechischen zwei Wörter:

- Ethos: die Gewohnheit, zunächst der andern, an die ich mich erst selber zu gewöhnen habe (sei es durch Erziehung, sei es durch eigene Eingewöhnung);
- Aethos: der gewohnte Sitz (sei es äusserlich entweder von Wohnung oder von Aufenthaltsort, sei es innerlich im Sinn von Charakter, weil die zunächst äussere Gewohnheit mir mit der Zeit auch innerlich so "sitzt", dass sie im "Charakter" zur "zweiten Natur" geworden ist).

2 - Das deutsche Wort "Sitte" hat es wohl nicht, wie einige vermuten, mit dem griechischen Wort, also mit "sitzen" zu tun. Vielmehr gehört "Sitte" wahrscheinlich mit der Grundbedeutung "Bindung" - zu "Seil" (von der indo-germanischen Wurzel "sei" = binden; vgl. Sehne, Saite).

3 - Zusammengefasst deuten die Wörter darauf hin, dass

3 - Zusammengefasst deuten die Wörter darauf hin, dass Menschen neben- und miteinander wohnen und es nur dann in Frieden und Freiheit können, wenn sie sich gewisse Bindungen auferlegen. Ethik wäre demzufolge die Lehre von menschlichen Bindungen und Verbindlichkeiten, ohne die Menschen nicht als Mitmenschen leben können. Ausserdem zeigt sich, dass die Ethik, beim Wort genommen, es immer auch schon mit der heute so dringend notwendigen "Umweltethik" zu tun hat.

### 2.1.2 Ethik - begrifflich gefasst

Selbstverständlich wird Ethik sehr unterschiedlich umschrieben. Jedenfalls ist sie eine normative Handlungslehre und versucht, eine systematische Antwort auf die Frage zu geben: "Was sollen wir tun?". Aus der Sicht der katholischen Soziallehre könnte Ethik, wie folgt, umschrieben werden: Ethik ist die Lehre vom gutgemeinten und sachlich richtigen, darum erfolgversprechenden, wenngleich nicht immer erfolgreichen Handeln des Menschen, das einerseits des Menschen Leben auch dann gelingen und glücken lässt, wenn nicht jede Handlung gelingt und der Mensch nicht immer glücklich ist, das andererseits dazu beträgt, dass die Welt mitmenschlich bewohnbar bleibt und andern Menschen gleichfalls auf ähnliche Weise das Leben gelingt.

1 - Diese Umschreibung der Ethik unterscheidet zunächst zwischen "guter Absicht" und "sachlicher Richtigkeit". - Gewiss entscheiden im letzten der gute Wille, die gute Meinung oder die gute Absicht über den inneren Wert eines Menschen. Doch leider zeigt die Erfahrung immer wieder, das die gute Absicht die Richtigkeit einer Handlung keineswegs gewährleistet. Nicht umsonst hat man hier und da den Eindruck, das Gegenteil von "gut" (nämlich sachlich richtig) sei (bloss) "gut gemeint". Umso mehr gilt: Der Handelnde meint es nur dann gut genug, wenn er sich zugleich nach bestem Wissen und Gewissen um die sachliche Richtigkeit der Handlung bemüht.

2 - Die in guter Absicht und sachlich richtig geschehende Handlung verspricht Erfolg. - Allein, unvorhersehbare und

Daher gelten die ethischen Ueberlegungen Erfolg und Misserfolg. Das heisst: Sie haben die sachliche Richtigkeit einer Handlung immer auch an den Handlungsfolgen zu ermessen. Ist doch Erfolg "die Folge des bezweckten Tuns". Der volle Erfolg schliesst drei Erfolgsmerkmale ein, nämlich den äusseren Erfolg (als unmittelbare Folge des bezweckten Tuns), das daraus mittelbar folgende innere Erfolgserlebnis, schliesslich jenen beifälligen Erfolg, der in Anerkennung und Beifall durch andere besteht und der wiederum ein Erfolgserlebnis auslösen kann. Dabei lässt die Ethik uns fragen, ob unser inneres Erfolgserlebnis mehr Genugtuung über die erfolgreich gelungene Tat ist oder Befriedigung über den gespendeten Beifall. Jedenfalls muss der Mensch mit Misserfolgen rechnen und lernen, mit ihnen so umzugehen, dass aus anfänglichen Misserfolgen doch noch spätere und menschlich tiefere Erfolge werden. Auf diese Weise geht es der Ethik durchaus um das "erfolgreiche", gelingende und glückende Leben.

3 - Freilich begnügt sie sich nicht mit dem privaten Glück. Auch das Glück der anderen steht auf dem Spiel. Die andern sind aber nicht nur alle jetzt lebenden Menschen, sondern auch Kinder und Kindeskinder. Mehr denn je gehören zu den zu verantwortenden Handlungsfolgen Glück und Unglück auch der Kommenden.

4 - In diesem Sinn ist Ethik weder nur (gutgemeinte) "Gesinnungsethik" noch lediglich (folgerichtige) "Erfolgsethik", sondern - in Verbindung beider - "Verantwortungsethik". Darum fragt Ethik, wer, für was, vor wem verantwortlich ist. Dabei weist sie nachdrücklich darauf hin, dass wir die Verantwortung nur für jene Folgen tragen, die wir nach bestem Wissen und Gewissen haben voraussehen können. In einer Welt, in der die Folgen unseres Tuns immer stärker ins Unabsehbare reichen, müsste uns sonst die Verantwortung erdrücken und schliesslich entweder zu einem unheilvollen Verantwortungskomplex oder einer ebenso heillosen Verantwortungslosigkeit führen. Dies gilt nicht zuletzt für die Verantwortung der Unternehmungsführung.

2.1.3 Ethik - aufgegliedert in Individual-, Personal- und Sozialethik Ethik ist Lehre vom menschlichen Handeln. Nun aber wirkt sich dieses Handeln in dreifacher Weise aus. Es bewirkt eine Veränderung entweder in mir selber, am Mitmenschen oder in den zwischenmenschlichen Einrichtungen. Je nachdem lässt sich die Ethik unterscheiden.

1 - In der Individualethik geht es um die Verantwortung des einzelnen Menschen für sich selbst als Individuum. Die Fragen kreisen um eine recht verstandene Selbstverwirklichung eines jeden einzelnen.

2 - In der Personalethik fragen wir nach der Verantwortung gegenüber dem Nächsten, wie er uns unmittelbar als Person begegnet. Das ist der eigentlich zwischenmenschliche Bereich.

3 - Nun aber stehe ich weder mir selber noch dem andern unmittelbar gegenüber. Vielmehr ist unser Leben und Handeln vielfach vermittelt. Diese Vermittlungen nennen wir "Institutionen". Indem sie die Regelmässigkeiten sozialen Handelns gewährleisten, machen sie Gemeinschaft erst möglich. Die Verantwortung für solche mitmenschlichen Institutionen ist der Bereich der Sozialethik im engeren Sinne.

2.2 Ethik ist Sozialethik In der Sicht der katholischen Soziallehre ist Sozialethik die Lehre vom menschlichen Handeln mir selber, andern Menschen und Gruppen gegenüber, sofern es durch Institutionen vermittelt und durch die Prinzipien des personalen Gemeinwohls, der Solidarität und Subsidiarität grundlegend geordnet wird. Die drei Sozialprinzipien gelten für alle mitmenschlichen Gebilde, wenngleich in einer der Eigenart der jeweiligen Gebilde Rechnung tragenden Weise. In dieser Sicht wären Ehe und Familie, Gesellschaft und Staat, aber auch die Kirche zu bedenken. Nicht zuletzt haben die drei Sozialprinzipien für den weiten Bereich der Wirtschaft Geltung.

## 2.3 Sozialethik ist in wachsendem Masse Wirtschaftsethik

Innerhalb der Sozialethik scheint die Wirtschaftsethik das Stiefkind zu sein. Dies hängt damit zusammen, dass der Begriff der Wirtschaft alles andere als eindeutig ist. Daher empfiehlt sich auch hier zunächst die Klärung des Begriffes "Wirtschaft".

### 2.3.1 Wirtschaft: Mittelsystem der Selbstverwirklichung

1 - Im Alltag gehen wir mit dem Begriff "Wirtschaft" widersprüchlich um. Einerseits wird Wirtschaft sehr weit gefasst. Wir rechnen nicht nur den Ablauf der Gütererzeugung, der Güterverteilung und des Güterverzehrs zur Wirtschaft, sondern auch die Menschen als Träger dieser Abläufe mitsamt den Einrichtungen und Veranstaltungen, in denen sie sich abspielen. Andererseits engen wir "Wirtschaft" ausserordentlich ein. Mit dem Ausdruck "die Wirtschaft" meinen wir nämlich nicht selten lediglich den im wirtschaftlichen Geschehen führenden Personenkreis. Mit Vorliebe bezeichnen sich manche Unternehmen als "die Wirtschaft".

2 - Entgegen dem teils allzu weit, teils allzu eng gefassten Alltagsgebrauch ist zwischen dem Gegenständlichen und dem Eigentümlichen der Wirtschaft zu unterscheiden. Was wir nämlich alltäglich "Wirtschaft" nennen, ist - genauer gesehen - erst das Gegenständliche der Wirtschaft, Erzeugung, Verteilung und Verzehr der Güter mit all den hierfür benötigten Anlagen sind im Grunde nicht wirtschaftliche, sondern technologische Vorgänge. Sie spielen sich zwar im Umkreis der Wirtschaft ab. Aber sie sind nicht - im strengen Sinne - wirtschaftlicher Art. Das der Wirtschaft Eigentümliche geschieht vielmehr allein in jenen Wahlhandlungen, durch die sich der Mensch willentlich Ziele für seine Selbstverwirklichung setzt und sich infolgedessen dazu bestimmt, für entsprechende Mittel zu sorgen. Genauer heisst dies: "Der Mensch als Geist-Leib-Wesen und darum jeder Mensch, aber auch nur der Mensch wirtschaftet. Das spezifisch Wirtschaftliche seines Tuns sind seine Wahlhandlungen, mit denen er darüber ent-

scheidet, wie er das technologische Geschehen der Gütererstellung und Güterverwertung in seinen Dienst stellt und aus seiner Selbstverwirklichung hinordnet" (von Nell-Breuning).

3 - So verstanden lässt sich Wirtschaft auf die Kurzformel bringen: "Wirtschaft ist das Mittelsystem für die Selbstverwirklichung des Menschen" (Oswald von Nell-Breuning).

Dabei bedeutet "Mittelsystem" ein Doppeltes. Zum einen soll die Wirtschaft die Mittel zur Selbstverwirklichung des Menschen bereitstellen (wobei freilich schon die Bereitstellung der Mittel durch die Arbeit ein Stück Selbstverwirklichung sein soll). Zum andern geht es um ein Mittelsystem, weil einerseits die Mittel und ihre Nutzung eine Eigengesetzlichkeit in sich tragen und man sich andererseits ihrer systematisch bedienen muss. Das heisst: "Was uns Menschen da zu Gebote steht, ist kein loser oder wirrer Haufen von Mitteln, aus dem man nach Laune irgendeines herausgreift, sondern vielmehr ein zusammenhängendes, geordnetes, einer inneren Gesetzmässigkeit folgendes Ganzes, eben das, was man 'ein System' nennt und ist als solches für unsere Selbstverwirklichung von uns zu nutzen." Die wirtschaftlichen Wahlhandlungen betreffen selbstverständlich keineswegs nur die physiologischen Elementarbedürfnisse des Menschen, sondern auch die höheren Kulturbedürfnisse. "So gesehen ist die Wirtschaft nicht nur selbst ein echter und umfassend weiter Kultursachbereich, sondern zugleich Trägerin aller anderen ('höheren') Kultursachbereiche." Daraus lässt sich unschwer entnehmen, wie notwendig die Wirtschaft der Wirtschaftsethik bedarf.

### 2.3.2 Wirtschaftsethik: Wertung der wirtschaftlichen Ziele und Mittel

In einem umfassenden Sinne ist Wirtschaftsethik "die Anwendung der sozialethischen Fragestellungen, Gesichtspunkte und Prinzipien auf die wirtschaftlichen Grundprobleme" (Rich). In einem engeren Sinne lässt sich die Wirtschaftsethik aus der Sicht katholischer Soziallehre wie folgt umschreiben:

Wirtschaftsethik ist - im Kern - die Lehre vom gutgemeinten und sachlich richtigen Handeln des Menschen, durch das er sich einerseits eine soziale Weise der Selbstverwirklichung zum Ziele setzt und durch das er sich andererseits zu Mitteln entschliesst, die diese soziale Selbstverwirklichung (nach den Grundsätzen der Gemeinwohlgerechtigkeit, der Solidarität und Subsidiarität) auch sozial erreichen lassen.

### 2.3.3 Zur Wirtschaftsethik gehört Unternehmungsethik

#### 1 - Das Unternehmen

Der Grosse Brockhaus (1974) gibt folgende Beschreibung: "Unternehmung eine rechtliche, wirtschaftliche, finanzielle und soziale Einheit, in der dauerhaft wirtschaftliche Aufgaben (Produktion von Sachgütern und/oder Angebot von Dienstleistungen) zum Zweck der Erfolgserzielung (z.B. Gewinnmaximierung, Rentabilitätsmaximierung) für die Kapitalgeber (Unternehmer) erfüllt werden" (19/286).

Aus der Sicht katholischer Soziallehre wird man einer solchen Bestimmung der Unternehmung nicht beipflichten. Kurzerhand wird gesagt: "Der Zweck der Unternehmung ist der Erfolg für den Kapitalgeber (Unternehmer)." Zwar wird das Unternehmen als "soziale Einheit" gesehen. Aber innerhalb dieser sozialen Einheit ist nur vom Kapitalgeber die Rede. Unter dem Stichwort "Unternehmer" wird allerdings weiter ausgeführt: "Die Unternehmung ist über die finanzielle und anderes hinaus gleichzeitig eine soziale Einheit; Menschenführung gehört zu den wichtigsten Aufgaben des Unternehmers. Die soziale Verantwortung, die sich daraus ergibt, ist nicht auf die Belegschaft begrenzt; sie besteht gegenüber der Gesellschaft insgesamt." An dieser Stelle wird der Mitarbeiter innerhalb der Belegschaft und der Gesellschaft gesehen und die auch gesellschaftliche Verantwortung für den Mitarbeiter wahrgenommen. Allein die soziale Verantwortung kommt nur so weit zur Sprache, als sie sich aus der unternehmerischen Menschenführung ergibt. Die soziale Verantwortung der Unternehmung erstreckt sich jedoch nicht nur auf Mitarbeiter und Arbeitsvorgang, sondern nicht minder auf das

Arbeitsergebnis, also auf "die Produktion von Sachgütern und/oder das Angebot von Dienstleitungen". Darum muss Unternehmungsethik weit genug entfaltet werden.

2 - Unternehmungsethik

Unternehmungsethik ist in der Sicht der katholischen Soziallehre die Lehre des (von den Grundsätzen der personalen Gemeinwohlgerechtigkeit, Solidarität und Subsidiarität) geleiteten unternehmerischen Handelns, durch das man sich entscheidet, einerseits solche Produkte und/oder Dienstleistungen bereitzustellen, die Mittel der Selbstverwirklichung der Menschen sind, ohne Rohstoffe oder Energie zu verschleudern und die Um- und Nachwelt zu schädigen, und andererseits diese Produkte und/oder Dienstleistungen gemeinsam so herzustellen, dass die arbeitsteilige Herstellung auch selber als ein Stück Leben und Selbstverwirklichung erfahren werden kann. Vom Prinzip des personalen Gemeinwohls her gilt es, das Unternehmen als soziale Einheit zu sehen, und zwar aller am Arbeitsvorgang Beteiligten, aber auch allen vom Arbeitsergebnis Betroffenen. Das Solidaritätsprinzip weist nicht nur hin auf die Solidarität am Arbeitsplatz, in Abteilung, Betrieb und Branche. Es lässt auch an die weltweite Verantwortung im Blick auf Preisgestaltung, Energieverbrauch, Roh- und Schadstoffe denken. Das Subsidiaritätsprinzip schliesslich wird die besondere Bedeutung mittelständischer Unternehmungen hervorheben. Dabei ist klar: Die hauptsächliche, wenngleich keineswegs ausschliessliche Verantwortung kommt der Unternehmungsleitung zu. Daher ist Unternehmungsethik weithin die Ethik der Unternehmungsleitung.

## 2.4 Ergebnis

1 - In der Sicht der katholischen Soziallehre kommt innerhalb der Ethik der Sozialethik (als der Lehre von der mitmenschlichen Verantwortung für die gesellschaftlichen Einrichtungen) hohe Bedeutung zu, wobei die Bedeutung der Wirtschaftsethik im allgemeinen und der Unternehmungsethik im besonderen wächst.

2 - Richtlinien für die entsprechenden sozialethischen Überlegungen sind die Grundsätze des personalen Gemeinwohls, der Solidarität und der Subsidiarität.

3 - Dies gilt vorzüglich für die Wirtschafts- und Unternehmungsethik, so dass diese sozialen Grundprinzipien in besonderer Weise bei der Unternehmungsführung zu beachten sind.

## 3 Unternehmungsführung aus der Sicht der katholischen Soziallehre

Bei der Unternehmungsführung ist zwischen Unternehmungsleitung und Menschenführung zu unterscheiden. Leiten im engern Sinne ist fachrechtes und sachgerichtetes Einwirken. Führen ist personengerichtetes Einwirken mit der Absicht, eine Uebereinstimmung der Ziele herzustellen. Zwar lassen sich in der Praxis beide Leitungsfunktionen nicht trennen. Denn jedes Einwirken auf Sachen geschieht letztlich doch wieder durch Menschen. Dennoch bleibt wahr: Ein Unternehmen ist unmittelbar keine "Menschenführungs-Einrichtung", sondern eine "Sacherzeugungs-Anstalt", dies aber so, dass das Sachziel mittelbar nur durch die Menschen als Mitarbeiter zu erreichen ist.

### 3.1 Unternehmungsführung ist Unternehmungsleitung

1 - Zwischen Leitung und Führen zu unterscheiden, ist wichtig, weil man sonst leicht Gefahr läuft, sich mit einer ethisch hochstehenden Menschenführung zu begnügen und die Ethik der Sachziele zu vernachlässigen. In Wahrheit genügt es nicht, sich zu fragen, wie menschlich man mit den Mitarbeitern umgeht, ohne nicht auch die Frage zu stellen, welche menschenfreundlichen Sachziele man sich und ihnen setzt. Die Humanität der Arbeit ist erst erreicht, wenn man am humanen Arbeitsplatz ein auch humanes Arbeitsergebnis erzielen kann.

2 - In der Tat liegen hier die schwerwiegenden Fragen der Unternehmungsethik. Auch das beste Produkt hat unwertige oder schädliche Nebenwirkungen. Wieviel davon kann man in Kauf nehmen, damit das Produkt als Ganzes dennoch wertvoll bleibt? Wieweit dürfen die hergestellten Produkte fragwürdig sein,

damit ihre Herstellung Arbeitsplätze sicherstellt? Darf man ein Produkt erstellen, wenn man weiss, dass es auf jeden Fall produziert wird, und wenn von andern, dann in noch weit schädlicherer Weise?

3 - Solche und ähnliche Fragen lassen ahnen, wie einsam sich eine Unternehmungsleitung oft in ihren Entscheiden fühlt. Auch machen sie das Bestreben nach Richtlinien für die einzelnen Berufe und Unternehmungsarten erklärlich, die den einzelnen Unternehmungsleiter in seiner Verantwortung entlasten. Dennoch kann keiner die persönliche Verantwortung abschieben mit dem Hinweis, die übergeordnete Instanz - etwa die oberste Leitungsspitze, der Gesetzgeber, die Verhältnisse auf dem Weltmarkt - lassen keinen Handlungsspielraum. So schwer ein Entscheid werden mag, so muss doch im allerletzten keiner "müssen". Daher bleibt dem Einzelnen die Pflicht, einerseits seine subjektive Aufrichtigkeit zu prüfen (ob er es also wirklich gut genug meint, um sich nicht von Vorurteilen leiten zu lassen), andererseits eine objektive Güterabwägung vorzunehmen zwischen dem Wert des beabsichtigten Zweckes und dem möglichen Unwert der unbeabsichtigten Nebenwirkungen.

4 - Allgemein lässt sich sagen: Die Ethik der Unternehmungsleitung ist die Lehre von jenem unternehmerischen Handeln, durch das die Unternehmungsleitung dem Unternehmen Ziele setzt, die Mittel zur Selbstverwirklichung sind, und sich entschliesst, dafür Mittel einzusetzen, die möglichst viel Nutzen stiften und möglichst wenig Schaden anrichten. Das heisst: Jene Ziele und Mittel sind mit gutem Gewissen verantwortbar, die (1) allen Beteiligten einen möglichst hohen Grad von Selbstverwirklichung erlauben, (2) möglichst wenig Mitmenschen in Gegenwart oder Zukunft in ihrer Selbstverwirklichung beeinträchtigen und (3) möglichst wenig Schaden für Um- und Nachwelt verursacht. Kurzum: Es geht um den optimalen Nutzen maximal Vieler bei minimalem Schaden an minimal Wenigen.

## 3.2 Zur Unternehmungsleitung gehört Menschenführung

Zur Unternehmungsleitung gehört Sachkompetenz. Zur Menschenführung bedarf es der sozialen Kompetenz. Was aber heisst dies?

### 3.2.1 Menschenführung im Unternehmen

1 - Menschenführung ist die Führung von Menschen durch Menschen. Dabei geht es - allgemein - um eine Begegnung von Mensch zu Mensch. Diese Begegnung geschieht jedoch - im besonderen - in der Weise von Führung. "Führen" heisst - wortwörtlich - fahren machen. ("Führen" ist nämlich ein altes Veranlassungswort zu "fahren".) Demnach bedeutet Menschenführung - sachlich - , Menschen so zu beeinflussen, dass sie sich auf die Fahrt zu einem vorgegebenen Ziel begeben, in Fahrt bleiben und - trotz aller Hindernisse - das Ziel erreichen. Eine solche Menschenführung kann unmittelbar von Mensch zu Mensch geschehen. In besonders ausgeprägter, weil methodisch durchgeführter Weise geschieht dies in der Psychotherapie oder als geistliche "Seelenführung". Diese unmittelbare Menschenführung will dazu beitragen, dass ein Mensch sein persönliches Lebensziel erreicht. Im gesellschaftlichen, politischen und wirtschaftlichen Bereich handelt es sich dagegen meist um ein gemeinsames Ziel und eine entsprechend auch gemeinsam zu unternehmende Fahrt (Teamwork). Wenn die unmittelbare Menschenführung das persönliche Lebensziel eines Menschen vor Augen hat, kann man fragen, ob diese Führung von Mensch zu Mensch auch dann geeignet ist, wenn es gilt, ein gemeinsames Ziel gemeinsam zu erreichen. Könnte es nicht auch eine mittelbare Menschenführung geben? Geschieht dies nicht zum Beispiel in einer Familie, wo die ganze Familiengemeinschaft ein Erziehungsraum ist, in dem jeder den andern ein Stück weit erzieht, und zwar häufig nicht so sehr unmittelbar, sondern durch die Vermittlung dieses Erziehungsraums?

2 - Menschenführung geschieht nach einem Menschenbild

Der Führende muss nicht nur das Ziel der Fahrt kennen, sondern auch die, mit denen er das Ziel erreichen will. Diese Vorstellung beruht nicht nur auf persönlichen Kenntnissen, sondern - tiefer - auf einem grundlegenden Vorverständnis des Menschen überhaupt, kurzum auf einem Menschenbild. Daher hat das Wort sein gutes Recht: Sage mir, welches Bild du dir vom Menschen machst, und ich sage dir, wie du sie führst.

3 - Menschenführung im Unternehmen unterscheidet sich nach dem der Menschenführung zugrundeliegenden Menschenbild

Auch im Unternehmen werden die Menschen - bewusst oder unbewusst - nach einem Menschenbild geführt. Ein früher gängiges Menschenbild war die Vorstellung des "homo oeconomicus". Entsprechend war das wichtigste Führungsmittel die Lohngestaltung. Wer im Menschen vorab den Mitmenschen sieht, wird den Arbeitsplatz nach den Grundsätzen der "human relations" einrichten. Wer vom Menschen als dem "Selfmademan" ausgeht, wird achten, dass der Arbeitsvorgang ein Stück Selbstverwirklichung werden kann. Wer den Menschen zuerst als Individuum wertet, wird versuchen, ihn möglichst individuell zu führen und sich seinen immer wieder neuen Bedürfnissen anzupassen suchen. Wenigstens theoretisch steht heute im Vordergrund der Mensch als Person mit seiner unverwechselbaren, eigenen Lebensgeschichte. Erzogen, gebildet und daher mündig, ist er fähig, weitgehend sich selber zu führen, selber zu entscheiden und selber Verantwortung zu übernehmen. Voraussetzung ist, dass er dazu einerseits angeleitet und ermutigt worden ist, andererseits eine dafür geeignete Umgebung vorfindet. Wer mit diesem Vorverständnis Menschen führt, wird kaum beanspruchen, Menschen so unmittelbar zu führen, wie es ein Psychotherapeut oder Seelsorger versucht. Er wird sich vielmehr häufig auf eine mittelbare Führung beschränken. Das heisst: Er wird den Arbeitsraum so gestalten, dass sich darin die Mitarbeiter weitgehend selber führen können. Derart wird der Arbeitsraum ein sogenannter "Führungsraum". Bei diesem Führungskonzept wird die Hauptaufgabe des Führenden darin bestehen, einen Raum bereitzustellen und zu erhalten, in dem Menschen innerhalb einer Gruppe selber Führungsverantwortung übernehmen können. Selbstverständlich gehört der Führende in den Führungsraum. Ebenso selbstverständlich muss er darin als Führender zur Geltung kommen. Dies geschieht aber dadurch, dass er einerseits - durch fachliche Kompetenz - sein Fach beherrscht, andererseits -

durch soziale Kompetenz - die andern nicht nur gelten lässt, sondern in ihren (sowohl für sie selbst wie das Unternehmen wertvollen) Eigenschaften zur Geltung bringt.

### 3.2.2 Aus der Sicht der katholischen Soziallehre verdient Menschenführung nach dem Konzept des Führungsraumes den Vorzug

1 - Die katholische Soziallehre stellt die menschliche Person mit den drei Fähigkeiten von Selbstbewusstsein, Selbstbestimmung und Selbstverantwortung in den Mittelpunkt des sozialen und damit auch des wirtschaftlichen Geschehens. Daher wird sie jener Menschenführung auch im Unternehmen den Vorzug einräumen, die diesen drei Fähigkeiten am besten Rechnung trägt. Das ist ohne Zweifel das Führungskonzept des Führungsraumes, in dem der Führende nicht so sehr von Mensch zu Mensch führt (es sei denn vorab durch sein eigenes Beispiel und Vorbild), sondern dafür sorgt, dass die notwendige Führung geschieht, und zwar von dem, der jeweils der hierfür Geeignetste ist.

2 - Daher lässt sich sagen:
Aus der Sicht der katholischen Soziallehre ist jene Menschenführung im Unternehmen vorzuziehen,
- die vom Menschenbild des entscheidungsfähigen und verantwortungsbereiten Mitarbeiters ausgeht,
- daher die Hauptaufgabe in der Bereitstellung und Aufrechterhaltung eines Führungsraumes sieht und
- im Führungsraum selber eher mittelbar, und zwar nach den Grundsätzen der Gemeinwohlgerechtigkeit, Solidarität und Subsidiarität zu führen sucht.

Nach dem Personenprizip steht der Mensch als Mitmensch im Vordergrund. Daher kommt dem Menschen als Mitarbeiter mit seiner Arbeit der Vorrang zu gegenüber den Sachgütern und dem Kapital. Mit steigendem Nachdruck betont die katholische Soziallehre, dass die Arbeit, weil personnäher als das sachhafte Kapital, bei der Gestaltung der Arbeitsvorgänge stärker gewürdigt werden müsse. Das grundsätzliche Eintreten für Mitbestimmung liegt in dieser Konsequenz, wenngleich Einzelfragen noch umstritten sind. Auch die

Subsidiarität wird in diesem Führungskonzept gewahrt. Wer jemanden tun lässt, was dieser kann und will, wird ihm am meisten gerecht. Daher wird, wer das Handwerk der Führung wirklich versteht, alles Augenmerk darauf richten, dass sich seine immer wieder eingreifende Führung je länger, desto mehr erübrigt - selbstverständlich bei gewährleisteter oder gar verbesserter Zielstrebigkeit. Auch die Solidarität kommt ins Spiel. Im Führungsraum ist jeder auch für den andern verantwortlich. Als Kollege weiss man sich unter den gleichen Gesetzen. (Heisst doch Kollege, dass man "cum lege" vorangeht, sich also einer gemeinsamen Ordnung unterstellt weiss.) Allein die Solidarität darf sich nicht nur auf den Arbeitsplatz beschränken mit der Gefahr, dass man schliesslich im Gruppenegoismus erstarrt. Vielmehr müssen die Mitarbeiter sich einerseits für das gesamte Unternehmen mitverantwortlich fühlen, andererseits imstande sein, das Unternehmen als Teilgebilde einer Volkswirtschaft und - darüber hinaus - einer vielfältig verflochtenen Weltwirtschaft zu werten.

## 3.3 Ergebnis

1 - Aus der Sicht der katholischen Soziallehre obliegt der Unternehmungsführung eine doppelte ethische Aufgabe, nämlich die Unternehmungsleitung und die dafür notwendige Menschenführung.

2 - Bei der Unternehmungsleitung darf man der Frage nicht aus dem Wege gehen, ob das Unternehmungsziel im Sinne der Wirtschaft als "Mittelsystem" zur Selbstverwirklichung" - alles in allem und trotz aller Nebenwirkungen - ein Beitrag zur menschlichen Selbstverwirklichung ist.

3 - Bei der Menschenführung im Unternehmen wird die Hauptaufgabe weniger darin liegen, Menschen "frontal" zu führen, sondern ihnen einen Führungsraum bereitzustellen, in dem durch wechselseitiges Führen das Unternehmungsziel nicht nur wirksamer, sondern auch menschlicher erreicht wird. Die katholische Soziallehre weist damit der Unternehmungsführung eine schwere Aufgabe zu. Sie zu ihrer Lösung zu ermuntern und ihr dafür zu danken, wird sie nicht versäumen dürfen.

## Literatur

Texte zur katholischen Soziallehre. Die sozialen Rundschreiben der Päpste und andere kirchliche Dokumente. Mit einer Einführung von Oswald von Nell-Breuning SJ. Herausgegeben vom Bundesverband der Katholischen Arbeitnehmer-Bewegung (KAB) Deutschlands. Kevelaer 1985.

von Nell-Breuning O.: Soziallehre der Kirche. Erläuterung der lehramtlichen Dokumente. Herausgegeben von der katholischen Sozialakademie Oesterreichs. Wien 1977 (Europa). - Gerechtigkeit und Freiheit. Grundzüge katholischer Soziallehre. München 1985 (Olzog)

Rich A.: Wirtschaftsethik. Grundlagen in theologischer Perspektive. Gütersloh 1984. (Mohn).

Ausserdem:

Bayer H. (Hrsg.): Unternehmensführung und Führungsethik. Heidelberg 1985 (Sauer).

Enderle G.: Problembereich einer Führungsethik im Unternehmen. Forschungsstelle für Wirtschaftsethik an der Hochschule St.Gallen für Wirtschafts- und Sozialwissenschaften. St.Gallen 1986.

Furger F.: Kontinuität mit verlagerten Schwerpunkten. Entwicklungen in der katholischen Soziallehre und ihrer Wirtschaftsethik im Spiegel der päpstlichen Sozialenzykliken = Strom Th. (Hrsg.): Christliche Wirtschaftsethik vor neuen Aufgaben. Festgabe für Arthur Rich zum 70. Geburtstag. Zürich 1980 (Theologischer Verlag) 75-95.

Korff W.: Orientierungslinien einer Wirtschaftsethik = Hunold G.W. (Hrsg.): Die Welt für morgen. Ethische Herausforderungen im Anspruch der Zukunft. Franz Böckle zum 65. Geburtstag zugeeignet. München 1986. (Kösel).

Tschirky H.: Führungs-Richtlinien. Eine Grundlage zur Gliederung und inhaltlichen Gestaltung von Führungsrichtlinien. Zürich 1981 (Industrielle Organisation).

Ziegler A.: Theologische Aspekte der Menschenführung = Kiefer A. u.a.(Hrsg.): Handwörterbuch der Führung. Stuttgart 1986. (Poeschel). - Grenzen des Wettbewerbs in ethischer Sicht. Bern 1985 (Promarca).

# Unternehmungspolitik und Ethik

H. Ruh[1]

Hans Ruh ist ordentlicher Professor für Systematische Theologie mit Schwerpunkt Sozialethik an der Theologischen Fakultät der Universität Zürich.

**Zusammenfassung**

Im Zusammenhang mit der Tätigkeit wirtschaftlicher Unternehmen entstehen ethisch relevante Probleme, so z.B. hinsichtlich des Zugangs zu Gütern und Dienstleistungen, der Arbeitsbedingungen oder der Belastung der Natur. Die Beurteilung solcher ethischer Problemstellungen erfordert philosophisch oder theologisch begründete Kriterien: Solidarität, Dienst, Arbeitlichkeit und Geschöpflichkeiten werden als solche vorgestellt und dann in Handlungsgrundsätze transformiert. Die Frage aber ist, inwieweit Unternehmen, auch wenn Gutwilligkeit vorausgesetzt wird, eine Chance haben, angesichts der Konkurrenzbedingungen ethische Postulate zu verwirklichen. Unproblematisch ist dies dann, wenn ordnungspolitische oder wirtschaftliche Rahmenbedingungen ethische Postulate durchsetzen. Entfallen solche, dann hilft auch eine um ethische Dimensionen erweiterte ökonomische Theorie nicht weiter. Folgende Strategien sind, wenn auch unvollständig, als ethische Lösungsansätze denkbar:

1. Die Strategie des aufgeklärten und verantwortlichen Eigeninteresses
2. Die Strategie der konsensorientierten Unternehmenspolitik
3. Die Strategie der Macht- oder Monopolstellung durch Grösse oder Fähigkeit zur langfristigen Investitionspolitik
4. Die Strategie der Kompensation ethikabhängiger ökonomischer Nachteile durch Motivation und Innovation.

1. Zunächst ist der Begriff des Unternehmens oder der Unternehmung zu definieren. Ulrich und Fluri (1984, S. 16) sehen zwei Typen oder Grundmodelle von Unternehmungen: Im ersten, traditionellen Modell ist das Unternehmen verstanden "als private Erwerbseinheit eines oder mehrerer Eigentümer-Unternehmer". Grundlegende Merkmale dieses Typus sind:

---

[1] Professor Hans Ruh, Sozial-Ethisches Institut der Universität Zürich, Kirchengasse 2, CH-8000 Zürich.

Management Forum
Ethik und Unternehmensführung
ed. by Charles Lattmann

- der gesellschaftsrechtliche Status als privater Zweckverband von Kapitaleigentümern
- freie marktwirtschaftliche Konkurrenz
- Harmonie zwischen individuellen und volkswirtschaftlichen Zielen
- Gewerbefreiheit, Vertragsfreiheit, Recht auf Eigentum.

Das zweite Grundmodell versteht die Unternehmung als pluralistische Wertschöpfungseinheit, "die sozioökonomische Funktionen für verschiedene Anspruchsgruppen, wie Arbeitnehmer, Kapitalgeber, Kunden, Staat und Öffentlichkeit, erfüllt" (a.a.O.). Solche Unternehmungen sind, nach der Meinung von P. Ulrich, sofern sie eine bestimmte Grösse aufweisen, "längst zu quasi-öffentlichen Institutionen geworden" (a.a.O.). Folgende Merkmale sind noch von besonderer Bedeutung:

Die so verstandenen Unternehmungen sind
- multifunktionale Systeme mit Funktionen für verschiedene Teilumwelten

- sozio-technische Systeme

- wirtschaftlich selbsttragende Systeme, die ertragbringend, zumindest aber kostendeckend wirtschaften müssen, (a.a.O., S.18).

E. Rühli (1985, S. 15) schlägt folgende Definition vor: Ein Unternehmen ist ein "offenes, dynamisches, komplexes, teilweise probabilistisches, teilweise autonomes, zielgerichtetes und zielsuchendes produktives soziales System".

2. In den Definitionen von Ulrich und Rühli ist einerseits die ökonomische Ausrichtung der Unternehmen klar definiert. Andererseits machen diese Definitionen den Versuch, dem Charakter der Unternehmen als soziale Systeme gerecht zu werden: Unternehmen sind "sozio-technische Systeme" (Ulrich), ein Unternehmen ist ein "soziales System" (Rühli).

Den Ethiker interessiert nun besonders die Frage, was sich hinter dieser Bezeichnung als "soziale Systeme" verbirgt. Fragen wir deshalb einmal nach der Bedeutung wirtschaftlicher Unternehmen für den Menschen und die Gesellschaft unter dem Gesichtspunkt der Ethik.

G. Weisser (1978, S. 667) hat, im Blick auf den ökonomischen Prozess, einmal festgestellt: "Verteilt wird nicht Geld, verteilt werden nicht einzelne Güter und Dienste - verteilt werden Lebenslagen mit all ihren 'materiellen' und 'immateriellen' Werten und Unwerten". Auf diesem Hintergrund ist es zutreffend, wenn der Schweizerische Arbeitskreis Kirche-Wirtschaft (1980, S. 9) feststellt: " Der Mensch erfährt im wirtschaftlichen Bereich eine nachhaltige Beeinflussung des ganzen Lebens. Grundlegende Werte des Menschseins können damit gefördert, verändert oder in Frage gestellt werden". Und mit Hensel (1972, S. 15) ist zu sagen: Im ökonomischen Geschehen geht es stets um "Zwecke menschlicher Daseinsgestaltung in individuellem, familiärem oder politischem Sinn".

In bezug auf die ethische Bedeutung von Unternehmen drängt sich so die folgende Systematisierung auf:

2.1 In der Tätigkeit von Unternehmen wird entschieden über den Zugang zu den lebensnotwendigen Gütern und Dienstleistungen. Natürlich geht es dabei auch um die je eigene Mitwirkung des Menschen an der Eröffnung dieses Zugangs. Aber es geht auch darum, dass ökonomische Mechanismen jenseits von Mitwirkungsmöglichkeiten über die Deckung der notwendigsten Bedürfnisse von Millionen entscheiden.

2.2 In der Tätigkeit von Unternehmen geschieht direkt und indirekt eine nachhaltige Beeinflussung der Rahmenbedingungen für die Daseinsverwirklichung einzelner wie ganzer Gesellschaften. Dazu gehört die Deckung von Bedürfnissen über die elementaren Notwendigkeiten des Überlebens hinaus. Ein eminent ethisches Problem ergibt sich aus dem Umstand, dass im ökonomischen Geschehen über die Verteilung von Lebenslagen oder Lebenschancen entschieden wird und ebenso über einen so wesentlichen Wert wie das Eigentum.

Beeinflusst werden aber auch die Bedingungen, unter denen die Menschen am Wirtschaftsgeschehen teilzunehmen haben, etwa im Blick auf Arbeitsbedingungen. Damit wird mitentschieden über ethisch so relevante Dinge wie physische und psychische Gesundheit, Zeitsouveränität, Mitbestimmung in bezug auf das eigene Schicksal. Mittelbar werden so nicht nur die direkt am Arbeitsplatz Tätigen, sondern auch deren Familien betroffen; denn die Auswirkungen der Arbeitsbedingungen auf Ehe und Familie sind bekannt. Ebenfalls fallen so Entscheidungen über die soziale und kulturelle Stellung und über so wesentliche Bereiche wie Bildung, Freizeit und Wohnen.

Tangiert werden auch fundamentale menschliche Rechte wie Freiheit, Selbstbestimmung, Wahl des Wohnortes usw. Ebenso nachhaltig ist die Beeinflussung gesamtgesellschaftlicher Prozesse und Mechanismen. Im wirtschaftlichen Geschehen wird über die Entwicklung ganzer Kontinente entschieden. Ganze Kulturen werden tiefgreifend beeinflusst, verändert, zerstört oder auch entwickelt.

Beeinflusst wird auch ein so wesentliches gesellschaftliches Element wie die Gewalt. Im Wirtschaftsgeschehen werden Gewaltursachen entwickelt, gefördert, allenfalls auch beseitigt: Es fallen Entscheidungen über Krieg und Frieden, über Revolution oder Stabilität. In neuerer Zeit verstärkt sich der Trend, dass in den Unternehmen auch Vorentscheidungen über die Richtung von Forschung und Wissenschaft gefällt werden. Natürlich haben wir es auch hier mit einer gegenseitigen Beeinflussung von Wirtschaft und Wissenschaft zu tun. Aber es bleibt die Tatsache, dass viel weniger die reine Suche nach Wahrheit als vielmehr ökonomische Zwecke die Richtung der wissenschaftlichen Entwicklung bestimmen.

Wenn und weil es die Ethik mit den grundlegenden Werten der menschlichen Daseinsgestaltung zu tun hat, müssen solche Auswirkungen und Konsequenzen des Wirtschaftens auch und besonders unter dem Aspekt der Ethik zur Behandlung kommen.

2.3 Wie bereits erwähnt, ist in der neueren Zeit bewusst geworden, dass das menschliche Wirtschaften die aussermenschliche Natur stark tangiert. Wirtschaftliche Unternehmen finden eben nicht in einem quasi luftleeren Raum, sondern in Form von Beeinträchtigung der natürlichen Lebenswelt statt. Vorbei ist die Zeit, da ein Ökonom wie Wilhelm Röpke (1945, S. 24) schreiben konnte: "Luft ist ein freies Gut, und auch Wasser hat in unserer Wertskala unter gewöhnlichen Umständen einen kaum über Null liegenden Wert, obwohl Luft wie Wasser die wichtigsten Vorbedingungen des physischen Lebens sind". Wir wissen heute, dass Wasser und Luft weitgehend aufgehört haben, in diesem Sinne als freies Gut zu gelten, weil sie stark durch ökonomische Prozesse beansprucht worden sind. Das menschliche Wirtschaften wirkt sich mehr und mehr aus als Zerstörungsprozess der Natur, und zwar in gigantischen Ausmassen. Damit sind viele Fragen gestellt, nicht zuletzt eben die ethische Frage. Die wichtigste davon betrifft diejenige nach dem Eigenwert der nichtmenschlichen Natur sowie die nach der Verantwortung gegenüber zukünftigen Generationen.

3. Die Frage steht nun im Raum, auf welche Weise ein Unternehmen die soeben entfalteten Probleme im Rahmen der Verfolgung seines Zweckes aufgreift und angemessen berücksichtigt bzw. berücksichtigen kann. Es ist nicht wegzudiskutieren, dass sich im Verlauf der Verfolgung des Unternehmenszweckes ethische Fragen stellen. Damit sind insbesondere zwei Problemkreise zur Behandlung herausgefordert:

1. Wie sieht der Standort bzw. wie sehen die Kriterien aus, von denen hier die ethischen Fragen angegangen werden?

2. Auf welche Weise kann ein Unternehmen unter den Rahmenbedingungen der Konkurrenz überhaupt ethische Kriterien angemessen berücksichtigen?

4. Zunächst ist es für die moderne Unternehmensforschung fast unbestritten, dass im Verlauf der Aktivität von Unternehmen ethische Werte mit im Spiel sind. Die Frage ist also bloss, wie die unternehmerische Ökonomie mit diesen Werten, und mit

welchen in welcher Priorität, umgeht. Ulrich/Fluri drücken diesen Sachverhalt wie folgt aus: "Unternehmungs- und Managementphilosophie ist dementsprechend die ganzheitliche Interpretation der wirtschaftlichen und gesellschaftlichen Funktion und Stellung der Unternehmung und der daraus abzuleitenden Sinnzusammenhänge und Wertbezüge des Managements. Es geht ihr um eine vernünftige, gesellschaftlich verantwortbare Praxis. Als Teilbereich der Wirtschafts- und Sozialphilosophie kommt die Unternehmungsphilosophie ohne deren umfassende Wertvorstellungen und Grundannahmen nicht aus. Die Unternehmungsphilosophie schliesst also im Grunde immer drei Leitbilder mit ein:
- ein Menschenbild
- ein Leitbild der Wirtschafts- und Gesellschaftsordnung
- ein Unternehmungsleitbild" (1984, S. 49).

Man kann diese Ausführungen auch so verstehen: Im faktischen Ablauf des unternehmerischen Handelns erfolgt ein Umgang mit Werten. Von da her ist es sinnvoll und notwendig, diesen Umgang explizit zu machen. Dies gilt von dem Moment an, da man entdeckt hat, dass die im Adam-Smithschen (übrigens unzutref-fend verstandenen) Sinn gemeinte Harmonie des Marktes keine ist. D.h. von dem Moment an, da man entdeckt hat, dass der Markt zwar auch unter dem Gesichtspunkt einer bestimmten Ethik verteilt, dass diese Ethik aber nichts anderes als die Ethik des Marktes ist und die eigentliche ethische Frage offen lässt. Ulrich/Fluri haben recht: Ungelöste Probleme wie Arbeitslosigkeit, Inflation, Umweltverschmutzung, dritte Welt u.a. mehr weisen darauf hin, dass die ethische Dimension in der Unternehmensphilosophie oder -ökonomie explizit zu machen ist (1984, S. 52). Man kann also vorerst die noch rein formale Feststellung machen, dass die Problemstellung der Wirklichkeit der Unternehmen nach ethischer Reflexion ruft, zumindest auf der Ebene der Unternehmenspolitik, der Grundsätze und Ziele der Unternehmen sowie deren Öffentlichkeitsarbeit. Damit ist noch nichts über die Art und die Inhalte der Ethik gesagt.

Schon schwerer tun sich die Theoretiker der Unternehmen mit

der expliziten Darstellung eines eigenen ethischen Standortes bzw. von ethischen Kriterien, die dann für die Unternehmensstrategie massgeblich sein sollten.

Im Folgenden wird nun der Versuch gemacht, eine Reihe solcher Kriterien vorzustelllen und zu begründen, zunächst vom Gesichtspunkt einer vernunftorientierten Rechtfertigung von ethischen Normen, dann vom Gesichtspunkt der Theologie aus.

Unter dem ersten Gesichtspunkt werden folgende Kriterien vorgestellt:
- Jeder Mensch hat das gleiche Recht auf Leben und Entfaltung
- Jedermann hat Anspruch auf gerechte Verteilung unter Berücksichtigung der eigenen Leistung
- Unverschuldete Ungleichheiten sind auszugleichen
- Jedermann hat die Pflicht, für sich und die Allgemeinheit einen angemessenen Beitrag zur Gestaltung des Lebens zu leisten
- Es gilt die Ehrfurcht vor allem Lebendigen.

Unter dem theologischen Gesichtspunkt werden die folgenden Kriterien vorgestellt:
1. Solidarität
2. Dienst
3. Arbeitlichkeit
4. Geschöpflichkeit

ad 1 - Solidarität

Nicht nur, aber auch unter dem Blickwinkel der Wirtschaftsethik, ist die mitmenschliche Solidarität ein hervorstechendes Thema der Bibel. Wir denken dabei an die wichtige Rolle der Institution der Almosen, an die vielerlei Formen der Sozialpflichtigkeit, die im Zusammenhang mit Besitz und Reichtum zum Ausdruck gelangen, an das biblische Zinsverbot und endlich auch an die Vorstellung der Arbeit als Befähigung zur Hilfeleistung an Notleidende. Das Kriterium der Solidarität unter Menschen ist aus dem Gesamtzeugnis und aus Einzelaussagen der Bibel nicht wegzudenken.

Wenn wir also davon ausgehen können, dass Solidarität ein wesentliches Kriterium für ethische und insbesondere wirtschaftsethische Orientierungen ist, dann haben wir weiter zu fragen, in welchen Formen sich dieses Kriterium heute darstellt. Im Vordergrund steht einmal die Forderung auf das brüderliche, mitmenschliche Teilen: Christliche Ethik meint die Bereitschaft, anderen Menschen, insbesondere im Blick auf den notwendigen Lebensunterhalt, Anteil zu geben. Darunter verstehen wir das Anteilgeben im Blick auf den Zugang zu den Möglichkeiten und Notwendigkeiten, nach welchen die Sicherung des Lebensunterhalts verlangt.

Solidarisch meint auch den Ausgleich ungleich verteilter Möglichkeiten und Zugänge. Gerade hinter dem biblischen Almosengeben ist die Forderung auf gerechten Ausgleich greifbar. Solidarität meint aber auch die Mitbestimmung aller bei dem, was sie in ihrem Leben bestimmt. Zum Zugang zu den lebensnotwendigen Möglichkeiten gehört auch das Recht auf Mitsprache.

ad 2 - Dienst

Gerade in den biblischen Anklängen an konkrete, wirtschaftsethische Fragestellungen wie Reichtum, Almosen, Zins oder Arbeit kommt dem Dienstgedanken ein bedeutender Stellenwert zu: Dem Menschen kommt der Auftrag zu, anderen Menschen in der Entsprechung zu den Notwendigkeiten des Lebens dienstbar zu sein. Dienst ist durchaus verstanden als Dienst an den Erfordernissen, die das Leben je an Menschen stellt, d.h. Dienst im Blick auf das Bestehen auch des materiellen Lebenskampfes. So ist die Begründung für die Arbeit bei Paulus durchaus auch die Befähigung zum Beistand beim Erreichen des Lebensnotwendigen. Das Zinsverbot meint in der Bibel und vor allem in der Tradition das Verbot, die Notlage eines anderen Menschen dort auszunützen, wo eine "Dienstleistung" christlich angezeigt wäre.

ad 3 - Arbeitlichkeit

Die Bibel kennt neben der Solidarität auch die Pflicht, die Verantwortung des einzelnen und der Gemeinschaft. Besonders eindrücklich ist das zu sehen in der paulinischen Arbeitsethik: Wir haben nicht nur die Pflicht, für unseren Lebensunterhalt tätig besorgt zu sein, wir haben auch die Pflicht, um anderer Menschen willen tätig zu werden. Die Fähigkeit, tätig zu sein, verpflichtet; aber auch der Besitz oder Reichtum verpflichtet; sie sind sozialpflichtig. Der einzelne steht für sich und für andere unter der Pflicht, tätig und nützlich zu sein. Immer mitbedacht wird im biblischen Zeugnis, dass die Pflicht zum Tätigsein zum Menschen nach dem Fall gehört. Es ist dies gleichsam eine condition humaine.

Der Begriff der Arbeitlichkeit soll diese condition humaine ausdrücken: Der Mensch steht unter der Pflicht, tätige Verantwortung für sich und andere zu übernehmen. Menschsein heisst, tätig verantwortlich, verantwortlich tätig zu sein. Bezogen ist diese Tätigsein auf die Sicherung des Lebensunterhalts für sich und für andere; für andere insbesondere dann, wenn meine Möglichkeiten gross oder die anderer klein und beschränkt sind. Die Menschen sind verstanden nicht nur als Solidar-, sondern auch als Verantwortungsgemeinschaft, wenn es darum geht, in der Notwendigkeit des Lebens zu bestehen.

ad 4 - Geschöpflichkeit

Die Bibel versteht den Menschen als Geschöpf Gottes. Darin liegt zunächst eine Begrenzung: Im Unterschied zum Schöpfer ist das Geschöpf eingeordnet in ein Ganzes, es ist Teil der Schöpfung, und in dieser Existenz als geschaffenes Wesen und Teil eines Ganzen liegt die Begrenzung begründet. Das ganze Neue Testament ist durchzogen von der Vorstellung eines Menschen, der sich zwar die Notwendigkeit des Lebens beschaffen soll, der sich aber, gerade hinsichtlich seiner Bedürfnisse, in das Ganze der Schöpfung einordnen soll. Die Warnungen vor Habsucht sind z.B. ein deutliches Zeichen dafür: Das Neue Testament atmet den Geist eines einfachen Lebens, eine Vorstellung, die ja dann in der Alten Kirche nachhaltig weitergewirkt hat.

Die simplicitas des biblischen Lebens im Zusammenhang mit der Geschöpflichkeit ist gerade heute von hoher Aktualität. Die

Selbstverständlichkeit, mit der der Mensch, übrigens im Alten wie im Neuen Testament, als eingeordnet in das Ganze der Schöpfung verstanden wird, steht in schroffem Gegensatz zu der dominierenden Stellung, die der Mensch sich heute und schon seit Jahrhunderten in der Schöpfung erobert und herausgenommen hat. Im biblischen Zeugnis werden wie selbstverständlich Grenzen des Menschen sichtbar, die dieser heute weit von sich geschoben hat. Dies gilt insbesondere im Blick auf seine Einbettung in das Ganze der Schöpfung, eine Vorstellung, die in der heutigen Welt vollständig auf den Kopf gestellt worden ist.

Diese vier Kriterien beschreiben, in Form einer Reduktion der biblischen Komplexität, eine grundlegende theologisch-ethische Orientierung. Dadurch wird zum Ausdruck gebracht, dass der Mensch in seinem Handeln eingebunden ist in orientierende Vorstellungen, die ihm letztlich von Gott zugemutet werden. Diese Orientierung gilt aber auch und ganz besonders für den Bereich, in dem der Mensch wirtschaftlich tätig ist, d.h. für seine Teilnahme am Prozess der Deckung des Bedarfs an Gütern und Dienstleistungen. Auch wenn sich dies im Neuen Testament nur punktuell nachweisen lässt: Gerade an wichtigen Themen wie Eigentum, Arbeit, Almosen etc. lässt sich zeigen, dass diese Orientierung sich grundsätzlich auch auf den Bereich der Wirtschaft bezieht. Umgekehrt ausgedrückt: Das Tätigsein des Menschen im Erwerbsleben, in der Arbeit, im Umgang mit Kapital und Natur, kann, wenn man die Sicht der Bibel als verpflichtend ansieht, nicht ohne Ausrichtung auf diese Orientierung gesehen werden. Auch das profane wirtschaftliche Leben steht unter dem Blickwinkel solcher Orientierungen.

So sind diese Kriterien notwendige Elemente für jedes Konzept von Ordnungen und Institutionen, welche das wirtschaftliche Handeln des Menschen betreffen.

Solidarität, Dienst, Arbeitlichkeit und Geschöpflichkeit sind unverrückbare, weil aus der Bibel gewonnene Kriterien. Wer sich in die Reihe der Zeugen und Hörer der Botschaft vom anbrechenden Reich Gottes reiht, kann nur ihre Geltung bezeugen und in allen Lebensbereichen festhalten. Sie sind unaufgebbare Richtpunkte menschlichen und gesellschaftlichen Handelns aus christlich-theologischer Sicht.

5. Wir sind eingangs davon ausgegangen, dass wirtschaftliche Unternehmen die Lebenslage der Menschen sowie die Natur nachhaltig beeinflussen. Diese Feststellung hat dazu geführt, dass wir nach ethischen Kriterien für die Tätigkeit von Unternehmen gefragt haben angesichts des Umstandes, dass die genannte nachhaltige Beeinflussung von hoher ethischer Relevanz ist.

   In einem nächsten Schritt versuchen wir nun, von den theologischen und philosophischen Kriterien vorzustossen zu Grundsätzen für ein Unternehmerhandeln, welche bereits etwas näher bei der Praxis liegen. Folgende Stichworte sollen einen minimalen Katalog von orientierenden Grundsätzen vorstellen, welche dann für die Tätigkeit von Unternehmen präskriptiv sind, wenn wir deren Bedeutung für Mensch, Gesellschaft und Natur sowie die entsprechenden ethischen Kriterien ernst nehmen:

   - Schonender Umgang mit der Natur
   - Deckung der elementaren Bedürfnisse für alle
   - Dienstleistungen für die wirklichen Probleme
   - Wirtschaftliche Vorteile als Belohnung von Leistungen für die Allgemeinheit
   - Humane Arbeitsbedingungen
   - Sinnerfahrung bei Produktion und Konsum
   - Verträglichkeit von Wirtschaft und Kultur
   - Minimierung gesundheitlicher und seelischer Gefahren für Mensch und Gesellschaft
   - Vermeidung von Zwängen und Risiken
   - Vermeidung von inneren Widersprüchen.

6. Alle bisherigen Überlegungen rufen nach einer Theorie, welche die ökonomischen und ethischen Gesichtspunkte sinnvoll vermittelt. Denn, so haben wir erkannt: Das Handeln der Unternehmen bringt ethische Probleme mit sich; die ethischen Probleme warten auf eine entsprechende Behandlung; Voraussetzung dafür

sind explizite ethische Kriterien, auf die hin Grundsätze für ein Handeln der Unternehmen zu formulieren sind. All diese Schritte sind logisch und zureichend begründet. Insofern ist es nur konsequent, wenn wir jetzt die Entwicklung einer Unternehmenstheorie fordern, welche diesen ethischen Gesichtspunkten einen angemessenen Stellenwert beimisst.

Kann man, auf der Suche nach einer solchen Theorie, auf das Programm der Erweiterung der ökonomischen Rationalität einschwenken, das heute aus Kreisen der Wirtschaftsethik kommt? Fragen wir also zuerst, worin diese Erweiterung der ökonomischen Rationalität bestehen könnte.

Jürgen Mittelstrass (1985, S. 14) redet in diesem Zusammenhang von der "Erweiterung der ökonomischen Optik angesichts ökonomierelevanter, aber durch die ökonomische Theorie selbst nicht erfassbarer Elemente einer gesellschaftlichen Praxis". Dieses Programm ist durchaus eine Wiederaufnahme von Postulaten, welche im 19. Jahrhundert z.B. von der Ethischen Schule der Ökonomie gedacht waren. G. Myrdal (1977, S. 11) spricht von einer "holistischen Methode, in der auch normative Faktoren erfasst würden. Und auch K.W. Kapp (1979, S. 2-9) hat Postulate in dieser Richtung erhoben: "Tatsächlich erfordert eine wissenschaftliche Methode in der Sozial- und Wirtschaftsforschung eine fortschreitende Beseitigung aller Grenzen, die von Generationen früherer Gelehrter aus wissenschaftlichen, pädagogischen und anderen Gründen errichtet wurden. Das letzte Ziel ist nicht bloss 'Zusammenarbeit', sondern die denkbar engste Integration und endlich Synthese der Sozialwissenschaften. Solange dieses Ziel nicht erreicht ist, können die einzelnen Ökonomen sich nur bemühen, die gegenwärtigen Schranken der Nationalökonomie zu überschreiten und so gründlich wie möglich den neuen Entwicklungen auf den Gebieten der Psychologie, Soziologie, Politik, der Rechtswissenschaft, Geschichte und Ethik nachzugehen, um alles in die eigenen Überlegungen einzubeziehen, was von diesen Sozialwissenschaften zu einem besseren Verständnis der Wirtschaftsprobleme beitragen könnte".

Keine Frage, das Ernstnehmen ethischer Problemstellungen und Kriterien ruft nach einem neuen theoretischen Ansatz der Ökonomie. Die Frage ist nur, ob eine solche Theorie, bezogen auf die Handlungsebene von Unternehmen, überhaupt eine reale Chance hat. Denn nicht zufällig bewegen sich die Ansätze zur Erweiterung der ökonomischen Rationalität auf der Ebene der politischen Ökonomie. Sieht sich nämlich das Unternehmenshandeln der Konkurrenz ausgesetzt, erfährt es ethische Orientierungen weitgehend als nicht akzeptable Verminderung der Konkurrenzfähigkeit. Aus diesem Grund hat das Problem der Erweiterung der ökonomischen Rationalität einen eigentlichen Sinn nur auf der Ebene der politischen Ökonomie. Ein holistischer Ansatz, der alle relevanten, also auch die ethischen Faktoren einbezieht, mag dem Problembewusstsein von Unternehmern förderlich sein. Er ist aber nur unter ganz bestimmten Aspekten, von denen noch die Rede sein wird, realistisch.

7. Das eigentliche Problem besteht deshalb darin, wie man ein wirtschaftliches Unternehmen dazu bringen kann, nicht nur solche orientierende Grundsätze aufzustellen und anzuerkennen, sondern ihnen in der Praxis auch Achtung zu verschaffen. Beim Nachdenken über dieses Problem wird man bald auf die Erkenntnis stossen, dass die Verwirklichung ethischer Orientierungen in einem Unternehmen nicht bloss vom guten Willen der Kapitalgeber oder der Unternehmensleitung abhängt, sondern dass diese ethischen Orientierungen mit den ökonomischen Rahmenbedingungen des Unternehmens zu konfrontieren sind. Die wichtigsten Rahmenbedingungen sind nun diejenigen der Konkurrenz:

Wo die Konkurrenzfähigkeit und damit die Überlebensfähigkeit eines Unternehmens gefährdet ist, wird dieses durch ethische Orientierungen ad absurdum geführt.

Selbst wenn wir den Anspruch auf vernünftige Rechtfertigung der oben entfalteten ethischen Kriterien, zumal der nichttheologischen, erheben können im Sinne einer vernunftorientierten Letztbegründung, wird eine Unternehmensleitung sich dieser Logik dann nicht unterziehen, wenn sie entweder die dieser Logik dann nicht unterziehen, wenn sie entweder die ethischen Konsequenzen nicht ziehen will oder angesichts der Konkurrenzbedingungen nicht ziehen kann.

Natürlich gibt es für diese Problemstellung eine Lösung: Sie liegt, wie oben angedeutet, auf der Ebene der Ordnungs- bzw. Wirtschaftspolitik. Wenn die ethischen Orientierungen auf dieser Ebene in gesetzlich oder vertraglich festgelegte Rahmenbedingungen eingehen, dann müssen sich die Unternehmen, und zwar alle in gleichem Masse, auf ethische Orientierungen ausrichten und gleichzeitig werden die Konkurrenzbedingungen nicht wesentlich verändert. Wenn die ethischen Spiesse gut und gleich lang sind, dann lässt sich Ethik in einem Unternehmen, auch unter den Bedingungen der Konkurrenz, problemlos verwirklichen. Dies ist nun aber in Wirklichkeit gerade nicht der Fall. Allenfalls betreffen die staatlich festgelegten Rahmenbedingungen ethische Minimalwerte, z.B. Mindestlöhne oder Gesundheitsvorschriften, zum Teil auch Vorschriften im Umweltbereich. Aber eine Analyse der Wirklichkeit zeigt klar, dass es kaum eine Gesellschaftsordnung gibt, in der auf dieser Ebene zentrale ethische Postulate wie Gerechtigkeit, Chancengleichheit, Umwelterhaltung usw. befriedigend gelöst sind.

So sind wir eben doch auf die alte Frage zurückgeworfen: Wieviel Ethik und auf welche Weise kann sich ein Unternehmen leisten in einem gesellschaftlichen Umfeld, das sich gegenüber zentralen ethischen Postulaten neutral verhält?

8. Folgende Strategien für eine Umsetzung ethischer Anforderungen in die Unternehmensfähigkeit sind denkbar:

8.1 Die Strategie des aufgeklärten und verantwortlichen Eigeninteresses
8.2 Die Strategie der konsensorientierten Unternehmenspolitik
8.3 Die Strategie der Macht- oder Monopolstellung durch Grösse oder Fähigkeit zur langfristigen Investitionspolitik
8.4 Die Strategie der Kompensation ethikabhängiger ökonomischer Nachteile durch Motivation und Innovation.

ad 8.1 Die Strategie des aufgeklärten und verantwortlichen Eigeninteresses

Das Prinzip dieser Strategie lässt sich mit dem eisernern Gesetz der Verantwortung von Davis und Blomstrom formulieren: "Auf die Dauer verliert jede Institution jene Macht, die sie nicht verantwortungsvoll einsetzt" (Zit. nach Ulrich/Fluri, 1984, S. 57). So wie es eine ökonomisch untere gefährliche Grenze gibt für unethisches Handeln, so gibt es auch einen teilweisen ökonomischen Vorteil durch ethisches Handeln, z.B. durch Imageverbesserung, Unterstützung der Werbung durch ein ethisches Image, bessere Motivation der Mitarbeiter durch gerechte Arbeitsbedingungen usw. Das Wahrnehmen des Eigeninteresses durch eine ethisch orientierte Unternehmensführung ist ethisch durchaus positiv zu werten. Diese Strategie kann aber auch nur Teilerfolge verbuchen, weil auch sie bald einmal an die durch den Konkurrenzdruck gegebenen Grenzen stossen wird.

ad 8.2 Die Strategie der konsensorientierten Unternehmenspolitik

Der entscheidende Punkt dieser Strategie liegt in der Idee der konsensorientierten Verständigung aller Beteiligten und Betroffenen. Sofern man dabei an das ganze Spektrum von Kapitalgebern, Managern, Mitarbeitern und Konsumenten denkt, sind ethisch positiv zu bewertende Resultate durchaus zu erwarten. Man wird aber daran denken müssen, dass sich ein Konsens auch über nichtethische Werte bilden kann und so die Gefahr der partikulären Verfolgung der Interessen dieser Beteiligten nicht auszuschliessen ist. Auch eine konsensorientierte Strategie schliesst eine Allianz partikularistischer Akteure nicht aus; sie ist dann ausgeschlossen, wenn der Konsens sich streng auf die oben genannten ethischen Kriterien und Orientierungen ausrichtet. Tut er das, dann wird auch diese Strategie an eine Grenze stossen.

ad 8.3 Die Strategie der Macht- oder Monopolstellung durch Grösse oder Fähigkeit zur langfristigen Investitionspolitik

Hält ein Unternehmen, z.B. infolge Grösse oder ökonomischer Macht, ein Monopol inne, dann kann es sich ethische Orientierungen leisten. Es kann sich solche auch dann leisten, wenn es dank grosser Finanzkraft in der Realisierung von Gewinnen einen langfristigen Zeithorizont anlegen kann. Der langfristige finanzielle Atem ermöglicht den Einbezug ethischer Kriterien: Wer nicht auf kurzfristigen Gewinn aus oder angewiesen ist, kann langfristig Ökonomie und Ethik stärker optimieren. Das Problem dieser Strategie liegt darin, dass Macht und Grösse eines Unternehmens wieder andere Gefahren mit sich bringen können.

ad 8.4 Die Strategie der Kompensation ethikabhängiger ökonomischer Nachteile durch Motivation und Innovation

Hier ist zu denken an Produktionssteigerungen durch ethisch orientierte Verbesserung der Arbeitsmotivation. Weiter an eine ethisch orientierte Innovationskraft und Kreativität. Diese Innovationskraft kann sich beziehen auf eine konsequente sinnvolle und dadurch attraktive Produktionspolitik, z.B. im Aufspüren und Realisieren von notwendigen Produkten und sinnvollen echten Dienstleistungen. Weiter durch den Aufbau eines ethisch orientierten Solidarisierungseffekts innerhalb des Unternehmens oder zwischen Kapitalgebern, Mitarbeitern und Kunden. Dazu kann auch eine konsequent ethisch orientierte Rekrutierungs- und Personalpolitik gezählt werden, wie auch die Konzentration auf Kooperation mit gleichgesinnten Partnern auf der Ebene von Kapitalgebern oder Konsumenten, z.B. unter Einbezug der dritten Welt.

9. Zusammenfassend kann man folgern, dass zwar das Handeln der Unternehmen ethische Probleme aufwirft, dass aber die Unternehmen selbst nur unter bestimmten Bedingungen autonom in die Lage versetzt werden, auf ethische Problemstellungen angemesen zu reagieren. Das Einbinden ethischer Forderungen in Rahmenbedingungen der Wirtschaft auf der Ebene der Ordnungs- und Wirtschaftspolitik ist so absolut notwendig. Darüber hinaus gibt es für den Unternehmer, der ethisch handeln will, eine Reihe von Strategien zur Verwirklichung ethischer Postulate. Sie sind aber in ihrer Realisierbarkeit nicht bloss abhängig

vom ethischen Wollen in den Unternehmen, sondern vor allem von der Art der Rahmenbedingungen auf der ordnungs- und wirtschaftspolitischen Ebene.

## Literatur

Arbeitskreis Kirche-Wirtschaft (1980). Leitlinien für die internationale Geschäftstätigkeit. Zürich.

Hensel, K. P. (1972). Grundformen der Wirtschaftsordnung München.

Kapp, K. W. (1979). Soziale Kosten der Marktwirtschaft. Frankfurt a/M.

Mittelstrass, Jürgen (1985). Wirtschaftsethik als wissenschaftliche Disziplin? In G. Enderle (Herausgeber): "Ethik und Wirtschaftswissenschaft", Berlin, S. 17-32.

Myrdal, G. (1977). Von der abstrakten zur institutionellen Nationalökonomie. In Magazin Brennpunkte, H. 8, Frankfurt a/M.

Röpke, W. (1945). Die Lehre von der Wirtschaft, 5. Auflage.

Rühli, E. (1985). Unternehmensführung und Unternehmenspolitik, Bd. I, 2. Auflage, UTB 260, Bern.

Ulrich, P., und E. Fluri (1984). Management. 3. Auflage. UTB 275. Bern.

Wieser, G. (1978). Beiträge zur Gesellschaftspolitik.

# Unternehmensethik - diesseits oder jenseits der betriebswirtschaftlichen Vernunft

P. Ulrich[1]

Peter Ulrich ist o. Professor für Wirtschaftswissenschaft mit sozialwissenschaftlicher Ausrichtung an der Bergischen Universität Gesamthochschule Wuppertal.

**Zusammenfassung**

Zwischen der betriebswirtschaftlichen "Sachlogik" und lebenspraktischen Wertvorstellungen scheinen heute angesichts problematischer externer Effekte (ökonomische und soziale Kosten) unternehmerischen Handelns immer schärfere Konflikte aufzutreten. Manager geraten dadurch in ein belastendes moralisches Dilemma zwischen unternehmungsinternen und -externen Ansprüchen.

Es hilft den Führungskräften in dieser Situation nicht weiter, wenn sich die Unternehmensethik nur als ausserökonomisches moralisches Korrektiv betriebswirtschaftlicher Rationalität versteht. Sie sollte vielmehr auf die ursächliche Überwindung des moralischen Dilemmas zielen: Es kommt darauf an, mehr ethisch-praktische Vernunft in unser Verständnis von betriebswirtschaftlich rationaler Unternehmensführung hineinzubringen. Die gedanklichen Konsequenzen einer so ansetzenden Unternehmensethik erstrecken sich auf ein Leitbild der gesellschaftlichen Institution 'Unternehmung' ebenso wie auf das professionelle Rollenverständnis des Managements.

## 1. Das moralische Dilemma des Managements

In einer industriegesellschaftlichen Welt, die eher schon durch die Allgegenwärtigkeit als durch die gänzliche Abwesenheit von "externen Effekten" privatwirtschaftlichen Handelns auf die gesellschaftliche und natürliche Lebenswelt (soziale bzw. ökologische Kosten) gekennzeichnet ist, gibt es faktisch kaum mehr rein private wirtschaftliche Aktivitäten (Albert 1978, S. 125). Unter diesen Umständen ist es nicht mehr ganz realitätsgerecht,

---

[1] Prof.Dr.rer.pol. Peter Ulrich, Bergische Universität, Gesamthochschule Wuppertal, Gauss-Strasse 20, D-5600 Wuppertal 1.

Management Forum
Ethik und Unternehmensführung
ed. by Charles Lattmann

die moderne Unternehmung "normalerweise" weiterhin als private Erwerbsveranstaltung zu verstehen und Unternehmungsführung als wertfreies Problem "reiner" betriebswirtschaftlicher Sachlogik zu konzipieren, wie es die herkömmliche Betriebswirtschafts- und Managementlehre tut. Die moderne Unternehmung, besonders die Grossunternehmung, ist heute als quasi-öffentliche Institution zu begreifen: Ihr Eigentum ist zwar in der Regel privat, aber ihre Wirkungszusammenhänge sind ebenso regelmässig öffentlich relevant, indem die Unternehmung sozialökonomische Funktionen und Dysfunktionen (negative externe Effekte) für eine Vielzahl von Anspruchsgruppen wie Kunden, Mitarbeiter, Lieferanten, Geldgeber, Staat und Öffentlichkeit erfüllt (Ulrich 1977).

Diese und andere Anspruchsgruppen beginnen seit einigen Jahren ihre "Ansprüche" immer mehr zu formulieren und öffentlich zu vertreten, wenn sie sich in ihrer Lebensqualität durch unternehmerisches Handeln bedroht fühlen. Nicht selten wissen sie dabei die öffentliche Meinung durchaus auf ihrer Seite. Je häufiger es zu manifesten Wert- und Interessenkonflikten zwischen der Unternehmungsleitung und Teilen ihrer gesellschaftlichen Umwelt kommt, umso offenkundiger gerät das Management in ein zeittypisches moralisches Dilemma zwischen den unternehmungsintern verbindlichen Ziel- und Erfolgskriterien "betriebswirtschaftlicher Vernunft" einerseits und den sich wandelnden Wertvorstellungen ausserhalb der Unternehmung anderseits. Es ist zu vermuten, dass immer mehr nachdenklich gewordene Führungskräfte diese Situation durchaus als belastend empfinden.

Das angedeutete moralische Dilemma der Unternehmungsführung unter den gegenwärtigen industriegesellschaftlichen Bedingungen findet seit kurzem seinen Niederschlag in der Forderung nach einer Unternehmensethik als moralischem Korrektiv für Entscheidungssituationen, in denen die "reine" betriebswirtschaftliche Logik nicht mehr der Weisheit letzter Schluss zu sein scheint. Da als Inbegriff der betriebswirtschaftlichen Rationalität in der Regel das "erwerbswirtschaftliche Prinzip" (Gutenberg 1951) aufgefasst wird, das dem mainstream der Betriebswirtschaftslehre noch immer als ein "interessen-neutrales Formalziel" der Unternehmung gilt (Kosiol 1966, S. 214; Chmielewicz 1975, S. 14), scheint sich ohne weiteres die Vorstellung aufzudrängen, dass dieses Prinzip im "Normalfall" einigermassen hinlänglich funktioniere und nur im gelegentlichen "Ausnahmefall" manifester Wertkonflikte der Korrektur durch "ausserökonomische", ethische Überlegungen bedürfe: "Es wird unterstellt, dass die am Gewinnprinzip orientierte einzelwirtschaftliche Entscheidung im allgemeinen die ethische Richtigkeitsvermutung für sich hat, diese jedoch im Einzelfall unter Verweis auf ethisch nicht akzeptierbare Wirkungen widerlegt werden kann. Gewinnprinzip und Unternehmensethik stehen also - so gesehen - im Verhältnis von Regel und Ausnahme." (Steinmann/Oppenrieder 1985, S. 174).

Falls die industriegesellschaftliche Wirklichkeit heute nun aber dem Modell einer Welt universeller Externalitäten tatsächlich näher steht als der harmonistischen Idealwelt völlig fehlender Externalitäten, kehrt sich folgerichtig das Verhältnis von Regel- und Ausnahmefall um. Versteht man das Phänomen der negativen externen Effekte "privaten" Wirtschaftens nicht mehr als Randerscheinung, sondern als den massgeblichen zeitgenössischen Erfahrungshintergrund und das zentrale Ausgangsproblem einer realitätsbezogenen Unternehmensethik für unsere Zeit, so ist die marginale Bestimmung von Unternehmensethik als blossem situativem Korrektiv des Gewinnprinzips, wie sie m.E. für weite Teile der zur Zeit vor allem in den USA aufkommenden "Business Ethics" (Jones 1982) charakteristisch ist, als Ausdruck einer falschen wissenschaftsprogrammatischen Bescheidenheit zu betrachten, die dem existentiellen Problemdruck unserer "fortgeschrittenen" Industriegesellschaften kaum angemessen ist. Die mangelnde Problemklärungskraft einer so "marginalen" Unternehmensethik kommt symptomatisch darin zum Ausdruck,dass sie dem Manager, der sich entscheiden muss, aus dem moralischen Dilemma zwischen den unternehmungsinternen Rationalitätsmassstäben bzw. dem, was dafür ausgegeben wird ("Gewinnprinzip"), und den legitimen Ansprüchen "extern" Betroffener nicht heraushilft; sie reproduziert es einfach, statt es durch eine methodische Vermittlung zwischen den konfligierenden betriebswirtschaftlichen und ethisch-praktischen Vernunftansprüchen zu überwinden. Dadurch entsteht ein oberflächliches Komplementaritätssystem einer strikt erfolgsorientierten (und angeblich "wertfreien") Betriebswirtschafts- oder Managementlehre auf der einen Seite und einer (vermeintlich) "ausserökonomischen" Ethik des Unternehmens anderseits, in dem beiden "Disziplinen" merkwürdig realitätsfremde wissenschaftliche Rollen zufallen:

- Die Betriebswirtschafts- und Managementlehre steht wie zuvor als Verkörperung einer "reinen" betriebswirtschaftlichen Sachlogik da. Sie kultiviert die unternehmerische Binnenkultur des harten Erfolgs- und Gewinnstrebens. Dass ihre betriebswirtschaftliche "Sachlogik" immer öfter in einen seltsamen Gegensatz zum Menschengerechten zu geraten droht - sind etwa die ökonomischen "Sachen" in unserer Industriegesellschaft eigensinnig geworden? - braucht sie weniger als zuvor zu kümmern, hat sie doch im genannten Komplementaritätssystem den gesamten Werteaspekt des Wirtschaftens in "sauberer" Arbeitsteilung an die Unternehmens- und Wirtschaftsethik delegiert. So kann sie sich - von lästigen normativen Fragen entlastet - vermeintlich erst recht auf einen wertfreien, "rein betriebswirtschaftlichen Standpunkt" zurückziehen.

- Die Unternehmensethik steht im Komplementaritätssystem als Hüterin eines zwar "menschlichen" Standpunkts gut gemeinter Moral da, der aber leider regelmässig der (angeblichen) betriebswirtschaftlichen "Sachgerechtigkeit" entbehrt, so dass sie mit dieser unweigerlich zu kollidieren scheint. Sie sieht sich in die schwierige Rolle gedrängt, sich für die vermeintlich "ausserökonomischen" Ansprüche des Menschengerechten zu engagieren, indem sie regelmässig gegen die so wirkungsmächtige ökonomische Rationalität anreden muss, die sie als solche unbefragt voraussetzt. Unbelastet von den alltäglichen ökonomischen Sachzwängen der Unternehmungsführungspraxis, verhallen ihre freischwebenden moralischen Appelle freilich ziemlich wirkungslos; sie darf nur die bescheidene idealistische Rolle einer sich aufopfernden Krankenschwester für die "externen Effekte" der betriebswirtschaftlichen Rationalität übernehmen.

Meine grundlegende These ist demgegenüber die folgende: Es geht in einer wissenschaftlich und lebenspraktisch fruchtbaren Wirtschafts- und Unternehmensethik nicht um ein "rein" moralisches Korrektiv einer als solche nicht weiter hinterfragten betriebswirtschaftlichen Rationalität von aussen her, sondern gerade umgekehrt um deren philosophisch-ethische Erweiterung von innen her. Oder anders gesagt: es kommt darauf an, mehr ethisch-praktische Vernunft in das handlungsleitende betriebswirtschaftliche Rationalitätsverständnis hineinzubringen. So gesehen zielt Unternehmensethik aufs "Herz" der Betriebswirtschaftslehre, anstatt sich von vornherein selbst zu marginalisieren.

Damit bricht die skizzierte "Zwei-Welten-Konzeption" von wertfreier Betriebswirtschaftslehre einerseits und ausserökonomischer Unternehmensethik anderseits zusammen. Es ergibt sich der umfassende Ansatz der Unternehmensethik als Vernunftethik der Unternehmensführung im Ganzen. Ihr zugegebenermassen unbequemes Schlüsselthema ist es gerade, den betriebswirtschaftlichen "Sachen" auf den normativen Grund zu gehen und den betriebswirtschaftlichen Rationalitätsanspruch als solchen aus ethisch-praktischer Sicht zur Diskussion zu stellen, um das fragwürdig gewordene normative Fundament des betriebswirtschaftlichen Rationalitätsverständnisses in zeitgemässer Weise zu rekonstruieren. M.a.W.: das moralische Dilemma des Managements wird wissenschaftsprogrammatisch als Problem einer methodischen Versöhnung von betriebswirtschaftlicher Rationalität und ethischer Vernunft konzipiert.

Der methodische Anspruch ist damit gestellt: Es geht um eine ökonomische Leitidee von rationaler Unternehmungsführung, die in sich schon den Ansprüchen ethischer Vernünftigkeit genügt.

## 2. Diesseits der Metaphysik der "reinen" ökonomischen Vernunft: Die Leitidee sozialökonomischer Rationalität

Wie ist nun das Programm einer methodischen Vermittlung zwischen betriebswirtschaftlicher Rationalität und ethisch-praktischer Vernunft einlösbar? Einen gangbaren Weg glaube ich in der sprachpragmatischen Wendung der ökonomischen Rationalitätskonzeption erkannt zu haben, oder präziser gesagt: in der Transformation ihres normativen Fundaments von der utilitaristischen zur kommunikativen Ethik (Ulrich 1986).

Es ist nicht möglioch, diesen praktisch-philosophisch und wirtschaftstheoretisch gleichermassen voraussetzungsreichen Weg hier in nachvollziehbarer Weise darzustellen. Im folgenden muss eine kurze Plausibilisierung des Ansatzes aus der wirtschaftstheoretischen Perspektive genügen (vgl. auch Ulrich 1987a).

Grundlegend ist die Einsicht, dass es ein objektives, "rein" ökonomisches Rationalitätsprinzip nicht gibt, weder auf volks- noch auf betriebswirtschaftlicher Ebene. Versteht man unter "Wirtschaften" in einfachster Weise die effiziente Nutzung knapper Ressourcen aller Art zur Befriedigung menschlicher Bedürfnisse, und geht man von der Erfahrung aus, dass die Bedürfnisse der Menschen regelmässig konfligieren, so ist das Problem rationalen Wirtschaftens offenkundig nicht abzulösen von der Frage nach der rationalen Gestaltung der sozialen Beziehungen zwischen den Wirtschaftssubjekten. Wirtschaften ist angesichts der sozialen Konflikte um bedürfnisbefriedigende Güter bzw. knappe Ressourcen sowie der externen Effekte der Güterproduktion und -konsumption in der gesellschaftlichen Wirklichkeit stets ein Problem des kultivierten Umgangs zwischen den Menschen. Es kommt dabei um der ökonomischen Vernunft willen auf die faire und vernünftige gesellschaftliche Präferenzordnung der konfligierenden Ansprüche an: Wessen Bedürfnisse und Interessen sind mit welcher Priorität "effizient" zu erfüllen?

Die Fiktion eines rein ökonomischen (bzw. rein betriebswirtschaftlichen) Standpunkts konnte dogmengeschichtlich nur entstehen, indem das ökonomische Rationalitäts- oder Effizienzproblem aus dem realen wirtschaftsethischen Zusammenhang der (politisch-ökonomischen) Konfliktträchtigkeit wirtschaftlichen Handelns herausgelöst und eine "reine" Wirtschaftstheorie konstruiert wurde, die sich in einem "sozialen Vakuum" (Albert 1976, S. 120) bewegt. Es war die neoklassische "reine Ökonomie", die diese weltfremde Fiktion auf die Spitze (des Elfenbeinturms) getrieben hat. Im Gegensatz zu den Vätern der klassischen Politischen Ökonomie, wie Adam Smith,

John Stuart Mill u.a., die bekanntlich Moralphilosophen waren und deren ökonomisches Denken noch in die lebenspraktisch-moralphilosophische Reflexion eingebettet war, wollten und wollen die Neoklassiker bis heute eine wertfreie, aus normativen Ansprüchen vollständig emanzipierte Wirtschaftstheorie nach naturwissenschaftlichem Vorbild betreiben.

Doch praktische (normative) Probleme haben keine rein theoretischen (wertfreien) Lösungen. So war es unvermeidlich, dass beispielsweise die jüngere Wohlfahrtstheorie zum Ergebnis kommen musste, dass das politisch-ökonomische Problem der kollektiven Präferenzordnung keine rein analytische Lösung hat (Arrow 1951). Und das heisst: Es gibt kein wertfrei bestimmbares, rein ökonomisches Kriterium für ein gesellschaftliches Kollektivnutzenmaximum (Wohlfahrtsoptimum) - dieses ist, wie Gunnar Myrdal (1976, S. 48, S. 113) prägnant formuliert hat, eine "kommunistische Fiktion".

Es gibt also keinen interessenneutralen, rein ökonomischen Standpunkt - nur Personen haben Standpunkte! Wer aus "rein ökonomischer" oder "rein betriebswirtschaftlicher Sicht" zu argumentieren vorgibt, der muss somit - gerade um eines ideologiefreien, ethisch vernünftigen Umgangs mit den Wert- und Interessenzusammenhängen sozialökonomischen Handelns willen - gefragt werden dürfen, aus <u>wessen Sicht</u> er tatsächlich das wirtschaftlich "Sachgerechte" definiert.

Angesichts der Nichtexistenz eines objektiven Kriteriums der kollektiven "Effizienz" wirtschaftlichen Handelns bleibt aus vernunftethischer Sicht nur die Möglichkeit, das Problem ökonomischer Rationalität unter Bedingungen interpersoneller Konflikte <u>praktisch</u> zu lösen, indem es aus dem Elfenbeinturm "reiner" Theorie in gesellschaftlich zu organisierende <u>Prozesse fairer Verständigung</u> unter den Konfliktparteien zurückgeholt wird. Die regulative Idee einer Vernunftethik der Verständigung, wie sie die Kommunikative Ethik (Diskursethik) vertritt (Apel 1973, Habermas 1983, Wellmer 1986), bietet sich somit als praktisch-philosophischer Ausgangspunkt für die Rekonstruktion eines tragfähigen normativen Fundaments der ökonomischen Rationalitätskonzeption an.

Auf der Grundlage der Kommunikativen Ethik, die hier nicht weiter entfaltet werden kann, lässt sich eine sozialökonomische Rationalitätsidee entwickeln, die die skizzierte wirtschaftsethische Grundproblematik der rationalen Konfliktlösung zwischen freien und mündigen Bürgern umfasst statt ausgrenzt. Diese sozialökonomische Rationalitätsidee überwindet die letztlich metaphysische Fiktion einer "reinen" ökonomischen Rationalität, die implizit auf die naturrechtsphilosophische Idee einer natürlichen Interessenharmonie unter den Menschen vertraut, zugunsten einer sprachpragmatischen Rationalitätskonzeption, die keine anderen normativen Voraussetzungen als die ganz und gar lebenspraktischen Bedingungen der Möglichkeit vernunftgeleiteter Verständigung und damit des gewaltfreien Zusammenlebens der Menschen unterstellt - Voraussetzungen, die in einer modernen Gesellschaft freier Menschen eigentlich selbstverständlich sind.

Wesentlich scheint mir die Einsicht, dass sich eine sozialökonomische Rationalitätsidee durchaus aus der inneren Entwicklungslogik der ökonomischen Theorie selbst entfalten lässt. Die seit einigen Jahren in Gang gekommene "institutionalistische Revolution" in der Wirtschaftstheorie (Albert 1977, S. 203) hat sich an die Arbeit gemacht, das soziale Vakuum der neoklassischen Denkmodelle mit Ansätzen rationaler politisch-ökonomischer Willensbildung aufzufüllen. Die grundlegende Einsicht der New Institutional Economics kann in der Tat darin gesehen werden, dass das Problem ökonomischer Rationalität (Effizienz) vom Problem der rationalen Gestaltung der institutionellen Rahmenbedingungen wirtschaftlichen Handelns nicht abgelöst werden kann.

Nicht ohne Grund gewinnen damit die Klassiker der Ökonomie neue Aktualität. Es macht bis heute die faszinierende liberale Grundidee und ethische Qualität der Konzeption Adam Smiths aus, dass er die Freiheit der Marktpartner als die entscheidende Voraussetzung einer effizienten Wirtschaftsordnung begriff. (Selten wird die Parallele Smiths zu Kant beachtet, der die Freiheit als unhintergehbare Voraussetzung praktischer Vernunft begriff!). Die Effizienz einer Markttransaktion lässt sich, wie James M. Buchanan (1977) im Anschluss an Adam Smith wiedererkannt hat, an keinem anderen Kriterium als an der <u>freien Zustimmung</u> der Geschäftspartner zum Tauschvertrag messen. Damit gelingt im Ansatz eine methodische Synthese von ökonomischer Rationalität (Effizienz) und ethischer Vernunft (Freiheit) - im Kriterium der Verständigung!

Freilich muss diese Konsensustheorie der ökonomischen Effizienz für die heutige Wirtschaftswelt, die durch die bedrängenden Herausforderungen des Externalitätenproblems gekennzeichnet ist, wesentlich erweitert werden - und eben darin ist der wichtige Beitrag des Nobelpreisträgers J. M. Buchanan zu erkennen. Buchanan hat die ökonomistische Verkürzung von Freiheit auf die Tauschfreiheit am Markt, wie sie m.E. für die neoklassische Ökonomie konstitutiv ist, überwunden, indem er systematisch zwischen den institutionellen Ebenen des (privaten) <u>Tauschvertrags</u> und des übergeordneten <u>Gesellschaftsvertrags</u> (Verfassung) unterscheidet. Während nämlich der private Tauschvertrag nur den freien Konsens der Marktpartner zum Ausdruck bringt, ohne dass Dritte, die von negativen externen Effekten betroffen sind, dazu etwas zu sagen hätten - für sie ist das Geschäft alles andere als "effizient"! -, begründet in einer modernen Gesellschaft freier Bürger der Gesellschaftsvertrag gerade den unverzichtbaren gesellschaftlichen <u>Minimalkonsens</u> über die Grundrechte aller Bürger und die Verfahren der politischen Konfliktlösung; durch ihn (die Verfassung) werden überhaupt erst gesellschaftlich legitime Freiräume für private Tauschverträge und die notwendigen Schutzrechte für allfällig "extern" Betroffene geregelt.

Auch auf der Ebene des Gesellschaftsvertrags ist die sozialökonomische Rationalität oder "Effizienz" der kollektiven Präferenzordnung nicht anders definierbar als durch die <u>freie Zustimmung</u> aller Beteiligten, zu denen nun aber auch die "extern" Betroffenen gehören. Die ökonomische Rationalitätsidee ist damit "aufgehoben" in der regulativen Idee der vernunftgeleiteten Konsensfindung unter freien und mündigen Menschen. Die postulierte sprachpragmatische Wendung der ökonomischen Rationalitätskonzeption ist vollzogen, indem die institutionalistische Revolution in der ökonomischen Theorie praktisch-philosophisch vollendet wird (Ulrich 1986, S. 231 ff.).

Die sozialökonomische Rationalitätsidee umfasst demnach die gesamten institutionellen und prozeduralen Voraussetzungen, unter denen zum einen die rationale politisch-ökonomische Verständigung über die kollektive Präferenzordnung wirtschaftlichen Handelns unter den Beteiligten bzw. Betroffenen und zum andern die effiziente Verwirklichung dieser Präferenzordnung möglich ist. Das minimalethische Moment der rationalen Konsensfindung fliesst in diese sozialökonomische Rationalitätsidee - um das nochmals zu betonen - nicht etwa aus "ausserökonomischen" Gründen ein, sondern im "sachlichen" Interesse an der ökonomischen Rationalität selbst: Bevor wir rational wirtschaften können, müssen wir, da es ein rein ökonomisches Rationalitätskriterium nicht gibt, immer schon wissen, welches die sozialverträglichen Freiräume privater Interessenverfolgung sind und welchen relativen Wert wir konfligierenden lebenspraktischen Bedürfnissen zuerkennen wollen. Es kommt - heute mehr denn je - auf den Sinn wirtschaftlichen Handelns für unsere Lebensqualität als Ganzes an.

## 3. Die regulative Idee des unternehmungspolitischen Dialogs und ihre institutionellen Konsequenzen

Was bedeutet das alles nun für unser Ausgangsproblem der Unternehmensethik im Sinne einer nicht marginal, sondern zentral am betriebswirtschaftlichen Rationalitätsprinzip ansetzenden Vernunftethik der Unternehmungsführung?

Zunächst ist zu betonen, dass es ebensowenig einen rein betriebswirtschaftlichen wie einen rein ökonomischen Standpunkt gibt. Die in der Betriebswirtschaftslehre gängige Unterstellung, das "Gewinnerprinzip" könne im Normalfall als ein interessenneutrales Formalziel der Unternehmung gelten, stellt nur die betriebswirtschaftliche Variante der oben kritisierten "kommunistischen Fiktion" eines obersten, über alle Interessenkonflikte unter den Beteiligten bzw. Betroffenen erhabenen Unternehmungszwecks dar, der nur im gelegentlichen Ausnahmefall der marginalen Korrektur durch ethische Überlegungen bedürfe. Es gibt in Wirklichkeit kein "Unternehmensinteresse" an sich, sondern nur verschiedene, stets teilweise konfligierende personen- oder gruppenspezifische Interessen am Unternehmen (Laske 1979). Und keine dieser Interessengruppen - auch nicht das Management - hat die "reine betriebswirtschaftliche Vernunft" auf ihrer Seite!

Vielmehr ist das Problem betriebswirtschaftlicher Rationalität selbst schon als ein durch und durch normatives Problem sozialökonomischer rationaler Unternehmungspolitik zu verstehen, das nicht im "sozialen Vakuum" zu lösen ist, sondern nur in praktischen, möglichst vernunftgeleiteten Verständigungsprozessen unter den Beteiligten und Betroffenen über eine faire und lebenspraktisch sinnvolle kollektive Präferenzordnung der Unternehmung (d.h. ein konsistentes System oberster Unternehmensziele und Handlungsgrundsätze). Als grundlegende Leitidee sozialökonomisch rationaler Unternehmungsführung ergibt sich die regulative Idee des unternehmungspolitischen Dialogs (Ulrich 1981). Die Rede von einer regulativen Idee weist darauf hin, dass damit nur ein idealer Horizont bestimmt ist, der in der realen Welt immer nur annäherungsweise verwirklicht werden kann. Es wäre also ein Kurzschluss, diese regulative Idee mit einer unmittelbar pragmatisch anwendbaren Führungskonzeption zu verwechseln.

Auf der Suche nach pragmatisch umsetzbaren Ansätzen des unternehmungspolitischen Dialogs sollte auch die Unternehmensethik nicht hinter die institutionalistische Wendung des ökonomischen Rationalitätsverständnisses zurückfallen. Ähnlich wie auf gesamtwirtschaftlicher Ebene ist auch auf betriebswirtschaftlicher Ebene die systematische Unterscheidung von Fragen effizienten (und ethisch verantwortbaren) personalen Handelns und von Fragen der "effizienten" (d.h. konsensuellen!) Gestaltung der institutionellen Rahmenregelungen (Gesellschaftsvertrag), unter denen "privates" personales Handeln legitimerweise stattfinden kann, notwendig. Das bedeutet: Unternehmensethik kann als Vernunftethik des Wirtschaftens nicht als reine Führungsethik im Sinne einer personalen Verantwortungsethik konzipiert werden, sondern umfasst vorrangig auch eine institutionelle Ethik der Unternehmung, die ihrerseits in eine umfassende institutionelle Rahmenkonzeption der Wirtschaftsethik einzuordnen ist.

Das institutionelle Grundproblem der Unternehmensethik ist das einer gesellschaftlich rationalen <u>Unternehmensverfassung</u>. Auch für diesen "unternehmungspolitischen Gesellschaftsvertrag", der das institutionelle Gehäuse für pragmatische Annäherungen an die regulative Idee des unternehmungspolitischen Dialogs bildet, ist aus vernunftethischer Sicht die Einbeziehung der von externen Effekten des unternehmerischen Handeln Betroffenen konstitutiv, während das herkömmliche "Gesellschaftsrecht" demgegenüber eben nur dem Muster des Tauschvertrags unter den kapitalgebenden "Gesellschaftern" entspricht und alle andern Betroffenen ausgrenzt. Diesen institutionellen "Ebenenfehler" überwindet die Leitidee der <u>offenen Unternehmensverfassung</u> (Ulrich 1986, S. 420 ff). Diese stellt eine Verfahrensordnung dar, die nicht mehr und nicht weniger als die unternehmungspolitischen Kommunikationsverhältnisse öffnet, indem sie faire Voraussetzungen und Chancen zur argumentativen Verständigung über die unternehmungspolitische Präferenzordnung zwischen allen Beteiligten sowie "extern" Betroffenen schafft. Die "Externen" können dabei im Regelfall auch extern bleiben; entgegen Modellen der interessenpluralistischen Zusammensetzung der Unternehmensorgane genügt es für eine offene Unternehmensverfassung, dass allfällig Betroffenen hinreichend wirksame Grundrechte (Anhörungs-, Informations-, Mitsprache-, Klage- und Entschädigungsrechte) gewährt werden, so dass sie selbst jederzeit die Initiative ergreifen können, um ihre legitimen betroffenen "Ansprüche" in den unternehmungspolitischen Willensbildungsprozess nachhaltig einzubringen.

Die Leitidee einer solchen grundrechteorientierten, offenen Unternehmensverfassung stellt m.E. die zeitgemässe institutionelle Voraussetzung einer liberalen Wirtschaftsordnung in einer von Externalitäten geprägten Wirtschaftswelt dar. Sie internalisiert die externen Effekte unternehmerischen Handelns, indem sie den extern Betroffenen selbst rechtsverbindliche Partizipationschancen an der Unternehmungspolitik gibt. Diese brauchen dann, soweit sie ihre betroffenen Ansprüche "vor Ort" einbringen und wahren können, auch nicht mehr den grossen interventionsstaatlichen Umweg zu gehen; nur so kann das Fortwuchern des wirtschaftspolitischen Staatsinterventionismus, der die Grundlagen einer freiheitlich-dezentral organisierten Gesellschaft ebenso auszuhöhlen droht wie es die faktische Konzentration der

Wirtschaftsmacht über immer mehr Betroffene bei immer weniger Beteiligten tut, ursächlich unterbunden und der Primat der koordinativen Konfliktlösung unter den Direktbetroffenen vor der subordinativen Intervention staatlicher Instanzen gesichert werden. Adam Smith, der Vater des Wirtschaftsliberalismus, wäre unter den heutigen Bedingungen des Externalitätenproblems vermutlich zum Begründer einer offenen Unternehmensverfassung im skizzierten Sinn geworden!

Die Idee des unternehmungspolitischen Dialogs im Rahmen einer offenen Unternehmensverfassung bedeutet nun nicht etwa, wie Skeptiker auf den ersten Blick vielleicht befürchten, eine ausufernde Politisierung der Unternehmung und die Verunmöglichung einer längerfristig angelegten, "sachlichen", d. h. von permanenten Wert- und Interessenkonflikten um die Unternehmensstrategie entlasteten Führungskonzeption, sondern stellt im Gegenteil gerade deren unabdingbare Voraussetzung dar! In der Tat ist ein relativ "entpolitisiertes" Führungssystem, das nach versachlichten Funktionsprinzipien aufgebaut ist, für eine moderne Managementkonzeption angesichts der heutigen Komplexität der strategischen und operativen Führungsaufgaben unverzichtbar; die dafür zuständigen Managementinstanzen sind durchaus von permanenten Wert- und Interessenkonflikten zu entlasten. Doch gerade damit das möglich ist, dürfen diese Konflikte, die angesichts der zunehmenden Brisanz der externen Effekte des unternehmerischen Handelns ein Faktum sind, nicht einfach geleugnet werden; sie können nicht durch ideologische Verdrängung unschädlich gemacht werden, sondern nur dadurch, dass sie in der ihnen gemässen Weise, nämlich durch argumentative Verständigungsversuche mit den Betroffenen, möglichst rational gelöst werden. Wer ein gegenüber interessenpolitischen Konfliktbelastungen relativ autonomes Führungssystem will, der muss auch den übergeordneten unternehmungspolitischen Dialog wollen. Die beiden Problemstellungen der rationalen Unternehmungspolitik, der ein kommunikativ-ethisches Rationalitätsverständnis angemessen ist, und der funktionsrationalen Systemsteuerung liegen auf verschiedenen institutionellen Ebenen des Managements. Keine dieser gänzlich verschiedenen Aufgaben der Unternehmungsführung kann schadlos auf die andere reduziert werden (Ulrich 1987b).

Dem hat nicht nur eine vorrangig an der Funktionsrationalität der Führungssysteme interessierte Managementlehre Rechnung zu tragen, sondern auch die Unternehmensethik. Es wäre m. E. ein unzeitgemässes moralistisches Missverständnis, ein solches Führungssystem ständig durch moralische Ansprüche an die Führungskräfte "nebensteuern" zu wollen. Das würde die Funktionsrationalität des Systems im wahrsten Sinne des Wortes "stören". Es kommt vielmehr auf die Funktionalität des Managementsystems im Hinblick auf eine vernünftige bestimmte unternehmungspolitische Präferenzordnung (unternehmungspolitisches Zielsystem) an - und eben dies ist die Aufgabe der postulierten offenen Unternehmensverfassung. Und dabei handelt es sich wohlgemerkt nicht um ein "ausserökonomisches" Postulat einer idealistischen Ethik, sondern um die sehr reale Grundvoraussetzung sozialökonomisch rationaler Unternehmungsführung selbst. Wer einen Gegensatz zwischen der Idee des unternehmungspolitischen Dialogs und betriebswirtschaftlicher Funktionsrationalität konstruiert, erliegt einer Konfusion der beiden auseinanderzuhalten Problemebenen.

So zeigt sich, dass eine Unternehmensethik, die sich von der institutionalistisch gewendeten Leitidee sozialökonomisch rationaler Unternehmungsführung leiten lässt, durchaus Raum lässt für Konzepte funktionsrationaler Systemsteuerung; sie kritisiert nur die falsche Totalität technokratischer Modelle, in denen Unternehmungsführung auf nichts als sozialtechnologisch "versachlichte" Systemsteuerung verkürzt wird (Ulrich 1984).

Ebenso unangemessen wäre es aus der Sicht eine institutionalistisch aufgeklärten Unternehmensethik, einzelne Personen, besonders die Führungskräfte der Unternehmung, pauschal mit moralischen Forderungen zu belasten, die mit den institutionalisierten Sachzwängen, unter denen sie dauernd stehen, unvereinbar zusammenprallen. Das symptomatische moralische Dilemma des Managements, von dem wir ausgegangen sind, wird dann akut. Es lässt sich jetzt wiederum als Ausdruck eines konzeptionellen "Ebenenfehlers" durchschauen und auflösen. Befriedigt nämlich die Funktionsrationalität der Unternehmung insgesamt nicht, so sind die "versachlichten" Funktionsprinzipien selbst zu ändern. Eine

Unternehmensethik, die erkannt hat, dass es kein anderes Kriterium sozialökonomischer Funktionsrationalität der Unternehmung gibt als die Idee der rationalen Konsensfindung über die lebenspraktischen Wert- und Sinnorientierungen des Unternehmungshandelns im unternehmungspolitischen Dialog unter allen Betroffenen, braucht nicht mehr mit individualistisch verkürzten Moralansprüchen ohnmächtig gegen die vorgefundene betriebswirtschaftliche "Sachrationalität" anzureden; vielmehr ist sie in der besseren Lage, selbst für mehr wohlverstandene betriebswirtschaftliche Vernunft zu argumentieren und die strukturellen Voraussetzungen zur Überwindung des moralischen Dilemmas verantwortungsbewusster Führungskräfte aufzuzeigen.

Das bedeutet freilich nicht, dass eine personale Führungsethik sich gänzlich erübrigen würde, nur ist ihr Geltungsbereich sinnvollerweise für die strukturell institutionalisierten Handlungs- und Dispositionsfreiräume der Person zu reaktivieren, getreu dem altbewährten organisatorischen Prinzip der notwendigen Deckungsgleichheit von Entscheidungskompetenzen und Verantwortung.

Da sozialökonomisch unvernünftige Strukturen aber ihrerseits nur von Personen verändert werden können, kann und muss m. E. eine personale Führungsethik durchaus ein strukturkritisches Reflexionsmoment einschliessen, das letztlich auf ein verändertes Rollenverständnis des Managements hinausläuft.

## 4. Plädoyer für ein neues professionelles Rollenverständnis des Managements

Wer die regulative Idee des unternehmungspolitischen Dialogs als sozialökonomisch vernünftig erkannt hat, der wird auch das scheinbar so selbstverständliche Postulat der sozialen Verantwortung der Unternehmungsführung, das seit Jahrzehnten im Brennpunkt personalistischer Ansätze der Unternehmensethik steht, in einem etwas anderen Licht sehen. Während die Idee des unternehmungspolitischen Dialogs mit innerer Konsequenz auf die Notwendigkeit der Schaffung einer symmetrischen Kommunikationssituation zwischen allen Beteiligten durch eine offene Unternehmensverfassung verweist und insofern strukturkritische Kraft hat, fällt auf, dass im herkömmlichen Postulat sozialer Verantwortung stets nur "einsame" Gewissensentscheidungen von den "Verantwortungsträgern" im Sinne einer paternalistischen Interessenberücksichtigung gegenüber den Entscheidungsbetroffenen gemeint sind. Der Verantwortungsbegriff wird dabei monologisch verkürzt, obwohl in ihm unübersehbar ein dialogischer Kern steckt (Verantwortung). Indem der monologische Verantwortungsbegriff die strukturellen Ursachen der zunehmenden Aktualisierung einseitiger sozialer Verantwortungsprobleme, nämlich die zunehmend asymmetrischen oder gänzlich ausfallenden Kommunikationschancen von

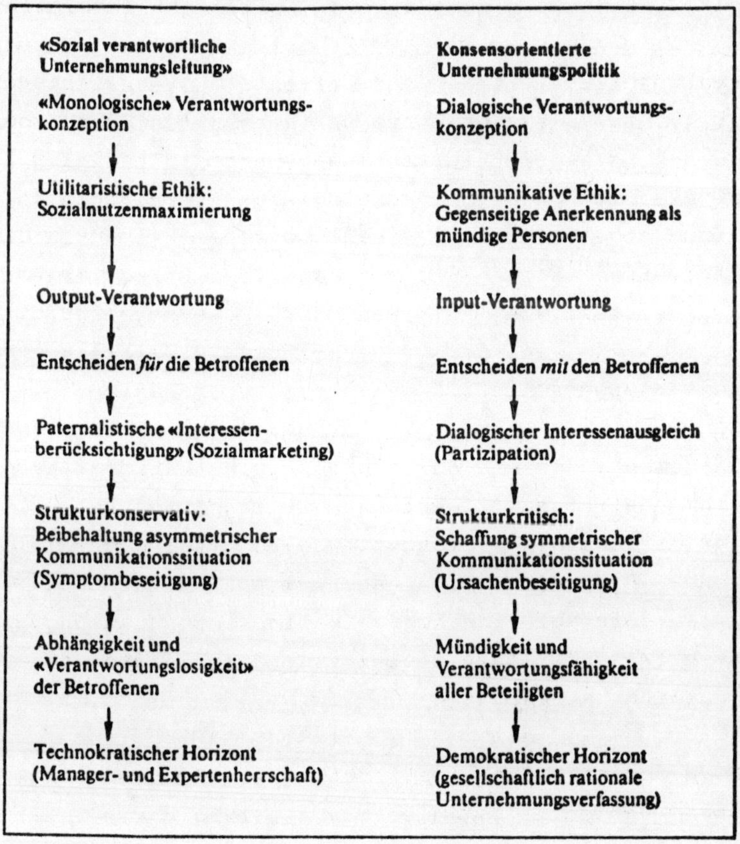


Abbildung 1: Monologischer vs. dialogischer Verantwortungsbegriff und die alternativen managementphilosophischen Konsequenzen (Quelle: Ulrich/Fluri 1984: S. 59).

Betroffenen, die zu ihrer Betroffenheit "nichts zu sagen" haben, ausblendet, erweist er sich gewollt oder ungewollt als strukturkonservativ und elitär.

Unter der regulativen Idee des unternehmungspolitischen Dialogs lässt sich dagegen das Postulat der sozialen Verantwortung des Managements selbst noch sprachpragmatisch "aufheben", womit seine Vermittlung mit der oben skizzierten institutionellen Unternehmensethik gelingt. Es geht jetzt nicht mehr um "einsame" Gewissensentscheidungen <u>für</u> die Handlungsbetroffenen, sondern um die Bereitschaft des Managements, im Interesse an einer vernünftigen unternehmungspolitischen Konfliktlösung und Präferenzordnung in einen dialogischen Interessenausgleich <u>mit</u> den Betroffenen einzutreten, wenn immer das notwendig und möglich ist (Abb. 1).

Der institutionellen Leitidee der offenen Unternehmensverfassung entspricht somit auf der Ebene der personalen Führungsethik die Leitidee des <u>konsensorientierten Managements</u> (Ulrich 1983), in der die monologische durch die dialogische Konzeption sozialer Verantwortung abgelöst wird. Dieser Leitidee ist durch Bemühungen zum schrittweisen Aufbau und zur dauernden Pflege argumentativer Verständigungspotentiale zwischen der Unternehmungsleitung und allen Anspruchsgruppen der Unternehmung in verschiedenen Situationskontexten unterschiedlich Rechnung zu tragen:

a) Ein Management, das die sozialökonomische Rationalitätsidee der Unternehmungsführung erfasst hat, wird darauf verzichten, das Postulat der sozialen Verantwortung zu missbrauchen als machterhaltende Gegenstrategie gegen alle institutionellen Reformbemühungen, die auf eine Kommunikationsentschränkung des Unternehmensverfassungsrechts zielen, sondern diese im Gegenteil nachdrücklich unterstützen.

b) Im Rahmen der gegebenen institutionellen Rahmenbedingungen wird das Management seine soziale Verantwortung darin erkennen, den unternehmungspolitischen Dialog mit Betroffenen wo immer möglich zu praktizieren. Es wird die Entwicklung einer konsensorientierten Kommunikationskultur im Unternehmen fördern, die sich durch tragfähige Verständigungspotentiale im Verhältnis zu allen internen und externen Bezugsgruppen des Unternehmens auch noch im Konfliktfall auszeichnet.

c) Selbst in Situationen, in denen ein unternehmungspolitischer Dialog mit den Betroffenen aus prinzipiellen oder pragmatischen Gründen nicht geführt werden kann, gibt es für die dann notwendige einseitige Verantwortungsübernahme von Führungskräften kein besseres ethisches Regulativ als dieses: In der "einsamen" Reflexion das nicht realisierbare Rede-und-Antwort-Stehen vor den Betroffenen stellvertretend in Gedanken vorzunehmen und deren denkbaren kritischen Argumenten bestmöglich selbstkritisch zu "entsprechen" (Apel 1976, S. 435).

Weshalb aber sollte das skizzierte Leitbild einer kommunikativen Unternehmensethik, das sowohl die Ebene einer institutionellen Ethik (offene Unternehmensverfassung) als auch die Ebene einer personalen Führungsethik (dialogische Verantwortungsethik) umfasst, bei den Führungskräften der Wirtschaft nachhaltigere Anerkennung und Wirkung erzielen können als das herkömmliche, monologisch-elitäre Postulat sozial verantwortlicher Unternehmungsleitung?

Das entscheidende Moment sehe ich in einem <u>veränderten Rollen- und Selbstverständnis des Managements</u>, das sich aus den entworfenen Überlegungen ergibt. Die regulative Idee der dialogischen Unternehmungspolitik überwindet im Ansatz das moralische Dilemma des Managements. Pragmatische Ansätze zur bestmöglichen Annäherung an diese Idee liegen daher im wohlverstandenen Berufsinteresse all jener Führungskräfte, denen an einer grundsätzlichen Übereinstimmung der unternehmungsintern verbindlichen Erfolgs- und Rationalitätskriterien mit dem sich verändernden Wertsystem der gesellschaftlichen Umwelt gelegen ist. Welchen professionellen Sinn, wenn nicht diesen, sollte Management als Beruf bieten?

Ist erst einmal erkannt, dass es kein rein betriebswirtschaftliches Formalziel der Unternehmung in Form des Gewinnprinzips gibt und dass die allein noch mögliche sozialökonomische Rationalitätsidee der Unternehmungsführung sich gerade durch ihre Offenheit für kultur-, zeit- und situationsgerechte lebenspraktische Wertorientierung auszeichnet, so gewinnt auch der Beruf des Managers eine neue gesellschaftliche Profilierungschance in Richtung eines professionellen Selbstverständnisses, das durch die moralische Selbstverpflichtung einer Berufsgruppe gegenüber der Gesamtgesellschaft (statt nur gegenüber parteilichen Sonderinteressen) charakterisierbar ist.

Konstitutiv für eine professionelle Managementethik könnte nun gerade die Leitidee der sozialökonomisch rationalen Unternehmungsführung sein. Der tiefere Sinn der Berufsanstrengungen des Managers wird dann - aus logischen Gründen der ökonomischen Vernünftigkeit unternehmerischen Handelns selbst, nicht bloss unter der "ausserökonomischen" Perspektive einer kompensatorischen sozialen Verantwortung! - in der Empfänglichkeit und Leistungsfähigkeit der Unternehmung für lebenspraktisch sinnvolle, zeitgemässe Wertorientierungen unternehmerischen Handelns erkannt. Kürzer gesagt, geht es um das sozialökonomische Werteberücksichtigungspotential oder die gesellschaftliche Responsivität der Unternehmung (Ackerman/Bauer 1976). Jede sozialökonomisch "responsive" Unternehmungspolitik kann in dem ihr gemässen Sinn betriebswirtschaftlich rational sein, wenn sie effektiv und effizient verwirklicht wird.

Manager solten sich aus dieser Sicht als "Profis" für die gesellschaftlich responsive, strategisch effektive und operativ effiziente Kombination knapper Ressourcen in komplexen arbeitsteiligen Organisationen verstehen, nicht als Vorkämpfer einer "festen" (und parteilichen) Interessenorientierung. Eine vorausblickende, gesellschaftlich verantwortungsbewusste Unternehmungsführung braucht dazu keine ausserökonomische Unternehmensethik als moralisches Korrektiv der betriebswirtschaftlichen Rationalität, sondern eine philosophisch-ethisch aufgeklärte Konzeption betriebswirtschaftlicher Vernunft.

Literatur

Ackerman, R./Bauer, R.: Corporate Social Responsiveness: The Modern Dilemma. Reston, Virginia 1976.

Albert, H.: Politische Ökonomie und rationale Politik, in: ders., Aufklärung und Steuerung. Hamburg 1976, S. 91-122.

Albert, H.: Individuelles Handeln und soziale Steuerung. Die ökonomische Tradition und ihr Erkenntnisprogramm, in: Lenk, H. (Hrsg.), Handlungstheorien - interdisziplinär, Bd. IV. München 1977, S. 177-225.

Albert, H.: Traktat über rationale Praxis. Tübingen 1978.

Apel, K.-O.: Das Apriori der Kommunikationsgemeinschaft und die Grundlagen der Ethik, in: ders., Transformation der Philosophie, Bd. 2. Frankfurt 1973, S. 358-435 (Taschenbuchausgabe 1976).

Arrow, K.J.: Social Choice and Individual Values. New York 1951.

Buchanan, J.M.: Freedom in Constitutional Contract. Perspectives of a Political Economist. College Station/London 1977.

Chmielewicz, K.: Arbeitnehmerinteressen und Kapitalismuskritik in der Betriebswirtschaftslehre. Hamburg 1975.

Gutenberg, E.: Grundlagen der Betriebswirtschaftslehre, 1. Band: Die Produktion. 1. Aufl. Berlin 1951.

Habermas, J.: Diskursethik - Notizen zu einem Begründungsprogramm, in: ders., Moralbewusstsein und kommunikatives Handeln. Frankfurt 1983, S. 53-125.

Jones, D.G.: A Bibliography of Business Ethics, 1976-1980. University Press of Virginia, Charlottesville 1982.

Kosiol, E.: Die Unternehmung als wirtschaftliches Aktionszentrum. Hamburg 1966.

Laske, S.: Unternehmensinteresse und Mitbestimmung. Zeitschrift für Unternehmens- und Gesellschaftsrecht, 1979, S. 173-200.

Myrdal, G.: Das politische Element in der nationalökonomischen Doktrinbildung. 2. Aufl., Bonn/Bad Godesberg 1976 (dt. Erstausgabe Berlin 1932).

Steinmann, H./Oppenrieder, B.: Brauchen wir eine Unternehmensethik? Die Betriebswirtschaft, 45, 1985, S. 170-183.

Ulrich, P.: Die Grossunternehmung als quasi-öffentliche Institution. Stuttgart 1977.

Ulrich, P.: Wirtschaftsethik und Unternehmungsverfassung: Das Prinzip des unternehmungspolitischen Dialogs, in: Ulrich, H. (Hrsg.), Management-Philosophie für die Zukunft. Bern/Stuttgart 1981, S. 57-75.

Ulrich, P.: Konsensus-Management. Zur Ökonomie des Dialogs. gdi-impuls 1, 1983, Heft 2, S. 33-41.

Ulrich, P.: Systemsteuerung und Kulturentwicklung. Auf der Suche nach einem ganzheitlichen Paradigma der Managementlehre. Die Unternehmung, 38, 1984, S.303-325.

Ulrich, P.: Transformation der ökonomischen Vernunft. Fortschrittsperspektiven der modernen Industriegesellschaft. Bern/Stuttgart 1986.

Ulrich, P.: Die sprachpragmatische Wendung der ökonomischen Rationalität und die Ethik der Unternehmung. Erscheint in: Biervert, B./Held, M. (Hrsg.): Ökonomische Theorien und Ethik. Frankfurt (Campus) 1987 (1987a).

Ulrich, P.: Betriebswirtschaftslehre als praktische Sozialökonomie. Erscheint in: Wunderer, R. (Hrsg.): Betriebswirtschaftslehre als Management- und Führungslehre, Bd. 2. Stuttgart (Poeschel) 1987 (1987b).

Ulrich, P./Fluri, E.: Management. Eine konzentrierte Einführung. 3. neu bearb. Aufl., Bern/Stuttgart 1984 (4.Aufl. 1986).

Wellmer, A.: Ethik und Dialog. Elemente des moralischen Urteils bei Kant und in der Diskursethik. Frankfurt 1986.

# Unternehmungsführung und Ethik

E. Küng[1]

Emil Küng war bis zu seiner Emeritierung im Jahre 1981 ordentlicher Professor für Volkswirtschaftslehre an der Hochschule St. Gallen für Wirtschafts- und Sozialwissenschaften und Leiter der Forschungsgemeinschaft für Nationalökonomie.

Zusammenfassung

"The business of business is business". So ist in zahlreichen amerikanischen Verlautbarungen auch heute noch zu lesen. Anders ausgedrückt: Im Erzielen von Gewinnen besteht die einzige Aufgabe der Geschäftstätigkeit. Mit dieser Maxime ist es freilich nicht zu verwechseln, wenn in der ökonomischen Wissenschaft gelegentlich unterstellt wird, die Unternehmungen seien bestrebt, ihre Reinerträge zu maximieren. Denn dabei handelt es sich nicht um eine Tatsachenbehauptung, sondern um eine heuristische Hypothese, um eine blosse Annahme also, die es erlauben soll, exakte Resultate abzuleiten.

Wie immer dem auch sei: In der Wirklichkeit der Gegenwart kommt eine real existierende Unternehmung schlechterdings nicht mehr darum herum, ihre Verantwortung gegenüber der Gesellschaft anzuerkennen, bezieht sie doch ihre Inputs aus dem gesellschaftlichen System und gibt sie doch auch ihre Outputs an dieses ab. Ebensowenig lässt sich die Mitverantwortung für den Zustand der Politik insbesondere in ihrer näheren Umgebung leugnen, hängt doch davon auch ihr eigenes Wohlergehen in nicht geringem Umfange ab. Dass die Firma eine Verantwortung gegenüber ihren Eigentümern trägt, wenn sie überleben, wachsen und sich neues Eigenkapital beschaffen will, ist von elementarer Selbstverständlichkeit. Hinzugetreten ist indessen in neuerer Zeit noch die Verantwortung gegenüber der Umwelt in ihrer ökologischen Bedeutung - denken wir nur an die Schadstoffe. So zeigt sich denn, dass die Unternehmung nur ein Subsystem innerhalb eines grösseren Ganzen darstellt.

## 1. Die überlieferte Sicht

Es gibt selbst heute noch Paläoliberale, die allen Ernstes die Überzeugung vertreten, ausschliesslich Aufgabe der Unternehmungsführung sei es, Gewinne zu erzielen und zwar so umfangreiche als möglich. Um alles andere hingegen brauche sie sich nicht zu

1 Professor Emil Küng, Haselstrasse 15, CH-9013 St. Gallen.

Management Forum
Ethik und Unternehmensführung
ed. by Charles Lattmann

kümmern. Gewiss seien auch die geltenden Gesetze einzuhalten, weil sich ihre Missachtung auf die Dauer rächen würde. Moralische Verpflichtungen dagegen werden als überflüssiger Balast betrachtet. Denn schon das Erzielen von Gewinnen verkörpere im Grunde einen Dienst an der Gemeinschaft - und das genüge durchaus.

Diese Interpretation der Unternehmerfunktion stützt sich darauf, dass die Anbieter nur dann längerfristig erfolgreich sein könnten, wenn sie die Bedürfnisse der Abnehmer zutreffend erfassten und ihnen durch ihre Produkte und Dienstleistungen einen Nutzenzuwachs verschafften. Also: Verdienen durch dienen. Und die verdammte Pflicht und Schuldigkeit der Produzenten bestehe eben genau darin, dies so gut als möglich zu tun, sei es durch Herabsetzung der Verkaufspreise oder durch Qualitätsverbesserung, sei es durch Marktforschung und Innovation bei den Erzeugnissen oder den Produktionsmethoden. Gelingt es, die umschriebene Aufgabe optimal zu lösen, so bleiben auch die Gewinne als Belohnung nicht aus. Etwas anderes als das Wohl der Kunden im Auge zu haben und mittelbar deren Lebensstandard zu steigern wäre zu viel verlangt. Überdies sorge der Wettbewerb als Regulator schon dafür, dass die gekennzeichnete Übereinstimmung von Einzelinteresse und Gesamtinteresse zustande kommt.

Diese eindimensionale Betrachtungsweise, wie sie etwa in amerikanischen Äusserungen zum Thema noch stets anzutreffen ist, geht davon aus, dass die Gewinnmaximierung das einzige oder zumindest das überragende Ziel der Unternehmungspolitik darstelle. Sie wird gerechtfertigt mit dem Hinweis darauf, die Wirtschaft habe primär die Knappheit der Güter und damit die Armut zu lindern, also den Lebensstandard der Verbraucher zu erhöhen. Sie schaffe ausserdem Arbeitsplätze und Verdienstmöglichkeiten und wirke sich demzufolge durchaus altruistisch aus. Indem sie die Arbeitsproduktivität durch technische Fortschritte ständig erhöhe, mache sie es überdies möglich, die Arbeitszeit zu verkürzen und auch auf diesem Wege das Wohl der Bevölkerung zu steigern. Gewiss: Die letztgenannten Folgen seien unabsichtliche Nebenwirkungen; worauf es aber ankomme, sei das Endergebnis und die Erfolgsethik, nicht aber die Gesinnung, von der die Träger der Fortschritte beseelt würden.

Es ist nicht zu leugnen, dass den dargelegten Gedankengängen ein hohes Mass an Stichhaltigkeit zukommt - vorausgesetzt, dass gewisse Nebenbedingungen erfüllt sind, die bisher nicht erwähnt wurden. Sie liessen sich sogar noch vervollständigen durch das Argument, dass die Arbeitgeber gewisse Ausbildungsfunktionen zugunsten der Allgemeinheit übernehmen, ohne eine Entschädigung dafür zu beanspruchen. Stellen sie z.B. Lehrlinge ein, so vermitteln sie ihnen ein "learning by doing", das sie häufig mehr kostet als es ihnen einträgt. Nach Abschluss der Lehrzeit sind die Berufsleute ja frei, ihre Stelle zu wechseln, um beispielsweise in öffentliche Betriebe überzutreten und die erworbenen Fähigkeiten dort zur Geltung zu bringen - man denke nur an Bahn oder Post, an Feuerwehr oder Polizei. Die Firmen üben auf diese Weise positive externe Wirkungen aus, und das Verursacherprinzip würde es nahelegen, ihnen dafür eine Entschädigung zuzugestehen.

Ja, ist nicht sogar die Bereitstellung von Arbeitsplätzen ähnlich zu beurteilen? Gäbe es nämlich keine Arbeitgeber, die die Mühe auf sich nähmen, jenen eine Verdienstgelegenheit zu bieten, die nicht willens oder fähig sind, sich selbständig zu machen und ihren Lebensunterhalt auf eigene Faust zu verdienen, so würden die Unselbständigen der öffentlichen Hand zur Last fallen und arbeitslos bleiben. In diesem Falle hätte der Staat als Vertreter des Allgemeinwohls in die Lücke zu springen und auf irgend eine Weise Gelder zu beschaffen und Arbeitslosenunterstützungen auszurichten - wobei die Lebensqualität der Beschäftigungslosen natürlich erst noch weit geringer wäre als jene der Berufstätigen.

## 2. Die Verantwortung gegenüber der Gesellschaft

Auch bei voller Anerkennung der wiedergegebenen Überlegungen bleibt zu unterstreichen, dass sie unvollständig sind und daher der Ergänzung bedürfen. Es ist beispielsweise keineswegs so, dass die Unternehmer für die Ausbildung ihres Nachwuchses lediglich einen Passivsaldo an Aufwendungen zu verzeichnen haben. Vielmehr bleibt zu beachten, dass eine gut ausgebildete Belegschaft gerade eine unerlässliche Voraussetzung dafür bildet, dass sie sich im

Wettbewerb zu behaupten vermögen und die angestrebten Gewinne erzielen können. In einer Epoche,in der die Innovationskonkurrenz mehr und mehr überhand nimmt, kommt es mehr denn je auf das Qualifikationsniveau der Mitarbeiter und darauf an, dass diese schöpferisch tätig sind und aus eigenem Antrieb Neuerungen hervorbringen.

Woher beziehen indessen die Unternehmer derartige Leute? Ihre Ingenieure und Chemiker, ihre Biologen und Informatiker, ihre Betriebswirtschafter und Juristen stammen in aller Regel nicht aus dem eigenen Haus, sondern von öffentlichen oder privaten Lehranstalten der Gesellschaft, in denen die Betreffenden während vielen Jahren sich das gewünschte Wissen und Können aneigneten. Das Humankapital, das in ihnen investiert wurde, haben im allgemeinen nicht die Firmen aufgebracht, die es nachträglich verwerten, sondern die Träger und ihre Familien, die öffentliche Hand und ihre Ausbildungsinstitutionen. Daraus geht mit aller Deutlichkeit hervor, dass die Unternehmungen in hohem Masse auch Nutzniesser sind und dass es ihnen deshalb daran gelegen sein muss, in einer Gesellschaft wirken zu können, in der Bildung und Ausbildung gepflegt werden. Sie haben demzufolge auch in ihrem ureigenen Interesse Beiträge daran zu leisten, dass das Qualifikationsniveau der Bevölkerung ihren Wünschen entspricht.

Aber nicht nur das. Wenn in einem Lande wie der Schweiz seit 1937 in einer der wichtigsten Branchen ein "Friedensabkommen" in Kraft steht, auf Grund dessen die beteiligten Gewerkschaften sich verpflichten, Meinungsverschiedenheiten mit den Arbeitgebern nicht mit Arbeitsniederlegungen auszutragen, sondern im äussersten Falle Schiedsgerichte anzurufen, so stellt das eine soziale Innovation dar, deren Tragweite kaum hoch genug einzuschätzen ist. Denn dadurch wurde ein Kofliktregelungsmechanismus geschaffen, der die Sozialpartnerschaft institutionalisiert und der Streiks praktisch verhindert. Die Unternehmer können sich gestützt auf diese Errungenschaft darauf verlassen, die vereinbarten Lieferfristen einzuhalten, und sie erlangen auf diese Weise einen Konkurrenzvorteil, der gegenüber manchen anderen Volkswirtschaften ganz erheblich ins Gewicht fällt. Sie haben sicherlich durch ihr Verhalten auch dazu beigetragen, aber es bedarf doch auch einer entsprechenden Einstellung auf der Marktgegenseite; dafür können sie nicht dankbar genug sein.

Ganz ähnlich verhält es sich auch mit der Lohnpolitik und der Beschäftigung. Die 70er und die 80er Jahre haben mit aller wünschbaren Klarheit erkennen lassen, dass die Arbeitslosigkeit in jenen Industrieländern den höchsten Stand erreichte, in denen die Gewerkschaften besonders machtbewusst waren, ideologische Ziele anstrebten und eine Lohnpolitik betrieben, die auf die kurzsichtigen Interessen ihrer Mitglieder ausgerichtet war. So kam es, dass sie sich gegen die Einführung technischer Fortschritte sträubten - mit dem Ergebnis, dass ganze Firmen zugrunde gingen. Sie versuchten, die von früher her gewohnten Lohnaufbesserungen weiter zu führen, obwohl die Lohnzahlungsfähigkeit der Firmen unverkennbar gelitten hatte und die Arbeitgeber sich deshalb gezwungen sahen, teurer gewordene Arbeitskräfte durch relativ billigere Sachkapitalien zu ersetzen.

In anderen Ländern dagegen herrschen anstelle der Branchenverträge betriebliche Abmachungen über die Löhne und Lohnnebenkosten vor. Die Arbeitnehmer und ihre Vertreter haben Einblick in die Finanzlage ihrer Arbeitgeber und sind bereit, Konzessionen zuzustimmen, welche die Arbeitsplätze nicht gefährden. Der Geist der Solidarität und der Identifikation mit der Unternehmung geht über das Machtstreben - ebenso wie die Rücksichtnahme auf die von Entlassungen Gefährdeten, selbst wenn sie nicht Gewerkschaftsmitglieder sein sollten. Es liegt auf der Hand, dass die Unternehmungsführungen wenigstens bis zu einem gewissen Grade mitverantwortlich sind für den Geist, der in der Belegschaft den Ton angibt, dass sie aber auch froh sein können, wenn bei den Gewerkschaften Verständnis für ihre Anliegen anzutreffen ist. Kooperation oder Konfrontation - das ist hier die Frage.

## 3. Die Verantworung gegenüber den Mitarbeitern

Wenn es zutrifft, dass heutzutage die Mitarbeiter das wichtigste Aktivum einer Firma darstellen, ergeben sich auch bestimmte Schlussfolgerungen in bezug auf das Verhalten ihnen gegenüber. So steht eine frühkapitalistische Ausbeutung ausser Frage, würde sie sich doch rächen in Form zahlreicher Absenzen und einer hohen Fluktuationsrate, eines unzulänglichen Leistungswillens und einer "negativen Unternehmungskultur". Ganz ähnlich verhält es sich indessen, falls das amerikanische Prinzip des "hire und fire" praktiziert wird, sofern also im Interesse einer kurzfristig interpretierten Gewinnmaximierung Leute alsbald auf die Strasse gestellt werden, sobald die Auftragseingänge zu wünschen übrig lassen. Menschen sind bekanntlich nicht nur Produktionsfaktoren, sondern auch geistige, seelische und soziale Wesen. Man darf sich daher nicht wundern, wenn sie auf eine derartige Behandlung reagieren mit einem ausgeprägten "job-Denken", dem es fast gleichgültig ist, was man tut und bei wem man arbeitet; durch einen etwas höheren Lohn ist man sogleich von der betreffenden Firma wegzulocken. Die Erwerbstätigkeit gilt lediglich als ein notwendiges Übel, um den Lebensunterhalt zu verdienen.

Weniger negativ ist das japanische Modell zu beurteilen, bei dem in den grossen Konzernen zwar Lebensstellungen geboten werden, aber bei frühzeitiger Pensionierung und ohne ins Gewicht fallende betriebliche Altersvorsorge. Es kennzeichnet sich dadurch, dass ein Mass an Identifikation mit der "Unternehmungsfamilie" vorausgesetzt wird, das die individuelle Selbstbestimmung empfindlich beeinträchtigt - insbesondere jene bei der Kündigung oder beim Übergang zur Selbständigkeit. Dafür bietet es zweifellos in hohem Masse Geborgenheit. Hingegen erfolgt die Entlöhnung nicht gemäss der Leistung, sondern entsprechend dem Dienstalter.

Zwischen diesen beiden Extremen scheint sich eine Mittellösung aufzudrängen, welche anerkennt, dass Humanisierung der Arbeitswelt nicht bloss ein Schlagwort, sondern ein echtes Anliegen der Unternehmungsführung sein soll. Sie hat dem Umstand Rechnung zu tragen, dass das Ausbildungniveau der Arbeitnehmer heute im Durchschnitt höher ist als früher, dass das Bewusstsein der Mündigkeit gewachsen ist, dass eine Mitwirkung oder Mitbestimmung zumindest am Arbeitsplatz zu den geläufigen und begründeten Forderungen zählt, dass die ausgeübte Tätigkeit als möglichst sinnvoll empfunden werden sollte, weil nur dann "produktives Glück" als Bestandteil der Lebensqualität entsteht. Nachdem der Mensch in seiner Eigenschaft als Konsument sich in den fortgeschrittenen Volkswirtschaften eines relativ hohen Lebensstandards erfreut, erscheint es nur folgerichtig, nunmehr seine Begehren als Erwerbstätiger stärker zur Geltung kommen zu lassen.

Dazu zählt die Befriedigung des Gefühlsbedarfes ebenso wie des Wunsches nach Gerechtigkeit, das Streben nach Erfolgserlebnissen in gleicher Weise wie nach gesellschaftlicher Anerkennung. Wenn schon mit monetären "incentives" und negativen Sanktionsmitteln nicht mehr so viel zu erreichen ist wie ehedem, müsste es den Vorgesetzten auf allen Stufen umso mehr daran gelegen sein, an die nicht-monetären, intrinsischen und positiven Arbeitsmotive zu appellieren, den "Vorbild-Bedarf" zu decken und den Teamgeist zu fördern. Dafür tragen sie selbst in erster Linie die Verantwortung, und sie können sich ihr schlechterdings nicht entziehen.

## 4. Die politische Verantwortung

Angenommen in einer kleineren Gemeinde beschäftige eine einzelne Firma den Grossteil der dort ansässigen Erwerbstätigen, so ist leicht einzusehen, welch dominierenden Einfluss sie auf die bestehenden Zustände ausüben wird. Die Beschlüsse des Gemeinderates werden ihren Interessen wohl oder übel Rechnung tragen müssen. Andernfalls könnte sie sich ja möglicherweise zur Abwanderung veranlasst sehen. Noch schwerer wiegt das Problem indes im Falle einer potentiellen Neuansiedlung - beispielsweise in einem Entwicklungsland oder in einer Gegend mit verbreiteter Arbeitslosigkeit. Hier werden fiskalische und andere Konzessionen gemacht, die den Einfluss der Unternehmung auf das Geschehen deutlich dokumentieren.

In der Tat lässt sich nicht bestreiten, dass die Unternehmungsführung mit ihrem Gewicht und Verhalten den "State of the Nation" mitbestimmt - selbstverständlich umso mehr, je grösser ihr Anteil an der Gesamtheit der in Frage stehenden Beschäftigten ist und je enger der Kreis um sie herum gezogen wird. Ist sie etwa der bedeutendste Steuerzahler, so ist klar, dass das ökonomische Wohl und Wehe der Umgebung in hohem Masse von ihrem Erfolg abhängt.

Nachdem die früheren Fürsten und Könige in ihrer Eigenschaft als Mäzene praktisch ausgefallen sind, ist die Aufgabe der Förderung von Kunst und Kultur bis zu einem gewissen Grade an die Träger der wirtschaftlichen Macht übergegangen. Ihre Rolle als Sponsoren für den Sport und allerhand Vereine ist zu bekannt, als dass sie hier noch erörtert zu werden brauchte.

Kurz: halten wir fest, dass schon die blosse Existenz einer Unternehmung absichtlich oder unabsichtlich Wirkungen auf die Umgebung ausstrahlt. Darin kommt nichts anderes zum Ausdruck als die Tatsache, dass sie ein Subsystem im Rahmen umfassenderer Gesamtsysteme ist: im Einklang damit empfängt sie natürlich die Impulse von aussen, die ihr Schicksal mitgestalten. Konzentrieren wir uns jedoch für den Augenblick auf die Effekte, die von ihr selbst ausgehen, so ist offenkundig, dass ihr eigenes Gedeihen für die geographische und politische Umwelt von hohem Interesse ist. Insofern ist dieser Umwelt durchaus daran gelegen, dass Gewinne herausgewirtschaftet werden und dass die Überlebensfähigkeit gesichert bleibt.

In Anbetracht dieser Zusammenhänge muss die Unternehmungsführung Verständnis dafür aufbringen, wenn die Massenmedien und die Mitarbeiter, die politischen Instanzen und die Öffentlichkeit ganz allgemein informiert sein möchten über die Entwicklung innerhalb der Firma. Es geht daher nicht mehr an, dass sich die Firmenleiter auf den patriarchalischen Standpunkt stellen, sie seien lediglich den Kapitalgebern gegenüber haftbar für die Verwendung der verfügbaren finanziellen, sachlichen und personellen Mittel, für Erfolge und Misserfolge. Die Rechenschaftspflicht erstreckt sich vielmehr unter den modernen Bedingungen auch auf die Öffentlichkeit schlechthin. Denn aus dieser Umwelt werden ja Inputs in allen möglichen Erscheinungsformen bezogen. An sie werden aber auch die Outputs abgegeben. Und um beides reibungslos vornehmen zu können, ist man auf das Wohlwollen der Partner in den übergeordneten Systemen angewiesen.

## 5. Die Verantwortung gegenüber den Eigentümern

Freilich darf selbst bei einer Betrachtung der ethischen Probleme nicht aus den Augen verloren werden, dass die Unternehmungen zunächst einmal eine elementare Bedingung erfüllen müssen, bevor sie daran denken können, allen möglichen sonstigen Anforderungen gerecht zu werden: Sie haben sich im Konkurrenzkampf zu behaupten, um wirtschaftlich zu überleben. Gelingt es ihnen nämlich nicht, dieses Minimalziel zu erreichen, so fehlen die Mittel für jegliche Grosszügigkeit. "Zuerst kommt das Fressen, dann kommt die Moral", so drückte Bert Brecht den Sachverhalt in seiner Sprache aus. Solange mit anderen Worten nicht hinreichend Gewinne erwirtschaftet werden, ist auch keine Gewähr dafür geboten, magere Jahre durchzustehen und Reservepolster für allfällige Verluste anzusammeln.

Ja noch mehr: auch die Eigentümer können berechtigte Ansprüche auf gewisse Entschädigungen geltend machen. Denn sie sind es, die ihr Kapital zur Verfügung stellten und damit Existenz und Aufbau der Unternehmung überhaupt erst ermöglichten. Die unselbständig erwerbstätigen Mitarbeiter wären dazu nicht willens oder in der Lage gewesen. Sodann sind es auch die Eigentümer, die in erster Linie das Risiko von Fehlschlägen tragen. Es sind ihre Vermögenserträge, die vorab gekürzt werden, wenn die Dinge schief gehen. Und es ist ihre Vermögenssubstanz, die auf der Strecke bleibt, falls es zu einer Liquidation oder zum Konkurs kommt. Bei den Selbständigen mag dies die gesamte Existenzgrundlage und auch das gesellschaftliche Ansehen treffen und nicht nur - wie bei den Angestellten - den Arbeitsplatz und die Verdienstgelegenheit. Das Risiko ist mithin ungleich verteilt, und darin liegt denn auch der Grund, weshalb die Gewinnausschüttungen in guten Zeiten überproportional zu steigen pflegen.

Diese Erfahrungstatsache lässt sich indes auch noch auf andere Weise rechtfertigen. Nur gut rentierende Firmen sind in der glücklichen Lage, den Kapitalmarkt zu mobilisieren, um ihr Eigenkapital aufzustocken. Nur sie vermögen mit anderen Worten ihr Wachstum zu finanzieren, ohne durch die Grenze der Selbstfinanzierung und der Fremdkredite daran gehindert zu werden. Gestützt darauf können sie auch problemlos zusätzliche Arbeitsplätze in grösserer Zahl für alle jene bereitstellen, die sich scheuen, das Wagnis der Selbständigkeit auf sich zu nehmen. Im

Hinblick darauf wird deutlich, dass sich das Wohlergehen der Unternehmungen durchaus auch zum Vorteil der Arbeitnehmer auswirkt.

## 6. Die ökologische Verantwortung

In der jüngsten Zeit ist nun zu allen bisherigen Pflichten noch die Aufgabe hinzugetreten, Rücksicht zu nehmen auf die Umwelt im Sinne der Natur. Das ist deswegen neu, weil die frühere Wirtschaftstätigkeit zwar auch einen gewissen Raubbau am geologischen Kapital in sich schloss; dieser Verzehr an nicht-vermehrbaren Ressourcen war jedoch derart geringfügig, dass er praktisch nicht ins Gewicht fiel - abgesehen vielleicht vom Abholzen von Waldbeständen mit entsprechender Verkarstung. Auch die Belastung des Ökosystems mit Schadstoffen aller Art hielt sich innerhalb jener Grenzen, die die Umwelt noch zu absorbieren vermochte.

Mit zunehmender Industrialisierung, mit steigendem Wirtschaftswachstum, Energieverbrauch und Konsum, mit dem grösseren motorisierten Individualverkehr und der "Durchflusswirtschaft" von den Rohstoffen bis zur Abfall-Lawine hat sich die Situation indessen grundlegend geändert. Selbstverständlich ist es auch die Zahl der Konsumenten und ihr Verhalten, das dazu beitrug. An dieser Stelle sind es aber die Unternehmungen, die ins Auge gefasst werden sollen. Und in dieser Hinsicht lässt sich nicht leugnen, dass sie unter einem unverkennbaren Konkurrenzdruck stehen, gegen die ökologischen Notwendigkeiten zu verstossen. Dies gilt für die Walfänger der verschiedenen Nationen, die bei der Verfolgung ihrer kurzfristigen Eigeninteressen bestrebt sind, von den vorhandenen Fischbeständen möglichst viel zu fangen - selbst auf die Gefahr hin, dass die Tiere ausgerottet werden. Es trifft zu für die "Tragik der Allmende", wo jeder Bauer daran beteiligt ist, die Fruchtbarkeit des Bodens zu zerstören, weil er mehr Vieh weiden lassen möchte, als die Regenerationskraft des Humus verträgt. Es bezieht sich auf die Papierfabriken, die im Wettbewerb mit anderen stehen und deshalb auf niedrige Selbstkosten angewiesen sind und zu diesem Zwecke ihre Abwässer ungeklärt in die Flüsse und Seen leiten.

Wir brauchen diese Beispiele nicht zu vermehren, um zu erkennen, dass in der Wettbewerbswirtschaft Kräfte am Werke sind, welche sich ohne Zweifel umweltschädigend auswirken. In der gekennzeichneten Lage bleibt kaum etwas anderes übrig, als dass die öffentliche Hand verbindliche Vorschriften in Kraft setzt, die für alle die Spiesse gleich lang machen und dafür sorgen, dass die Umweltqualität einigermassen erhalten bleibt. Problematisch daran ist natürlich, dass diese Auflagen auch für die verschiedenen Länder "harmonisiert" sein sollten - was gewöhnlich angesichts der nationalen Souveränität nicht der Fall ist. Darüber hinaus gilt es zu beachten, dass die Sensibilisierung der öffentlichen Meinung gegenüber "Umweltvergehen" schon recht weit gediehen ist; dies bedeutet, dass Schädigungen, die von Unternehmungen ausgehen, sehr übel genommen werden und dass es deshalb im ureigensten Interesse der Firmen selbst liegt, sie tunlichst zu vermeiden.

Infolgedessen schiene es angezeigt, unliebsamen Reaktionen zuvorzukommen. Es wäre erforderlich, anzuerkennen, dass das Verursacherprinzip gelten solle und dass die Firmen nicht einfach negative externe Folgen ihrer Tätigkeit auf die Allgemeinheit abschieben dürfen. Stattdessen wäre es am Platze, diese "Sozialkosten" zu internalisieren. Allerdings müsste man zu diesem Zwecke zuerst so etwas wie eine "Sozialbilanz" erstellen, in der nicht bloss die betriebwirtschaftlichen Aufwände und Erträge enthalten sind, sondern ausserdem den Rückwirkungen auf die Umwelt im weitesten Sinne des Wortes Rechnung getragen wird. Ansätze dazu sind bereits da und dort festzustellen, und sie verdienen volle Unterstützung.

## 7. Die Unternehmung als Subsystem

Die Darlegung zur Ökologie machten mit aller Deutlichkeit klar, wie sehr die Firmen in ihre Umwelt eingeordnet sind, wie sehr sie also Bestandteile eines grösseren Ganzen bilden. Für sie kommt es deshalb auch in eminentem Masse darauf an, wie gut oder schlecht der Zustand dieses Gesamtsystems ist. Diesen Einfluss mochte man vielleicht vernachlässigen, solange sie noch Rohstoffe und

Energieträger in Anspruch nahmen, die in sozusagen unbegrenzter Menge vorhanden schienen und solange frische Luft und sauberes Wasser als "freie Güter" galten. Im Einklang damit war denn auch vielleicht die Einstellung der Paläoliberalen verständlich, die Unternehmungsführung habe sich um nichts anderes zu kümmern als darum, möglichst die eigenen Gewinne zu maximieren.

Doch eine derartige "rücksichtslose" Haltung mutet unter den heutigen Umständen völlig überholt an. Die Schadstoffe, die in der ungleich komplizierter gewordenen chemischen Industrie produziert werden, sind vielfach derart giftig, dass sie unter strengster Kontrolle zu halten sind. Von den einzelnen zu erwarten, sie würden dies von sich aus tun, hiesse das Vertrauen in das ethische Verhalten der Subsysteme übertreiben. Insbesondere aber erweist sich jene Gewissheit als archaisch, die sich darauf verlässt, der Wettbewerb als Regulator werde schon dafür besorgt sein, dass das Zusammenwirken der Subsysteme dazu führe, das Gesamtsystem zu optimieren. Wir haben vielmehr im Gegenteil festgestellt, dass der Konkurrenzdruck die einzelnen Firmen veranlasst, ökologisch erforderliche Massnahmen zu vernachlässigen, weil sie Kosten verursachen.

Gewiss: Es gibt nicht nur negative externe Wirkungen, die von den Unternehmungen ausgehen. Indem sie beispielsweise Arbeitsplätze bereitstellen und durch Ausbildung das Qualifikationsniveau ihrer Belegschaft heben, tragen sie auch Positives zum Stand des Gesamtsystems bei, ohne dass sie dafür unbedingt eine Entschädigung erhalten. Die Anwendung des Verursacherprinzips würde es daher nahelegen, ihnen entsprechende Zahlungseingänge zukommen zu lassen. Weil insbesondere die Beschaffung von Arbeit und Brot für die grosse Zahl der unselbständig Erwerbenden eine Leistung sondergleichen verkörpert, kann man nur wünschen, es gebe möglichst viele, die in einer Gesellschaft die Funktion der Arbeitgeber übernehmen.

An diesem Punkt wird indessen auch ersichtlich, dass die Arbeitgeber diese soziale Aufgabe erfüllen, ohne dass sie von einer altruistischen Geisteshaltung beseelt zu sein brauchen. Es ist, anders ausgedrückt, nicht ihre Gesinnungsethik, die sie zu diesem

Tun bewegt. Darauf kommt es jedoch für den Effekt auch gar nicht an. Vielmehr genügt es durchaus, wenn die Erfolgsethik für annähernde Vollbeschäftigung sorgt. Ob also die Arbeitgeber im Interesse ihres Gewinnstrebens Leute einstellen oder nicht, spielt eine nebensächliche Rolle; Hauptsache ist, dass sie es tun.

Unser Überblick über Unternehmungsführung und Ethik offenbart somit, dass die Beziehungen recht verwickelt sind. Auf jeden Fall scheint es utopisch, mit Hilfe von Appellen an ein ethisch richtiges Verhalten aus den Unternehmern "neue Menschen" machen zu wollen, die allen ethischen Anforderungen von sich aus Rechnung tragen. Ganz abgesehen davon, dass die Gebote der Ethik sehr wohl mehrdeutig sein können, ist niemals zu vergessen, dass die Unternehmungsleiter der ökonomischen Disziplin der Konkurrenz unterstellt sind und deshalb nicht einfach freie Hand haben, zu tun, was ihnen vielleicht ethisch wünschenswert erschiene.

# Die goldene Regel für Manager?

G. Enderle[1]

Georges Enderle ist Privatdozent für Wirtschaftsethik in leitender Forschungsstelle für Wirtschaftsethik an der Hochschule St. Gallen. Der vorliegende Beitrag stellt den Inhalt seiner Antrittsvorlesung vom 2. Februar 1987 dar.

Zusammenfassung

Wie eine kürzlich erschienene empirische Untersuchung festhält, fühlen sich die Manager im Grunde genommen in ihrem Gewissen allein. Gibt es für sie eine Entscheidungsregel, eine oder die Goldene Regel, die ihnen eine ethische Orientierung gibt? Mit der Goldenen Regel ist die in vielen Kulturen und Fassungen verbreitete sittliche Grundformel der Menschheit gemeint: Behandle die andern so, wie du selbst von den andern behandelt werden willst. Im ersten Teil wird diese Regel in ihren Strukturelementen analysiert. Im zweiten Teil werden drei Thesen aufgestellt und Chancen und Grenzen diskutiert, die diese Lebensregel für Manager haben könnte.

Die Frage nach der Goldenen Regel für Manager enthält Annahmen und stellt Fragen, die für jede Wirtschaftsethik relevant sind und deshalb einleitend kurz genannt seien. Warum die Manager? Weshalb denn Regeln? Wieso das Gold?

Manager scheinen für viele, die sich im akademischen Bereich, zumal in Europa, für Wirtschaftsethik, eine Annäherung oder gar Integration der seit etwa 200 Jahren getrennten Disziplinen der Ethik und Wirtschaftswissenschaft - dies in interdisziplinären Arbeitsgruppen, Forschungsgesprächen u.a.m. Solche intensiven Anstrengungen sind in der Tat für eine junge Disziplin, die ihre genaue Zielsetzung und ihre Methodik erst noch sucht, unverzichtbar. Und doch sollte sie nicht, wenn sie auf konkretes Handeln zielen will, die Akteure, die Handlungsträger in der Wirtschaft, aus dem Blickfeld verlieren. Unter ihnen nehmen die Manager eine

[1] Dr. Georges Enderle, Forschungsstelle für Wirtschaftsethik, Guisanstrasse 11, CH-9010 St. Gallen.

Management Forum
Ethik und Unternehmensführung
ed. by Charles Lattmann

führende Stellung im wörtlichen und übertragenen Sinne ein. Ihr Entscheiden und Handeln bestimmt die Gestaltung der Wirtschaft in entscheidendem Masse, sei es durch unternehmerisch-kreatives Handeln oder sei es bloss durch reaktives Verhalten. Und ihr Denken und Tun ist von umso grösserer gesellschaftlicher Relevanz, je weitreichender und tiefgreifender die Bedeutung der Wirtschaft insgesamt in unserer Gesellschaft ist.

Wenn sich die Wirtschaftsethik auf die Fragen der Akteure einlässt, sieht sie sich konfrontiert mit einer unübersehbaren Vielgestaltigkeit von Personen, Institutionen und Situationen. Die Persönlichkeiten der Manager, geprägt durch ihre je eigene Lebensgeschichte, sind gemäss unserem westlichen Menschenverständnis einmalig und unverwechselbar. Ihre Entscheidungs- und Handlungssituation sind immer wieder verschieden in je spezifischem institutionellem Kontext. Ist es aus diesen Gründen nicht geradezu unmöglich, allgemeine Regeln für ihr Verhalten sinnvollerweise aufzustellen? Ist es nicht erst recht illusorisch, die Regel für Manager entdecken zu wollen, den Stein der Weisen zu finden, der vermutlich gar nicht existiert und der, wenn es ihn gäbe, so allgemein und schillernd wäre, dass er jede Praxisrelevanz verlöre? Die Beobachtung der kürzlich erschienenen empirischen Untersuchungen über "Ethos und Religion bei Führungskräften" (Kaufmann et a. 1986, S. 203) scheint zutreffend, hart und aussichtslos zu sein: "Im Grunde fühlt sich der Unternehmer mit seinem Gewissen allein."

Noch eine weitere, dritte Annahme ist in unserer Ausgangsfrage enthalten: Die Regel für Manager wird als die Goldene Regel qualifiziert. Ist dies also eine Regel, deren Einhaltung sich auszahlt? Hat sich tatsächlich die Funktion des Steins der Weisen, mit dessen Hilfe - wie in der Alchemie - das künstliche Gold hergestellt und schliesslich Geld gemacht wird - in Anlehnung an und Weiterführung von Goethes Faust-Interpretation, die H.C. Binswanger in seinem Buch "Geld und Magie" (1985) unternimmt? Anders gefragt: Ist diese Regel eine Verhaltensanweisung, die angibt, wie man mit Talenten umgehen soll, damit sie sich vermehren - mit Talenten, die im Gleichnis Jesu zunächst

Geldstücke und nicht persönliche Fähigkeit sind? Eine Regel, geschaffen aus Gold, dem "Symbol des Dauerhaften, das die Grenzen der Zeit und Vergänglichkeit durchbricht, weil es weder verrottet noch verrostet" (Binswanger 1985, S. 13)?

Ich meine mit der Goldenen Regel etwas anderes: nämlich die Goldene Regel als sittliche Grundformel der Menschheit, in der Formulierung von Wilhelm Busch: "Was du nicht willst, das man dir tu, das füg auch keinem andern zu!" Sie hat ihren Namen aus dem Ende des 18. Jahrhunderts und scheint in ihrem Gehalt ebenso dauerhaft, unverwüstlich und überzeitlich zu sein wie Gold. Die Anfangsfrage nach der Goldenen Regel für Manager heisst dann präzisiert: Welche Bedeutung (de facto und de iure) hat diese sittliche Grundformel der Menschheit für das Entscheiden und Handeln der Manager?

## 1. Die Goldene Regel als sittliche Grundformel der Menschheit

Die Goldene Regel will eine Antwort auf die Frage sein, wie man sich zu seinen Mitmenschen zu verhalten habe: Behandle die andern so, wie du selbst von den andern behandelt werden willst. Dabei wird unterstellt, dass jeder vom andern gut behandelt werden will.

In sehr verschiedenen Kulturen und Religionen der Menschheit ist diese Regel in der einen oder andern Fassung aufgetreten und hat weite Verbreitung gefunden, wovon freilich viele Zeitgenossen keine Kenntnis zu haben scheinen. Vielleicht ist es deshalb fruchtbar - auch für die Wirtschaftsethik - , aus dem Reichtum der Tradition zu schöpfen und sich auf das tradierte Weisheitsgut zu besinnen, indem wir es aus unserm Verstehenshorizont heraus neu zu interpretieren versuchen.

Die Goldene Regel in ihrer negativen Fassung findet sich schon im alten Griechenland. Thales von Milet, um 600 v. Chr., fragt: "Wie können wir das beste und rechtschaffenste Leben führen? Dadurch, dass wir das, was wir bei anderen tadeln, nicht selber tun." (Hoche 1978, S. 371). Und Pittakos aus Mytilene, ein Zeitgenosse von Thales, rät: "Worüber du dich bei deinem Nächsten ärgerst, das tue selbst nicht!" (Hoche 1978, S. 372). Etwas später, im 5. Jahrhundert v. Chr., schreibt der älteste griechische Geschichtsschreiber Herodot: "Was ich dem Nächsten zum Vorwurf mache, werde ich selber nach Kräften nicht tun." (Hoche 1978, S. 372).

In der biblischen Tradition ist die Goldene Regel sowohl im Alten wie im Neuen Testament bezeugt. Der Vater Tobit gibt vor seinem Tod seinem Sohn Tobias den Ratschlag: "Was dir selbst verhasst ist, das mute auch einem andern nicht zu!" (Tobit 4, 15). Und im Buch Jesus Sirach (31, 15) heisst es: "Sorge für deinen Nächsten wie für dich selbst, und denk an all das, was auch dir zuwider ist." Der Rabbi Hillel (20 v. Chr.), von einem vorwitzigen jungen Mann befragt, ob er ihm den Inhalt der Tora in so kurzen Worten vorzutragen vermöchte, dass man auf einem Beine stehend seine Lehre anhöhren könnte, lächelte, wie die Anekdote aus dem Talmud berichtet, und sprach: "Was dir verhasst ist, tue keinem anderen. Das ist das ganze Gesetz. Alles andere ist nur Kommentar dazu." (RGG 1958, 16888; vgl. Dihle 1962, S. 8).

Im Neuen Testament tritt uns die Regel als Forderung Jesu in einer positiven Fassung entgegen: "Alles, was ihr also von anderen erwartet, das tut auch ihnen! Darin besteht das Gesetz und die Propheten." (Matthäus 7, 12; Lukas 6, 31). Die lateinische Fassung, basierend auf dem Vulgata-Text der erwähnten Tobit-Stelle, fand eine ausserordentlich weite Verbreitung über die frühchristliche Überlieferung und das Mittelalter bis zu Kant (vgl. Reiner 1974, S. 378). Sie lautet: "Quod tibi fieri non vis, alteri ne feceris." Gemäss Mohammed (570-632), dem weitgereisten Kaufmann und späteren Stifter des Islam, ist der Gläubige verpflichtet, allen Menschen zu tun, wie er (der Gläubige) wünscht, dass man ihm tue, und die Handlung für andere zu verschmähen, die er für sich selbst verschmäht (RGG 1958, 1688).

Auch in vielen andern Kulturkreisen ist die Goldene Regel bekannt. In der konfuzianischen Literatur heisst es: "Was du nicht willst, das man dir tue, das tue auch nicht anderen." (RGG 1958, 1688). Der Taoismus lehrt: "Betrachte deines Nächsten Glück und Leid als dein eigen Glück und Leid und trachte, sein Wohl wie dein eigenes zu mehren." (Schmidt 1972, S. 57). Der Hinduismus verlangt: "Füge deinem Nachbarn nichts zu, was du nicht von ihm erdulden möchtest." (Schmidt 1972, S. 57). Der Buddhismus rät: "Erweise anderen die gleiche Liebe, Güte und Barmherzigkeit, von der du wünschest, dass sie dir entgegengebracht werden." (Schmidt 1972, S. 57). Der Jainismus, besonders bekannt durch sein Gebot der ahimsa, des Nichtverletzens von Lebewesen, ermahnt: "In Freude und Glück wie in Leid und Not sollten wir alle Wesen genau so behandeln wie uns selbst." (Schmidt 1972, S. 57). Guru Angad empfiehlt den Sikhs: "Behandle andere, wie du selbst behandelt werden möchtest." (RGG 1958, 1688). Und im Parsismus, einer auf Zarathustra zurückgehenden Lehre, heisst es: "Licht und edel ist nur, wer das, was für ihn selbst nicht gut ist, auch anderen nicht zufügt." (Schmidt 1972, S. 57).

Obschon in vielen Kulturen und Religionen der Menschheit bezeugt und hochgeschätzt, verlor die Goldene Regel ihre Bedeutung in der philosophischen Diskussion des Westens seit dem 18. Jahrhundert. Anlass dazu boten die vielfältigen Interpretationsmöglichkeiten der Regel. Ein wichtiger Grund dafür war aber auch - gemäss Reiner (1974, S. 353) - das abfällige Urteil Kants, der die Regel als "trivial" und für ein streng grundsätzliches, philosophisches Denken unbrauchbar abqualifizierte. Erst dank den Arbeiten von Hans Reiner (1948) im deutschen und von Richard M. Hare (1962) und Marcus G. Singer (1963) im angelsächsischen Raum wurde das Gold in der Goldenen Regel wieder neu entdeckt. Eine genauere analytische Untersuchung ergibt, "dass in dieser Regel eine Fülle von Verhältnissen zum Ausdruck kommt, die sowohl für die praktische sittliche Motivation und Orientierung als auch für die ethische Theorie von hoher grundsätzlicher Bedeutung sind" (Reiner 1974, S. 353).

Lassen Sie mich nun die Goldene Regel in ihren Strukturelementen analysieren. Der Goldenen Regel liegt ein Zwei-Personen-Modell zugrunde, in dem die eine Person Entscheidungen trifft und handelt und die andere Person davon betroffen wird. Handelnder und Betroffener sind nicht identisch; es besteht eine interpersonelle Subjekt-Objekt-Beziehung des Behandelns und Behandeltwerdens, des aktiven Tuns und des passiven Erleidens. Sie zeichnet sich dadurch aus, dass sie einerseits nicht nur eine intentionale Hinwendung, sondern ein Tun meint und anderseits einen diskretionären Handlungsspielraum des Handlungsträgers impliziert, der mehrere Handlungsvarianten umfasst und ein freies Handeln und nicht bloss ein Verhalten im behavioristischen Sinn ermöglicht. Im weiteren wird angenommen, dass sich der oder die zum Handeln Aufgerufene in einer Situation der Unsicherheit befindet. Er weiss oder vermutet wenigstens, dass er in seinem Handeln nicht dem blossen Selbstinteresse folgen, dass er sich nicht von einer Vergeltungsmoral oder nur von dem sozial Üblichen leiten lassen sollte. Diese negativen Abgrenzungen genügen jedoch nicht, um dem Entscheidungsträger positiv zu sagen, was er tun sollte. Die Goldene Regel schlägt nun einen imaginativen Rollentausch vor, wonach der Urteilende sich in seiner Vorstellung in die Position des von seiner Handlung Betroffenen versetzen soll, um so dessen involviertes Interesse möglichst gleich zu gewichten, und verlangt dann das konsistente Handeln, gleichgültig ob der Urteilende Handelnder oder Betroffener ist, Vorteile oder Nachteile zu gewähren hat. Daher die Bezeichnung der Goldenen Regel als "Gegenseitigkeitsregel".

Entscheidend für den Rollentausch sind drei Charakteristika. Erstens soll sich der Urteilende in die Lage des Betroffenen hineindenken und hineinfühlen, also innerlich einen echten Tausch vollziehen, freilich nur so weit, als es sich um die wesentlichen Merkmale der neuen Rolle handelt, nicht aber in den Rollenträger selber. Dabei wird vorausgesetzt, dass der Urteilende die charakteristischen Rollenmerkmale kennt. Die Goldene Regel fordert also nicht, wie zuweilen fälschlicherweise behauptet wird, die Gleichmacherei aller Rollen und Positionen, sondern rechnet mit deren möglichen Verschiedenheit. Die Mutter soll sich in die Situation des Kindes, nicht in die eines kleinen Erwachsenen, hineinversetzen, der Richter in die Rolle des Angeklagten, der den Gesetzen untersteht. Wegen der Aufforderung, sich in die Rolle des andern hineinzufühlen, wird zuweilen von der "Einfühlungsregel" gesprochen.

Als zweites zeichnet sich der von der Goldenen Regel postulierte imaginative Rollentausch dadurch aus, dass der Urteilende in seiner von Unsicherheit bestimmten Entscheidungssituation ein anderes eigenes Wollen heranzieht, über das im Gegensatz zu dem gerade zur Entscheidung stehenden keine Zweifel zu bestehen pflegen (Reiner 1974, S. 354). Nicht das Wollen des andern soll massgeblich sein, sondern das eigene Wollen in der Rolle des andern. Also nicht: Behandle den andern so, wie er behandelt werden will; wie dein Vorbild oder dein Idol dir zu handeln gebietet, oder, verallgemeinert, wie die Gesellschaft es verlangt etc. Sondern: Behandle den andern, wie du selbst vom andern behandelt werden willst. Daher die Umschreibung der Goldenen Regel als "Autonomieregel". Durch dieses zweite Merkmal des Rollentauschs unterscheidet sich die Goldene Regel grundsätzlich vom Vergeltungsprinzip, wonach Gleiches mit Gleichem zu vergelten sei, Gutes mit Gutem und Böses mit Bösem. Denn im Vergeltungsprinzip wird das tatsächliche Verhalten des andern zu mir - und nicht mein eigenes Wollen - zum Massstab meines Handelns gemacht. Es ist deshalb unverständlich, weshalb Albrecht Dihle in seiner mit viel Akribie unternommenen linguistischen Studie (1962) die Goldene Regel als vulgärethische Maxime der Vergeltung abqualifizieren kann.

Das dritte Merkmal des Rollentausches könnte man als erfahrungsgeprägte und zukunftsgerichtete Handlungsoffenheit bezeichnen. Handlungsoffenheit deshalb, weil die Goldene Regel keine spezifischen Handlungsanweisungen oder pfannenfertige Rezepte gibt, sondern eine Vielzahl von Handlungsvarianten zulässt. Sie will den zum Handeln Aufgerufenen in die Lage ver-setzen - oder besser: der zum Handeln Aufgerufene soll sich selber in die Lage ver-setzen, die Menge der sittlich-erlaubten Handlungsvarianten - eine Untermenge aller möglichen Handlungsvarianten - überhaupt ins Blickfeld zu bekommen, um daraus eine Variante in Verantwor-tung wählen zu können.

Die Handlungsoffenheit wird dabei nicht rein formal verstanden, sondern umfasst inhaltlich bestimmte Varianten, die durch den imaginativen Rollentausch generiert werden. Sich in die Rolle des andern zu versetzen, muss sich dabei nicht ausschliesslich auf die Gegenwart beziehen, sondern kann auch als etwas früher schon selbst Erlebtes oder als etwas noch zu Erwartendes verstanden werden. Behandle den andern so, wie du damals, als du in der gleichen Lage wie dein jetziges Gegenüber warst, behandelt werden wolltest! Handle aus Dankbarkeit für das dir erwiesene Gute oder handle so, dass der andere, z.B. dein Kind, nicht die gleiche, schlechte Erfahung machen muss, wie du sie hast machen müssen! Wird der Rollentausch in die Zukunft projiziert, soll sich der heute Handelnde von seiner erwünschten Betroffenheit von morgen leiten lassen.

Dies kann aus Klugheitsgründen erfolgen, in der Absicht, dass das Gute, das ich dem andern erweise, schliesslich zu meinem eigenen Vorteil gelangen wird. Mein heutiges Handeln ist Mittel, um den Zweck meines Eigeninteresses zu fördern. Die Goldene Regel wird zur Klugheitsregel - daher das abschätzige Urteil Kants.

Abgesehen davon, dass Klugheit nicht unmoralisch sein muss, wäre es unzutreffend - wie Reiner, Singer und Hare überzeugend darlegen konnten - , die Goldene Regel als blosse Klugheitsregel zu interpretieren. Sie beinhaltet darüber hinaus - wie ich aufzuzeigen versuchte - ein Dreifaches:
- die Forderung, dass der zum Handeln Aufgerufene seine Entscheidung auf die Grundlage der Einfühlung in die Rolle des Betroffenen trifft und damit die Wertbasis des andern ernst nimmt,
- die Forderung, dass sich das eigene Handeln gegenüber dem andern leiten lassen soll nicht nur von der klareren Erkenntnis der Handlungswirkungen aus der Sicht des Betroffenen, sondern auch von der sittlichen Forderung, die der Handelnde in der Rolle des Betroffenen anerkennt,
- schliesslich die Forderung der "Gegenseitigkeit" oder besser "Rückbezüglichkeit", wonach das für den andern geforderte Handeln auch für das eigene Handeln verbindlich sein soll.

Das Fazit der bisherigen Überlegungen: Die Goldene Regel als sittliche Grundformel der Menschheit verdient es, neu entdeckt und in ihrer Vieldimensionalität als Einfühlungsregel, Autonomieregel, Gegenseitigkeitsregel und Klugheitsregel wieder fruchtbar gemacht zu werden. Was könnte sie für Manager bedeuten? Auf diese Frage möchte ich im zweiten Teil meiner Ausführungen eingehen.

## 2. Anwendung der Goldenen Regel auf Entscheidungsprobleme der Manager

In der Einleitung habe ich auf die Schwierigkeit hingewiesen, dass sich einerseits die Wirtschaftsethik als "angewandte Ethik" auf die konkreten Problemstellungen der Wirtschaftsakteure einlassen sollte, dass sich jedoch anderseits die unübersehbar vielgestaltigen Entscheidungssituationen wohl kaum mit allgemeinen Leitlinien "regeln" lassen. Die schon zitierte empirische Untersuchung stellt denn auch das sehr häufige Alleinsein der Unternehmer in ihren Entscheidungen fest. Gleichwohl konstatiert sie, dass die Befragten aus elf vorgeschlagenen Lebensregeln die Goldene Regel (in ihrer negativen Formulierung) am wenigsten ablehnen und - zusammen mit dem kategorischen Imperativ in vereinfachter Form - am stärksten bejahen (Kaufmann et al. 1986, S. 70). Darf man diese Beobachtung in dem Sinne interpretieren, dass die Goldene Regel auch heute trotz des eventuell gegenteiligen Anscheins wenigstens auf der Ebene der verbalen Äusserungen eine starke ethische Motivations- und Orientierungskraft besitzt? Ich neige zu dieser Auffassung, weshalb ich auch diese Thematik für die heutige Vorlesung ausgewählt habe. Gleichwohl will ich mich im folgenden nicht mit der faktischen Bedeutung der Goldenen Regel in der Praxis der Manager befassen, sondern Chancen und Grenzen diskutieren, die diese Lebensregel für Manager haben <u>könnte</u>. Zu diesem Zweck sollen zunächst, gestützt auf eine Analyse von Horst Albach (1986), einige wesentliche geschichtliche Entwicklungslinien des Managements nachgezeichnet werden.

In der <u>Ersten Industriellen Revolution</u> wurde gegen den Widerstand des innovationsfeindlichen Feudalismus die neue liberale Ordnung durchgesetzt und die private Unternehmung als die gesellschaftliche Institution geschaffen, die den sozialen Wandel entscheidend mitgestaltete. Ziel dieses Wandels war es, einer wachsenden Bevölkerung die lebensnotwendigen Güter zu beschaffen und den materiellen Reichtum der Allgemeinheit zu vermehren. Um dieses Ziel zu erreichen, hatte das Management zwei Aufgaben zu lösen:

1) so grosse Produktivitätsgewinne zu verwirklichen, die das Bevölkerungswachstum übertrafen, und

2) die Transaktionskosten so niedrig zu gestalten, dass sie die Netto-Produktivitätsgewinne nicht völlig aufzehrten.

Bei der Erfüllung dieser Aufgaben hat sich das Management - nicht ohne "klar sichtbare Hand des mittleren Managements" (Raymond Chandler) - als äusserst effizient erwiesen und Beurteilungssysteme entwickelt, um den Gewinn als einen Indikator der gesellschaftlichen Effizienz zu messen. Dabei wurden jedoch die negativen externen Effekte des Managementverhaltens in gravierender Weise vernachlässigt, was zu einer schweren Vertrauenskrise gegenüber der privaten Unternehmung und ihren Managern führte. Solche externen Effekte waren die katastrophalen Arbeitsbedingungen der Arbeiter im 19. Jahrhundert, die zur Entstehung des Marxismus Anlass boten; die Instabilitäten der privaten Gütermärkte, die John Maynard Keynes in den dreissiger Jahren dieses Jahrhunderts zu seiner "Allgemeinen Theorie" führten; die Probleme der Produktsicherheit, die die Aktivitäten eines Ralph Nader in den sechziger Jahren und die Konsumentenorganisationen entstehen liessen.

Heute befinden wir uns in der Zweiten Industriellen Revolution, die gekennzeichnet ist durch eine Fülle von Innovationen in Richtung Miniaturisierung, Produkte mit hoher Wertschöpfung und starker Spezialisierung, Güter für Hobby- und Do-it-yourself-Aktivitäten, Produkte und Dienstleistungen mit hohem Informationsgehalt. Für die Manager dieser Zweiten Revolution fordert Albach u.a., dass sie lernen, mit den externen Effekten besser als in der Vergangenheit umzugehen. "Innovative Manager werden auf die externen Effekte ihrer Entscheidungen zu achten haben. Sie werden Management-Instrumente entwickeln müssen, um diese externen Effekte identifizieren und beurteilen zu können. Dies ist besonders wichtig wegen des wachsenden Einflusses der ökologischen und der Friedens-Bewegung in allen Bevölkerungskreisen." (Albach 1986, S. 15).

Offensichtlich wird der Problematik der externen Effekte aufgrund des historischen Rückblicks und des zukunftsorientierten Ausblicks eine ausserordentliche Bedeutung zugemessen. Wenn man davon ausgehen darf - was ich hier unterstellen möchte - , stellt sich die grundsätzliche Frage nach dem Umgang und der Internalisierung der externen Effekte, eine Problematik, die seit langem diskutiert worden ist.

Auf gesamtgesellschaftlicher, politischer Ebene werden verschiedene Massnahmen zur Verhinderung beziehungsweise Internalisierung von externen Effekten getroffen: Besteuerung von Tätigkeiten mit negativen, Subventionszahlungen für solche mit positiven externen Effekten, Schaffung von Eigentumsrechten, kompensatorische Zahlungen von Entschädigungen. Öfters bleiben externe Effekte unkorrigiert oder werden verboten. Ein eidgenössisches Fabrikinspektorat wurde 1877 eingerichtet, und in Bälde wird es vermutlich ein eidgenössisches Chemieinspektorat geben.

Auch auf der individuellen Ebene der Betroffenen stellt sich die Frage nach dem Umgang mit externen Effekten. Ist es möglich, sich dagegen zu schützen, zu immunisieren? Leidet das private und familiäre Leben darunter? Sind psychotherapeutische Intensivbehandlungen erforderlich?

Ich will hier nicht diesen Fragen nachgehen, sondern beschränke mich auf die Handlungsebene der Unternehmung. Die obige Forderung stellt eine klare Absage an das rücksichtslose Innovieren dar und verlangt, dass bei Management-Entscheidungen - unter Respektierung der gesetzlichen Vorschriften - auch diejenigen Auswirkungen Berücksichtigung finden, deren Kosten nicht in den Marktpreisen enthalten sind. In unternehmerischer Voraussicht sollen die negativen externen Effekte möglichst früh erkannt und vermieden beziehungsweise präventiv internalisiert werden; es genügt demnach nicht, nur reaktiv zu handeln und die externen Effekte erst nachträglich durch irgenwelche ad-hoc-Massnahmen zu kompensieren - oft unter gesellschaftlichem Druck kritischer Gruppen.

In dieser Forderung sind aus ethischer Sicht zwei grundsätzliche Fragen enthalten:

1) Inwieweit muss diese Forderung überhaupt als ethische Frage - also nicht nur als unternehmenspolitische, wirtschaftliche, rechtliche, soziologische Frage verstanden werden?

2) Wenn sie (auch) ein ethisches Problem darstellt, wie kann und sollte sie gelöst werden?

Auf die erste Frage kann ich hier nur eine kurze Antwort geben. Ethik hat es mit menschlichem Handeln zu tun, das von längerfristigem, vorausschauendem Denken geleitet ist. Insoweit die einzelnen Manager und die Unternehmung als ganze diskretionäre Handlungsspielräume haben oder sich - längerfristig betrachtet - solche schaffen können, ist die ethische Frage nach dem guten, gerechten und vernünftigen Handeln in Verantwortung gestellt, gleichgültig ob diese Frage bloss implizit vorhanden oder explizit gemacht worden ist.

Die zweite Frage möchte ich ausführlicher behandeln. Nach welchen ethischen Normen ist der Umgang mit negativen externen Effekten zu gestalten? Freilich, man kann auf diese Frage verzichten, z.B. aus Gleichgültigkeit gegenüber den selbstproduzierten externen Effekten, da man ja nicht davon betroffen wird. Und man wird auch die entsprechende ideologische Rechtfertigung für diese Gleichgültigkeit finden, etwa in einer Variante des wieder modern gewordenen Sozialdarwinismus oder der Theorie des Selbstintereresses (vgl. Enderle 1987). Man kann sich jedoch auch dieser zugegebenermassen oft unbequemen Frage stellen und sich nicht mit der eher naiv klingenden These der "prästabilierten Harmonie" aller Interessen oder des Managements der "unsichtbaren Hand" zufrieden geben.

Interessante Ansätze zur Lösung dieser Frage wurden in den letzten Jahren von verschiedenen Philosophen und Theologen ausgearbeitt; ich nenne nur John Rawls' Theorie der Gerechtigkeit (1971), die Kriterien des Menschengerechten in Arthur Richs "Wirtschaftsethik" (1984), die Menschenrechte als normative Orientierung des gesellschaftlichen und wirtschaftlichen Lebens, wie sie etwa in dem Mitte November 1986 verabschiedeten Hirtenbrief der katholischen Bischofskonferenz der USA "Wirtschaftliche Gerechtigkeit für alle" (1987) postuliert werden. Diese Ansätze beziehen sich in erster Linie auf die Gestaltung der Wirtschaftsordnung und Wirtschaftspolitik, also auf die sogenannte Makro-Handlungsebene.

Wird hingegen eine andere Perspektive gewählt und - wie ich eingangs vorgeschlagen habe - von den Wirtschaftsakteuren her gefragt, bietet sich hier die Goldene Regel als Grundsatz des ethisch verantwortlichen Handelns an. Ich stelle drei Thesen zur Diskussion:

These 1: Die Respektierung der Goldenen Regel verunmöglicht die Gleichgültigkeit gegenüber den selbstproduzierten externen Effekten und verlangt die möglichst präventive Vermeidung beziehungsweise Internalisierung dieser externen Effekte.

Externe Effekte können materieller oder immaterieller Natur sein. Zu denken ist etwa an umweltschädliche Produktionsprozesse, gesundheitsschädigende Nebenwirkungen von Produkten, psychisch belastende und ruinierende Arbeitsverhältnisse, Massnahmen, die die Glaubwürdigkeit der Firma in der Öffentlichkeit und das Vertrauensklima in der Belegschaft beeinträchtigen oder zerstören etc. Die Nichtbeachtung der externen Effekte ist nicht nur dem eigennutzenmaximierenden und engstirnigen Verhalten des einzelnen Wirtschaftssubjektes zuzuschreiben, sondern hängt sehr wesentlich mit der Arbeitsteiligkeit unserer Gesellschaft und der ausserordentlich grossen gesellschaftlichen Bedeutung des monetarisierten Teils der Wirtschaft zusammen. Was viel kostet - in Franken und Dollar - , ist viel wert. Nicht bezahlte Arbeit wie Hausarbeit, nachbarschaftliche Hilfe und immaterielle Dienstleistungen am Arbeitsplatz werden oft gering geachtet. Wenn das Geld zum primären Wertmassstab wird, sind die Auswirkungen von wirtschaftlichen Entscheiden, die nicht in Marktpreisen gemessen werden, von untergeordneter Bedeutung. Die Entscheidungsprobleme vereinfachen sich enorm und können viel rascher gelöst werden, als wenn die externen Effekte - eventuell gleich oder sogar stärker gewichtet - auch noch berücksichtigt werden müssen. Daher die Forderung, unerwünschte externe Effekte in den Geldkreislauf einzubeziehen (also die Anwendung des sogenannten Verursacherprinzips) und dadurch die Entscheidungsfindung zu erleichtern.

Diese Forderung der Internalisierung ist zweifellos in vielen Fällen zu befürworten. Sie lässt sich jedoch prinzipiell nur dort realisieren, wo ein Markt besteht beziehungsweise geschaffen werden kann. Immer aber wird es externe Effekte geben, die nicht monetarisiert werden können. Glaubwürdigkeit, Vertrauen, Zuverlässigkeit, Fairness und deren Beeinträchtigungen und Verluste lassen sich nicht adäquat in Geldwerten ausdrücken. Überdies ist es fraglich, ob alles, was in den Geldkreislauf einbezogen werden kann, auch tatsächlich einbezogen werden soll. Würde man damit nicht einer "Ökonomisierung" der Gesellschaft und des menschlichen Lebens neuen Anstoss geben? (Vgl. Enderle 1987a).

Wenn es nun aber, grundsätzlich betrachtet, immer solche externen Effekte gibt, stellt sich für den Manager - seinen diskretionären Handlungsspielraum vorausgesetzt - die ethische Frage, wie er damit umgehen soll; wie er seiner Freiheit in ethischer Verantwortung gerecht wird. Die Goldene Regel hilft, diese Frage zu beantworten. Sie empfiehlt: Entscheide so, dass du als Betroffener deiner Entscheidung auch deren exteren Effekte für dich persönlich akzeptieren kannst! Konkreter formuliert könnte dies etwa heissen: Informiere deine Mitarbeiter so, wie du an ihrer Stelle selber informiert werden möchtest! Die Goldene Regel ist eine heuristische Methode, die den Weg angibt, auf dem zu einem ethisch verantworteten Entscheid gefunden werden kann. Sie sagt aber nicht, was konkret zu tun ist.

Als Einfühlungsregel kann sie die Wahrnehmung und das Verständnis des Managers für seine von ihm produzierten externen Effekte erweitern und vertiefen, indem er sich durch den imaginativen Rollentausch in die Lage der Betroffenen versetzt. In vielen Situationen wird dies die einzige Möglichkeit sein, die Betroffenen in den Entscheidungsprozess einzubeziehen. Der Vorwurf, die Goldene Regel impliziere ein solipsistisches Verhalten, scheint mir deshalb nicht gerechtfertigt zu sein (z.B. Wimmer 1980, S. 264). Darüber hinaus verlangt die Regel, dass - wenn immer möglich - sich die Betroffenen selber über ihre Betroffenheit sollen ausdrücken können. Dies vor allem unter der zweifachen Voraussetzung:

a) dass der zum Handeln Aufgerufene sich an der Stelle des Betroffenen selber ausdrücken will und dadurch die Andersheit des Andern besser respektiert wird und
b) dass der Betroffene gewöhnlich über die besten Informationen seiner Betroffenheit verfügt.

<u>These 2: Die Goldene Regel bezieht sich zunächst und vor allem auf zwischenmenschliche Handlungszusammenhänge, nicht aber auf Pflichten gegenüber sich selbst und das Handeln in bezug auf die Natur. Damit sind auch die Möglichkeiten und Grenzen ihres Geltungsbereichs umrissen.</u>

Arthur Rich unterscheidet in seiner "Wirtschaftsethik" drei Grundbeziehungen, in denen sich die ethische Frage stellt: das Verhalten des Menschen zu sich selbst (der Individualaspekt), das Verhalten des Menschen zu andern Menschen (der personale Aspekt) und das Verhalten der Menschen zur Natur (der ökologische Aspekt). Offensichtlich bezieht sich die Goldene Regel auf die personale Grundbeziehung, auf das Verhältnis des Ich zum Du und Ihr. Wie schon Kant kritisch und richtig feststellte, sind damit die Pflichten gegenüber sich selbst ausgeblendet. Die Übertragung der Goldenen Regel auf die Grundbeziehung des Ich zum Selbst scheint nicht sinnvoll zu sein; zum Beispiel: Gehe mit deiner Gesundheit so um, wie du an deiner Stelle willst, dass mit ihr umgegangen wird. Auch der ökologische Aspekt ist in den meisten Fassungen der Goldenen Regel nicht enthalten. Und streng genommen, ist sie in dieser Hinsicht auch nicht anwendbar, zum Beispiel: Behandle den Rhein so, wie du an seiner Stelle von ihm behandelt werden willst! Eine Ausweitung der Goldenen Regel auf alle Wesen findet sich nur im Jainismus: "In Freude und Glück wie in Leid und Not sollten wir alle Wesen genau so behandeln wie uns selbst." Und Arthur Schopenhauer, für den - entgegen Kant - die Goldene Regel mit ihrer negativen und positiven Formulierung alle Rechts- und Liebespflichten umfasst und deshalb von hervorragender Bedeutung ist, erweitert ihren Geltungsbereich auch auf das Verhältnis des Menschen zur Natur. Denn die Goldene Regel sei wieder nur eine Umschreibung oder Prämisse des einfachsten und reinsten, von allen Moralsystemen einstimmig geforderten Handlungsgrundsatzes: "Verletze niemanden, vielmehr hilf allen, soweit du kannst!" (Neminem laede, imo omnes, quantum potes, iuva! Schopenhauer 1977, S. 198).

These 3: Die Übertragung der Goldenen Regel auf Verhältnisse zwischen Personen und Organisationen ist begrenzt möglich und vermag nur partiell diesen Problembereich abzudecken.

Wie erwähnt, bezieht sich die Goldene Regel primär auf zwischenmenschliche Handlungszusammenhänge. Das will jedoch nicht heissen, dass sie auf unmittelbare Beziehungen zwischen Personen - zwischen Manager und Mitarbeitern, Manager und Kunden, Lieferanten, Aktionären etc. - beschränkt sei, auch wenn die Goldene Regel in diesen face-to-face-Beziehungen ihre stärkste Motivationskraft findet. Die zwischenmenschlichen Handlungszusammenhänge sind durch vielfältige strukturelle und organisatorische Bedingungen bestimmt, deren Verantwortungsproblematik genuine Aufgabe der Sozialethik ist. Insoweit die Manager in ihren Unternehmungen über strukturelle und organisatorische Bedingungen zu entscheiden haben, tragen sie auch eine sozialethische Verantwortung. Was könnte die Goldene Regel beitragen, damit diese Verantwortung besser wahrgenommen wird?

Zusätzlich zu den früheren, grundsätzlichen Überlegungen zur Internalisierung externer Effekte möchte ich auf zwei Erscheinungen eingehen, die im Beziehungsfeld von Mitarbeitern, Kunden, Lieferanten, Aktionären etc. einerseits und der Unternehmung als Organisation anderseits liegen und von Management-Entscheidungen massgeblich beeinflusst werden. Die erste Erscheinung könnte man als "Rücksichtslosigkeit" der Organisation gegenüber den Individuen bezeichnen. Die Verfolgung des Organisationsziels hat oberste Priorität, der sich die Interessen der Einzelnen in jedem Fall unterzuordnen haben. Die Würde und Rechte der Mitarbeiter werden von der Organisation nur solange geachtet, als dies mit der Unternehmenspolitik, der strategischen Planung, der Informations- und Personalpolitik etc. verträglich ist. Die zweite Erscheinung kann man als "Ausbeutung" der Organisation durch die Individuen umschreiben. Das Unternehmensziel ist für die Einzelnen nur insoweit erstrebenswert, als sie daraus persönliche Vorteile ziehen. Von der Organisation als "Trittbrettfahrer" profitieren kann heissen, die Arbeitszeit für unternehmensfremde Ziele zu verwenden, auf Geschäftskosten zu privaten Zwecken zu telefonieren, Geschäftsgeheimnisse an Konkurrenten weiterzugeben etc. Beide Erscheinungen zeichnen sich durch ein gestörtes Verhältnis zwischen Personen und Organisation aus, mit dem sich verantwortungsbewusste Manager konfrontiert sehen. Kann die Goldene Regel helfen, dieses Problem zu lösen? Sie kann auch hier keine konkreten Antworten geben, wohl aber eine heuristische Leitlinie aufzeigen. Sie könnte etwa heissen: Als Vertreter einer Organisation behandle deren Mitarbeiter so, wie du an deren Stelle von dieser Organisation behandelt werden willst. Und: Als Mitglied einer Organisation behandle diese Organisation so, wie du an der Stelle ihrer Verantwortlichen willst, dass die Organisation behandelt wird.

Ist diese Umformulierung und Fortschreibung der Goldenen Regel ethisch akzeptabel? Öffnet sie nicht Tür und Tor für eine Loyalität gegenüber der Organisation, die ihre Ziele und Methoden nicht mehr kritisch hinterfragt? Die Goldene Regel behält ihre Relevanz für zwischenmenschliche, unmittelbare und strukturell-organisatorisch vermittelte Handlungszusammenhänge. Sie findet aber ihre Grenze dort, wo Organisationen auch zu Handlungsträgern werden, die nicht als Personen verstanden werden können. Eine "Ethik der Organisation" oder "Unternehmensethik" wird erforderlich, die von den früher erwähnten philosophischen und theologischen Ansätzen manches übernehmen kann, aber doch eine eigenständige Ausarbeitung verlangt.

* * * * *

Die Goldene Regel für Manager? Zahlt sie sich aus und bringt sie Gold und Geld? Wenn Ethik für den geschäftlichen Erfolg oder die persönliche Laufbahn instrumentalisiert wird, hat sie ihre Berechtigung verloren. Das heisst jedoch nicht, dass Ethik grundsätzlich im Widerspruch zu Unternehmenserfolg und persönlichem Glück stehen muss. Wer die Goldene Regel befolgt, wird beides besser miteinander vereinbaren können. Als Klugheitsregel bringt die Goldene Regel oft materiellen Reichtum: Geld, Gewinn; als Autonomie und Gegenseitigkeitsregel das immaterielle Gold, das "weder verrottet noch verrostet".

## Literaturverzeichnis

Binswanger, H.C. (1985), Geld und Magie, Stuttgart: Weitbrecht.

Diehle, A. (1962), Die Goldene Regel, Göttingen: Vandenhoeck und Ruprecht.

Enderle, G. (1987), Sicherung des Existenzminimums im nationalen und internationalen Kontext - eine wirtschaftsethische Studie, Bern: Haupt, bes. Kap. 9.

Enderle, G. (1987a), "Zur Möglichkeit einer Wirtschaftsethik als Theorie", Reformatio, Februar.

Hare, R.M. (1983), Freiheit und Vernunft, Frankfurt am Main: Suhrkamp, 1983. (1. Auflage: Freedom and Reason, Oxford: University Press, 1962.)

Hein, N.J., Jeremias, J. (abgekürzt RGG 1958), "Goldene Regel", in Von Camphausen et al. (Hg.), Die Religion in Geschichte und Gegenwart, Band II, 1687-1689.

Hoche, H.-U. (1978), "Die Goldene Regel. Neue Aspekte eines alten Moralprinzips", Zeitschrift für Philosophische Forschung, Bd. 32, 355-375.

Hoerster, N. (1974), "R.M. Hares Fassung der Goldenen Regel", Philosophisches Jahrbuch 81, 186-196.

Holbach, H. (1986), Management in a dual society. Future outlook on European management education, Brussels: European Foundation of Management Development.

Kaufmann, F.X., Kerber, W., Zulehner, P. (1986), Ethos und Religion bei Führungskräften, München: Kindt.

Rawls, J. (1979), Eine Theorie der Gerechtigkeit, Frankfurt: Suhrkamp. (1. engl. Auflage: A Theory of Justice, Cambridge, Mass.: Belknap Press.)

Reiner, H. (1974), "Die 'Goldene Regel'", in Ders., Die Grundlagen der Sittlichkeit, Meisenheim am Glan: Hain, 348-379. (1. Aufl. 1948.)

Rich, A. (1984), Wirtschaftsethik, Gütersloh: Mohn.

Schmidt, K.O. (1972), Das Geheimnis der Goldenen Regel, München/Engelberg: Drei Eichen Verlag.

Schopenhauer, A. (1977), Über die Freiheit des menschlichen Willens. Über die Grundlage der Moral, Zürich: Diogenes Taschenbuch 140/6.

Schueller, B. (1980), "Die Goldene Regel", in Ders.: Die Begründung sittlicher Urteile, Düsseldorf: Patmos, 2. Aufl., 89-106.

Singer, M.G. (1963), "Golden Rule", Philosophy, Vol. 38, 293-314.

Singer, M.G. (1967), "Golden Rule", in Edwards, P. (ed.), The Encyclopedia of Philosophy, Vol. 3, New York/London: Macmillan.

Wimmer, R. (1980), Universalisierung in der Ethik, Frankfurt am Main: Suhrkamp.

"Wirtschaftliche Gerechtigkeit für alle" (1987) - Katholische Soziallehre und die US-Wirtschaft, Hirtenbrief der katholischen Bischofskonferenz der USA, Frankfurt: Publik-Forum-Dokumentation.

# Employee Value System Analysis: A New Tool for More Effective Management

F. M. Rachel[1]

Frank M. Rachel is Professor of Management at the North Texas State University.

Summary

Ever since the Industrial Revolution management has been searching for and experimenting with "fads" or "panaceas" that would enhance production and the efficiency of the labor force. Frederick Taylor was one of the first such researchers with his Scientific Management efforts, followed by the Gilbreths, Follett, and Mayo and Roethlisberger with the Hawthorne experiments. The Hawthorne experiments focused attention, for the first time, on the feelings, emotions, and intrinsic satisfiers of the working man. Management and researchers began to realize the importance of the individual employee and that each employee is different with different motivators and satisfiers. The Hawthorne research and the aftermath are appropriately credited with establishing the "employee behavior" era of organizational theory.

One of the most recent developments in the quest for more effective management of the labor force is the introduction of employee values for working. Personal values in a generic sense have been used for quite some time, but "employee values for working" is a specific adaption of the classification, identification, and use of employee values to enhance management, improve worker satisfaction, and in some instances, prevent the unionization of the labor force. In thc early 1970's, M. Scott Myers and Vincent Flowers adapted the work of Clare Graves, Union College, New York, in establishing the first effort to identify and classify employee values for working.

Dr. Clare Graves experimented for a number of years with the students' definition of the "healthy personality". Graves, with the help of his colleagues, classified these definitions of the

1 Professor Frank M. Rachel, North Texas State University, P.O.Box 136771, Denton, Texas (U.S.A.)

Management Forum
Ethik und Unternehmensführung
ed. by Charles Lattmann

healthy personality and subsequently used this analysis of his work dealing with levels of psychological existence into six employee values for working systems and set about to validate this new approach.

Unlike most attempts to use values to understand what motivates employees, Graves' writings speculated that people progress through successive levels of psychological existence from birth, depending upon their life experiences and their success in meeting these life experiences. There is little dispute that a person's values are learned beliefs. Some writers feel that these values are more stable and resistant to change, while others feel that values are "modes of adjustment" that are adopted and discarded given different situations. Mature persons, especially, tend to alter their values as the conditions of their existence change.

Recognition and understanding of the changes in employee values are paramount to effective management. To effectively motivate the employee with compensation, supervisory style, job opportunities, etc., requires a flexible design in these programs that recognizes the changing values as the employees matriculate through the organization and through life experiences.

Flowers and Myers, with the help of Charles Hughes, refined their earlier work in developing a questionnaire that identifies a person's self-ascribed values. The final result is an eight question questionnaire that identifies six systems of values. Subsequent research validated this questionnaire (Flowers et al., 1975). Flowers and Hughes established the Center for Values Research for further study, research, and consulting with the employee values for working theory.

<u>Employee values for working systems</u>

As mentioned above, Graves' work on the levels of psychological existence was adapted for the development of employee value systems. These value systems, like Graves' psychological existence, are hierarchical in nature in that people progress sequentially from one system to the other. Progression may be either upwards or downwards depending upon the situation and the maturity of the individual. A total of seven value systems were identified although system one, Reactive, is not relevant for the mature rational adult. This Reactive value system is akin to new borne infants or older, senile adults who are not consciously aware of their environments and who are unable to control them. The remaining six values for working, in order of their progression, are detailed below.

Tribalistic, System 2. A person with tribalistic values seeks safety and security by strongly identifying with groups, clans, and authority figures, i.e., bosses, teachers, and athletic coaches, and a strong reliance on the norms established by the work group organization or society. Tribalistic values are manifested in a strong group affiliation and preference for paternalistic work environments.

Egocentric, System 3. A person with egocentric values displays self-centered aggression in rebelling against authority, norms, rules, or standards. This is a selfish value system with an "all for me and nothing for you" concept. Egocentric values usually manifest positively in creativity and self-determination of the rewards are meaningful.

Conformist, System 4. A person with conformist values is strongly committed to the "right" way as determined by society or the organization and prefers order, structure, patterns, and clearly defined roles. This value system places great importance on discipline, sacrifice, and following expected roles and norms.

Manipulative, System 5. A person with manipulative values is achievement oriented, self-serving, and aggressive, but functions within the constraints or rules of the organization. This value system seems to enjoy negotiating and competing as a challenge to achieve. The manipulation of the rules and of others is acceptable in order to achieve. A person with manipulative values responds positively to challenges, incentives, bonuses, and the opportunity to "get ahead".

Sociocentric, System 6. A person with sociocentric values has a personal concern for acceptance, dignity of man, and the individuality of each person. Equality and sharing are two hallmarks of the sociocentric value system and a person with this value system is concerned with social causes, both within and without the organization.

Existential, System 7. A person with existential values attempts to live within the constraints of society and the organization while simultaneously achieving individual freedom. People with this value system are goal directed and desire freedom to achieve as they feel best, while expressing tolerance and understanding of the other value systems.

## Comparisons of the value systems for working

Seldom do employees operate solely within just one value system. And seldom does a person's "score" on the Value for Working questionnaire indicate one major value system. Most everyone uses a back-up value system, and experience has shown that many people employ several value systems based on the range of their activities and interests in life. The employee may be primarily motivated by one value system, but when the situation develops in the workplace where a different value system may be appropriate, the primary value system is shifted to accomodate the situation. For example, conformist values reward the follower, and one who does not rock the boat. But when the need for promotion or recognition is important enough, this conforming individual can and probably will acquire and use manipulative values. And, when the person with egocentric values recognizes that aggression, threats of physical punishment, and intimidation are not successful, it is quite possible and natural for that person to acquire conformist or manipulative values - given a particular situation.

The important point here is that these values, as theorized by Graves, are not static. They are dynamic and represent a "mode of adjustment" for the current situation. Should cognitive dissonance become too great, the employees usually will do one of two things, change their values to fit the situation or remove themselves from the situation. Both of these developments are aimed at reducing the cognitive dissonance of the employee and achieving some level of stability and of satisfaction within their environment.

The tribalistic, conformist, and sociocentric values (systems 2, 4, and 6) are related in the sense that these are "group" related or "outer-directed". The egocentric, manipulative, and existential values (systems 3, 5, and 7) are individualistic in orientation and are "inner-directed". Employees with outer-directed values do not try to change their environment, but to accept it and take it as a "given". Employees with inner-directed values focus on their external environment and the imposed constraints in an attempt to control the environment.

<u>There is no bad value system</u>. They are all useful to the organization, and each has its own strenghts and limitations. The problem for the organization is to recognize the general value systems held by the employees and to alter its expectations accordingly. However, this is not as simple as it may seem. Values, while detected on an individual basis, are usually grouped by department, location, job family, or level within the organization. It is quite correct to expect that within a sizeable organization different values will be found at the lower levels (factory or direct labor) from the professional level and from the managerial level. Experience has shown that congruent values are rewarding for the individual and that if a person finds himself in a position where a different value system is the mode, and the rewards are attractive, the individual will adopt the appropriate value system.

Critical to this line of thinking is the fact that most organizations are so organized, departmentalized, and beset with policies, rules, and traditions, that each group of jobs (employees) and departments will develop basic values. These basic departmental values don't change easily or quickly; rather, they provide the stability over time that employees expect and enjoy. Management must recognize then, that not all employees are operating from the same value system and that not all of the policies will be received equally throughout the organization.

For example, employees with inner-directed values resist rules, policies, and close supervision. Management procedures tend to restrict individual freedoms and become stifling to the individual employee. On the other hand, employees with outer-directed values welcome clearly defined rules, policies, and procedures that are implemented equally throughout the organization, along with a close, paternalistic supervisory style.

To illustrate the complexity of this problem and the dichotomous nature of employee values within an organization, Table I represents the estimated percentage of the U.S. labor force by value system. Note that the percentages are quite different for the blue collar/clerical and the managerial, and that the egocentric and sociocentric value systems percentages are quite small in both of these categories.

Table I: Estimated percentage of the U.S. workforce by value system

| Blue Collar/Clerical | | Managerial/Professional | |
|---|---|---|---|
| Existential | 5 % | 25 % | Existential |
| Sociocentric | 5 % | 10 % | Sociocentric |
| Manipulative | 5 % | 30 % | Manipulative |
| Conformist | 50 % | 25 % | Conformist |
| Egocentric | 10 % | 5 % | Egocentric |
| Tribalistic | 25 % | 5 % | Tribalistic |

Source: Charles Hughes and Vince Flowers (1982, p. 23).

## Implications for management

While different values might suggest different personnel and management strategies for different "value groups" of employees, it is not necessary in all situations. As an example, it is not necessary to have six different benefit programs, one for each value system. The costs would be out of reason considering employee benefits and how these packages are specified and negotiated. What is important involving benefits is that the communication, explanation, and promotion of the benefit package be carefully planned and specifically designed for each of the six value systems. This should not be too difficult, for typical employee job families have typical common value systems. That is, usually factory workers have tribalistic and conformist values, so all communication to the factory workers regarding their employee benefits should consider these primary values.

Likewise, it is not necessary to have six different pay systems just to accommodate the six value systems. Seniority or longevity based pay systems should work quite satisfactorily with all value systems other than manipulative. Incentive, bonus, or pay increments that are earned by competition, production, or other short run programs appeal to the manipulative valued employee. These pay programs also appeal to some extent to the existential valued employee too, but they are not the driving force of reward and satisfaction that they are for the manipulative valued employee.

Closely related to the pay system is the system of determining pay increases and promotions. Appraising employee performance is a complete study in and of itself. Employee appraisals is one of the major ways management has of communicating with the employees regarding job performance and growth possibilities with the organization. When management discusses performance and the resulting pay changes, it is a sure bet that the employee listens well. And it is not too difficult to develop employee performance appraisal procedures for each of the value systems. After all, as discussed before, most departments and/or classes of employees share similar values. Conversely, high conformity of performance appraisal procedures will miss a majority of the employees in most organizations.

Table II: Six value-system reactions to seven personnel strategies

| | COMMUNICATION | JOB DESIGN | MANAGEMENT SYSTEMS and PROCEDURES | GROWTH OPPORTUNITY | PAY AND BENEFITS | EQUAL EMPLOYMENT OPPORTUNITY | FACILITIES |
|---|---|---|---|---|---|---|---|
| Tribalistic 2 | I would like to hear that things are getting better for people like me. | I'll put up with any job as long as I have a good boss. | I want my boss to make sure we know all the rules. | I want to do as well as most people with jobs like mine. | Pay helps me to meet my bills and benefits to protect me in my old age. | I don't think we should have to work with people we don't want to. | Nice working conditions show us that management cares about us. |
| Egocentric 3 | You gotta show me what's in it for me! | I really don't care as long as I get my money and people keep off my back. | They have rules for everything; I make my own. | There's a lot of things I could do if they would let me. | Whatever it is, it's never enough; they give you only what they have to. | Equal opportunity-hell! I'll take care of myself. | One more management trick to get more work out of me. |
| Conformist 4 | I need to know what should be done. | It's everyone's duty to do his job exactly as described by managment. | People shouldn't be allowed to bend rules and should do exactly what the procedures call for. | I have faith that the company will put me where I'm needed most. | Should be based on faithful and loyal service and in most cases are fairly set by management. | Like it or not, we should obey the established rules. | Good working conditions are nice to have and even if they're not good, everyone should do the best they can. |
| Manipulative 5 | What's the payoff? Show me the figures. | Needs to be flexible to allow for some wheeling and dealing. | They're O.K. but you got to learn to beat the system occasionally. | I'm responsible for my own success and am constantly on the lookout for new opportunities. | It's the name of the game; the guy who plays all the angles reaps the rewards. | If they can cut it within our system, more power to them. | Are a measure of my success; the higher posistions should get the best working conditions. |
| Sociocentric 6 | What's it going to do for the employees and how does it help people? | Jobs should be set up to promote harmony among our fellow employees. | They are often too impersonal and sometimes cause conflict. | Promotions are fine, but sometimes cause hard feelings and create a "dog-eat-dog" world. | It is an injustice when some individuals get so much more than others do. | It would be easy if we all accepted each other as human beings. | Should be arranged to improve interpersonal relations. |
| Existential 7 | How does it fit with the broad perspective of where society is heading? | The goals of my work and the organization must be meaningful to me and to society. | Should serve only as guide-lines and permit flexibility and innovation. | I need work of my own choosing that offers continuing challenge. | Money is important but what I do is more important. It should not create a financial dependency. | Laws cannot create equality, only a change in people's values. | Working conditions aren't important when I'm involved in my work. |

Source: Charles L. Hughes and Vince S. Flowers, Value Systems Analysis, Dallas, Center for Values Research, 1982, p. 25A

The key to successfully structuring personnel strategies and programs to the employees' value systems is communicating effectively. Considering all of the flexibility that might be designed into pay systems, performance evaluation systems, selection, placement, benefits, and job design, the appropriate communication must recognize the full range of the six employee value systems. Table II illustrates how employees with values from each of the six value systems might evaluate and anticipate rewards and communication for seven common personnel programs.

While these programs are labeled personnel strategies, it must be remembered that it is line management that has the responsibility and accountability for implementing these strategies and programs. For example, the personnel strategy of "growth and opportunity" provides a good illustration of the complexities of implementing such a program for each of the six value systems. For the TRIBALISTIC employee, it is the supervisor who is most important. It is the supervisor who takes care of the employee, shows him how to do the job and, if necessary, helps the employee from time to time. The supervisor counsels with the employee helping him understand the work environment and even helping to choose other jobs or routes of progression.

An EGOCENTRIC employee probably is not aware of the long run possibilities with the organization. These employees usually operate in the short run, with a "what's in it for me now?" kind of philosophy. This employee would more than likely resist and may even become negative toward the supervisor and the organization if the supervisor tried to intercede in a helpful, paternalistic manner. The egocentric employee wants to go it on his own and in his own way.

The CONFORMIST employee seems to be the one for which growth opportunity programs are designed. These employees appreciate the simplicity of systems and clear procedures outlining how to get ahead in the organization. Typically, the conformist employee responds quite well to all types of personnel programs because these are perceived as directives from the organization.

The MANIPULATIVE employee only wants to know the rules of the game, career growth in this example, and he will develop his own route with little assistance from anyone else.

The SOCIOCENTRIC employee places high value in group harmony. Consequently, this employee is unlikely to be receptive to a highly competitive program of growth and promotion - unless it is based on a concept of the "team" and the team's performance.

The EXISTENTIAL employee may or may not be interested in growth opportunities. More than likely, this employee is interested in whatever interests him and whatever meets his particular needs at a given time.

Because of the different values represented among the employees, and because of the diverse views towards the same personnel strategy, the communication of the strategies becomes critical to the success of the personnel program. For the outer-directed values - tribalistic, conformist, and sociocentric - management needs supervisory envolvement, clear policies, procedures and rules, together with formal personnel strategy. For the inner-directed values - egocentric, manipulative, and existential - the program should be announced, and the procedures explained, but the employee left much to themselves to devise ways and means of achieving their goals, without close supervisory intervention.

Space does not permit detail discussion of each possible personnel strategy for each of the employee value systems. Table I presents a brief overview to suggest that such a task is not impossible. What is impossible, so it seems in many instances, is management's willingness to innovate, to experiment, or to just consider different approaches to managing more effectively.

Research and experience support the viability of employee values for working analysis and the contribution to enhanced productivity and improved employee satisfaction. Employee value systems is new but it is not a "fad". But neither is it a panacea for all the ills of an organization. Employee value systems is another tool, a new tool yet to be fully tested, but one which demonstrates much promise for the industrial organization willing to be innovative.

References

Graves, Clare W., "Levels of Existence: An Open System of Values," Journal of Humanistic Psychology, Fall, 1970.

Hughes, Charles L., and Vince S. Flowers, Values Systems Analysis, Dallas, Center For Values Research, Inc., 1982.

# Arbeit und Liebe: zur ethischen Begründung der Kooperation

M. Hofmann[1]

Michael Hofmann ist ordentlicher Professor für allgemeine Betriebswirtschaftslehre an der Wirtschaftsuniversität Wien, an der er die Interdisziplinäre Abteilung für Wirtschafts- und Verwaltungsführung leitet.

Zusammenfassung

M. Hofmann, gleichermassen in Theorie und Praxis der Unternehmensführung tätig, hat von seiner wissenschaftlichen Herkunft aus der Wiener Ganzheitslehre verständlicherweise besonderen Zugang zu meta-ökonomischen Fragen und interdisziplinären Perpektiven. In der vorliegenden Arbeit versucht der Autor, die dem Menschen existentiell abverlangte Arbeitsleistung, die letztlich immer aufgrund ihrer arbeitsteiligen Natur auf Kooperation angewiesen ist, in Anwendung ethischer Dimensionen mit dem Liebesgebot in Verbindung zu bringen. Die aus der praktischen Erfahrung mit Erwartungen von Teilnehmern an Top-Management-Lehrgängen gewonnene Einsicht, dass heutzutage die Diskussion ethisch-moralischer Perspektiven in der Unternehmensführung wieder verstärkt gefordert wird, bewog den Verfasser zu einer ernsthaften Kombination des Wirtschaftshandelns, insbesondere der Managementleistung, mit der christlichen Liebeslehre. Unternehmensführung besitzt ihre Basis in der sittlichen Verantwortung.

Religion, die Rückverbindung des Menschen in die göttliche Schöpfung, ist Ausdruck, aber auch Notwendigkeit menschlicher Freiheit. Die christliche Glaubenslehre (im Besitze wertvollster Einsichten) ist offenbar nicht in der Lage, diese zu vermitteln und hält der bewussten Wertvernichtung im gegenwärtigen Zeitalter eine Ethik entgegen, die ihre seelische Wirksamkeit bereits verloren hat. Eine "neue Ethik", abgeleitet aus dem zentralen christlichen Glaubenssatz - der Liebe -, muss entstehen.

Das Lebensziel des Menschen, "EUDAIMONIA" (Aristoteles), Lebensglück als Zustand psychischer und physischer Gesundheit des Einzelnen <u>und</u> der Gemeinschaft, setzt aber eine tiefe, fest begründete und bewusste Verbindung des Liebesgebotes mit dem Wirtschaftshandeln voraus. Und nicht die erschreckende, im Gefolge des klassischen Liberalismus entstandene Trennung von Wirtschaft und Religion, als wären das zwei grundverschiedene Dinge. Der Verfasser bemüht sich, weiter in Darstellung des fünffältigen Liebesgebotes aus den Evangelien eine ethische Basis für die Arbeit zu gewinnen, die ebenso wie die Liebe unser Schicksal bedeutet. Die vor allem durch die "Verfremdungen" entstandene

---

[1] Professor Michael Hofmann, Wirtschaftsuniversität Wien, Augasse 2, A-1090 Wien.

Management Forum
Ethik und Unternehmensführung
ed. by Charles Lattmann

Abwesenheit der Liebe in der Arbeits- bzw. Unternehmungswelt ist auch eine Ursache für Motivationsprobleme, also schwer oder gar nicht über Berufsarbeit gelingende persönliche Identität. Das wiederum verstärkt die Aggressivität als Störfaktor in der menschlichen Gesellschaft infolge verringerter Sublimierung von destruktiven Triebenergien und nicht ausreichend gelingender Kooperativität. Es gibt keine Ausnahmen von der Erfüllung des Liebesgebotes, die Liebe macht nicht halt vor den Toren der Unternehmung. Konkurrenzwirtschaft, die als ein aggressives Nullsummenspiel aufgefasst wird, kann letztlich nur zur Selbstvernichtung der Menschheit führen.

Hofmann beschliesst seine Gedankenführung in der Überzeugung, dass die fünf Formen des christlichen Liebesgebotes ein zureichendes praktisch-ethisches Normensystem für die Unternehmungsführung darstellen und dass die "neue Ethik" eine gute Chance hat, schon aus der Erfahrung, dass letztlich die aufbauenden, lebensgebenden und lebenserhaltenden psychischen Energien des Menschen gegenüber den destruktiven Kräften in der Entwicklungsgeschichte immer die Oberhand behalten haben - die Liebe stärker war als der Hass!

## 1. Zur Frage des "Ethischen"

Aus der Sicht der katholisch-christlichen Religion ist Sozial-Ethik "die Lehre vom menschlichen Handeln, das nicht nur die eigene, sondern auch der anderen Selbstverwirklichung zum Ziele hat und darum in hohem Masse die Lehre vom mitmenschlichen und gesellschaftlichen Handeln sein muss" (A. Ziegler 1987, S. 6). Ziegler leitet aus den beiden indogermanischen Wortwurzeln s w e (sich) und d h e (setzen) die Grundbedeutung (angepasste Sesshaftigkeit) und aus den griechischen Worten E t h o s = die Gewohnheit der anderen, an die ich mich zu gewöhnen habe (durch Selbst- und Fremdbeziehung) und A e t h o s = der "gewohnte Sitz", äusserlich als Wohnung, innerlich als mein eigener Sitz, mein Charakter, ab. Demnach deuten beide Worte darauf hin, dass "Menschen neben- und miteinander wohnen und es nur dann in Frieden und Freiheit können, wenn sie sich gewisse Bindungen auferlegen" (A. Ziegler ebd.).

Bei der Ethik handelt es sich also um eine Lehre vom guten und richtigen Verhalten der Menschen in der Gemeinschaft. Was aber ist "gut" und "richtig", welche "Wertforderung" steht dahinter? Dafür ist im allgemeinen die Religion zuständig und verantwortlich. Religion als Antwort auf die Frage des Menschen nach dem richtigen, guten Handeln ist - oder war zumindest die allerlängste Zeit - Grundlage, Ausgangspunkt und Wurzel des Normensystems für sittliches, menschliches Handeln, das wir ethisches Verhalten nennen.

Religion ist, wie schon aus dem Wort ersichtlich, die "Rückverbundenheit des Menschen im Höchsten, in Gott" (O. Spann 1970, S. 12). Und Religion ist nicht nur dieses Enthaltensein des Menschen in Gott (Gotteskindschaft), sondern zugleich auch das Bewusstsein des Menschen von seiner Rückverbundenheit in Gott, von diesem Teilhaben, Teil-sein an und in Gottes Schöpfung. Demnach ist der "Glaube" als unmittelbarer Ausdruck der Rückverbundenheit etwas dem Menschen in seiner besonderen "freien und bewussten Stellung in der Schöpfung" Arteigenes und Ausdruck einer besonderen geistig-seelischen Fähigkeit, die oft auch im Sinne mystischer Kraft gedeutet wird.

Da ich mich für die vorliegende Gedankenführung auf die christliche Religion berufe und deren ethische Glaubensaussage zugrunde lege, erhebt sich die Frage nach dem zentralen Inhalt christlicher Ethik und deren Bewährung. Dazu sagt E. Neumann (1973, S. 9): "Der Mensch unserer Zeit ist in der unheilvollen Lage, der bewussten Wertvernichtung durch das Böse meist nur eine Ethik entgegenhalten zu können, die ihre seelische Wirksamkeit bereits verloren hat. Die innere Unsicherheit des Einzelnen, der sich auf die Werte der alten jüdisch-christlichen Ethik beruft, in seinem Inneren aber ihre Wirksamkeit nicht mehr spürt und in seiner Erfahrung ihre Ungültigkeit täglich miterlebt, macht ihn leicht zu einem Opfer der Infektion durch das Böse"; und weiter: "Die alte Ethik hat in ihrer jüdisch-christlichen Prägung die Struktur der abendländischen Menschheit bestimmt" - und (so möchte ich hinzufügen) auch das Arbeits = Wirtschaftsleben! - . "Ihr Unwirksamwerden ist Ursache, Folge und Ausdruck einer Katastrophe, in der die Gegenkräfte sichtbar werden, welche von der alten Ethik abgefangen wurden" (E. Neumann ebd., S. 11). Zum Begriff der Religion gehören aber auch neben dem "Glauben" und der "Sittlichkeit" und dem "Gewissen" die Ähnlichkeit, ja Ebenbildlichkeit des Menschen mit Gott - und darin inbegriffen die "<u>LIEBE</u>" -; weiters die Fähigkeit der Gotteserkenntnis ( = und damit ontologisch die

Erkenntnisfähigkeit an sich!), und schliesslich ebenfalls aus dem Liebesbegriff abgeleitet die Geschöpfes- und Naturliebe, jenes von Schleiermacher hervorgerufene Gefühl der Abhängigkeit schlechthin (F. E. D. Schleichermacher 1841). Von all diesen Merkmalen stellt Immanuel Kant die Sittlichkeit = die praktische Vernunft ins Zentrum, einen Standpunkt, den auch G. W. F. Hegel teilt, wenn er sagt: "Wahrhafte Religiosität geht nur aus der Sittlichkeit hervor" (Hegel 1905, S. 552), und er gründet, ähnlich den Mystikern, die Religion auf die göttliche Gegenwart im Menschen: "...das An sich seiende innerhalb der Religion ist der absolute Geist" (Hegel ebd.) und auf den spekulativen Begriff der Erkenntnis. Diese Einsicht finden wir auch bereits bei Platon, den Neu-Platonikern und manchen Scholastikern, bei den Mystikern, bei Fichte, der von Kant ausging. In den altindischen Upanishaden heisst es in den Kauschi-taki-Upanishad " ... so erkenne mich! Denn dieses erachte ich für den Menschen als das Heilsamste, dass er mich erkenne" (Deussen 1905, S. 43). Und so möchte ich schliessen: aus der Gotteserkenntnis und der (delphischen!) Selbsterkenntnis, den beiden Grundfreiheiten und Grundfähigkeiten des Menschen, entsteht die Human-Ethik, im Sinne des fortschreitenden Bewusstseins des erkennenden Menschen ein nie abgeschlossener Prozess der Annäherung an eine vollkommenere Welt, deren einziges und für uns Menschen sinnvolles Ziel die "Eudaimonia" Aristoteles', Beglückung, Lebensglück ist, frei von mir gedeutet als der Zustand psychischer und physischer Gesundheit des Einzelnen <u>und</u> der Gemeinschaft als natürliche Vollendung des Menschen, die nur aus der Betätigung der Tugend zu finden ist. Dieses "Glückspiel" des Menschen ist für Aristoteles der Ausgangspunkt der "ethischen" Betrachtung (Aristoteles 1933)! Wie sehr aber wir Menschen von dieser Eudaimonia, unsere Erkenntnis von dieser Ethik noch entfernt sind, beweist ein anderer grosser Moral-Philosoph, der seine fundamentalen Ideen im "Wealth of Nations", nämlich <u>"Self Interest"</u> und <u>"Natural Liberty"</u>, in ehrlicher Überzeugung eingebettet sieht in seiner "doctrine of sympathy as the real bond between human beings in their ethical relations..." (A. Smith, 1762), eine Überzeugung, die das tatsächliche psychische und physische Elend im Gefolge und in "Verfolgung" des "Wealth of Nations" Lügen straft. Welcher Irrglaube über die Macht der Liebe in der Wirtschaft!

## 2. Die Liebe

Die Unvollkommenheit und die Irrtümer bei der Umsetzung der Ethik stellen deren Notwendigkeit selbst nicht in Frage. Die erschrekkende, aber aus dem Zeitgeist verständliche Auffassung des 18. Jahrhunderts, wonach Wirtschaft ein Ding und Religion ein anderes sei, ist nur einer dieser vielen - vielleicht aber der gewaltigste und folgenreichste der "ethischen Irrwege". Adam Smiths berühmter Hinweis auf die "unsichtbare Hand", womit er ausdrücken wollte, dass im wirtschaftlichen Eigennutz die Vorsehung am Werke sei, machte es auch der Kirche leicht, auf eine Wirtschaftsethik zu verzichten - oder gelinde ausgedrückt, dem zentralen Anliegen des Christentums, die Liebe zu verwirklichen -, da ja eine gesunde Moral mit wirtschaftlicher Klugheit zusammenfiele. "Die bestehende Ordnung - sofern nicht eine kurzsichtige Regierung hineinpfuschte - war auch die natürliche Ordnung und die Ordnung der Natur war auch die von Gott geschaffene Ordnung" (R.H. Tawney 1946, S. 198).

Dass wir mit einer solchen Auffassung und Umsetzung von christlicher Ethik nicht weiterkommen - ausser in das Unglück -, beweist nicht nur das Scheitern der missverstandenen Liebesethik des Liberalismus (doctrine of sympathy), sondern die generelle Unfähigkeit der "alten Ethik" im Neumann'schen Sinne, das Liebesgebot universell wirksam zu machen. Nicht die christliche Religion an sich, sondern ihr historisches Management, das vor allem mit den untauglichen Mitteln der "Unterdrückung" und "Verdrängung" arbeitet und damit selbst in den Gegensatz zum Liebesgebot kam, ist inadäquat. In der "alten Ethik" und ihren verabsolutierten Werten soll das Vollkommenheitsideal durch Ausmerzung der diesem Ideal Widersprechenden realisiert werden. "Die Verneinung des Negativen, seine gewalttätige und systematische Ausschliessung ist der Grundzug dieser Ethik" (Neumann 1973, S. 18). Damit gerät diese Ethik in direkten Gegensatz zum Liebesgebot, das grundsätzlich, für alle Zeiten und in allen Bereichen, die Gewalttätigkeit ausschliesst! Und dies gilt intra- und inter-psychisch: Unterdrückung, Verdrängung und übermässige Abwehr führen bekanntlich zum krankhaften seelischen Stress, Symptombildung und Neurose, genauso wie derselbe, inter- und sozialpsychologisch gesehen, zur kranken Gesellschaft führt. Im einzelnen versucht die "alte Ethik", sich durch das "Gewissen", eine anerzogene Instanz, durchzusetzen. Im Gegensatz zur "Stimme" (im Sinne von Spitteler, Prometheus und Epimetheus, bei Neumann ebd., S. 20) als dem individuellen Ausdruck des Seelischen, dem aus der "Religio" (meditatio u.a.) zugänglichen Nachdenken der Gedanken Gottes (Erkenntnis), ist das Gewissen in seinem Ursprung nach Freud "soziale Angst" und nichts anderes (S. Freud 1915). Im selben Beitrag im Kapitel I und unter dem Eindruck schrecklicher Grausamkeiten im Ersten Weltkrieg, beschreibt Freud die völlige Orientierungslosigkeit, die Menschen - die nicht direkt im Kampf stehen - befällt. Die grosse Desillusionierung - und ich möchte hinzufügen: vor allem des echt gläubigen Christen - wird nach Freud vor allem durch zwei Tatsachen, die im diametralen Gegensatz zum Liebesgebot stehen, hervorgerufen: einmal durch die nach aussen sichtbar werdende Immoralität von Staaten, die sich in ihren Innenbeziehungen als Wächter hoher moralischer Standards postieren. Zum anderen durch die erschreckende Brutalität, die Individuen exekutieren, welchen als Glieder der höchsten menschlichen Zivilisation eine solche Verhaltensweise nicht zugetraut wurde.

Was aber hat Christus gesagt? "Ihr habt gehört, dass gesagt worden ist: Du sollst Deinen Nächsten lieben und Deinen Feind hassen. Ich aber sage Euch: **Liebet Eure Feinde**, tut Gutes denen, die Euch hassen, und betet für die, welche Euch verfolgen und verleumden, auf dass Ihr Kinder seid Eures Vaters, der im Himmel ist, der seine Sonne über die Guten und Bösen aufgehen und über die Gerechten und Ungerechten regnen lässt. Denn wenn Ihr die liebet, welche Euch lieben, was sollet Ihr da für einen Lohn haben? Tun dies nicht auch die Zöllner? Und wenn Ihr nur Eure Brüder grüsst, was tut Ihr da mehr? Tun dies nicht auch die Heiden?..." (Matthäus 5.6. 43-48).

Oder:

"Willst Du aber zum Leben eingehen, so halte die Gebote. Er sprach zu ihm: Welche? Jesus aber sprach: "**Du sollst nicht töten,...** und liebe Deinen Nächsten wie Dich selbst!" (Matthäus 19, 18-20) und an dieser Stelle weiter das ungeheure Gleichnis vom Kamel und dem Reichen, von der totalen Hingabe des Reichtums an die Armen!

Oder:

"Meister, welches ist das **grösste Gebot im Gesetz**? Jesus sprach zu ihm: Du sollst den Herrn, Deinen Gott lieben aus Deinem ganzen Herzen und aus Deiner ganzen Seele und aus Deinem ganzen Gemüte. Dies ist das grösste und das erste Gebot. Das andere aber ist **diesem gleich:**

"Du sollst Deinen Nächsten lieben wie Dich selbst. An diesen zwei Geboten hängt das ganze Gesetz und die Propheten" (Matthäus 22, 36-40), oder dieselbe Stelle bei Markus 12 (28-32), die so endet:

"Du sollst Deinen Nächsten lieben wie Dich selbst, ein anderes grösseres Gebot als dieses gibt es nicht!"...

Und bei Lukas (6, 27-36) lautet es so:

"Liebet Eure Feinde, tut Gutes denen, die Euch hassen; segnet die, welche Euch fluchen und bittet für die, welche Euch verleumden. Und wer Dich auf einen Backen schlägt, dem reiche auch den anderen, und dem, der Dir den Mantel nimmt, verweigere auch den Rock nicht. Gib jedem, der Dich bittet; und wer das Deine nimmt, von dem fordere es nicht wieder. Und was Ihr wollet, dass Euch die Leute tun, so tut auch Ihr ihnen. Wenn Ihr die liebet, welche Euch lieben, was für ein Lohn gebührt Euch? Denn auch die Sünder tun dasselbe. Und wenn Ihr denen leihet, von denen Ihr hoffet, wiederzubekommen, welcher Lohn gebührt Euch? Denn auch die Sünder leihen Sündern, dass sie Gleiches wieder erhalten... Ihr aber liebet Eure Feinde; tut Gutes und leihet, ohne etwas dafür zu hoffen - so wird Euer Lohn gross sein, und Ihr werdet Kinder des Allerhöchsten sein, denn er ist gütig gegen die Undankbaren und die Bösen..."

Diese gesellschaftlich weitestgehend ungelebte Grundnorm des Christentums gehört zwar zum Bestand fast aller höheren Religionen, aber mit dem Satz "Gott ist die Liebe" (Johannes 4,

16) übertrifft das Christentum alle anderen Religionen, selbst die "in den religiösen Urkunden fast vereinzelt dastehende Liebeslehre Krishnas" (O. Spann 1970, S. 390). Wie sehr zentral das Liebesgebot für das Christentum "wäre", erhellt auch aus Johannes 4.12: "So wir uns untereinander lieben, so bleibet Gott in uns"... und "Wer liebhat, der ist von Gott geboren" (Johannes 4.7). Auch Paulus unterstreicht diese Zentralität der Liebe: "Wenn ich mit Menschen- und mit Engelszungen redete, und hätte die Liebe nicht, so wäre ich ein tönend Erz oder eine klingende Schelle. Und wenn ich weissagen könnte und wüsste alle Geheimnisse und alle Erkenntnis, und hätte allen Glauben, also dass ich Berge versetze und hätte die Liebe nicht, so wäre ich nichts. Und wenn ich all meine Habe den Armen gäbe, und liesse meinen Leib brennen, und hätte die Liebe nicht, so wäre mirs nichts nütze" (Korinther 13, 1-3). Und "Die Liebe höret nimmer auf, so doch die Weissagungen aufhören werden, und die Sprachen aufhören werden, und die Erkenntnis aufhören wird. Denn unser Wissen ist Stückwerk, und unser Weissagen ist Stückwerk..." (Korinther 8-10).

Liebe ist der Friede, der innere und äussere Friede, das was dem Menschen möglich ist: sonst wäre jeder Christenglaube sinnlos. Selbst wenn der Stifter des Christentums nicht immer selbst in der Lage ist, sein Liebesgebot zu halten - so, wenn er wiederholt eine "rachsüchtige Wut auf jene Menschen, die auf seine Predigten nicht hören wollen" in seinen Strafandrohungen zeigt ("Ihr Schlangen und Natterngezücht! Wie werdet ihr der Verurteilung zur Hölle entrinnen..."), oder "Wer aber wider den heiligen Geist redet, dem wird weder in dieser, noch in der künftigen Welt vergeben werden...", womit Christus viel Angst, Elend und Schrecken in diese Welt gesetzt hat.

Oder:

"Der Menschensohn wird seine Engel aussenden. Diese werden aus seinem Reiche alle Verführer und Übeltäter sammeln und werden sie in den Feuerofen werfen. Da wird Heulen und Zähneknirschen sein"... "Weichet von mir, all ihr Übeltäter, in das ewige Feuer"...

Oder:

"Wenn Deine Hand Dir Ärgernis gibt, so haue sie ab"... etc.

Aber ist diese "menschliche Schwäche" Christus' nicht auch trostreich? Wie unsäglich schwierig ist doch dieses Liebesgebot, wieviel Selbst-Anstrengung und Fremd-Güte gehört dazu. Und sicher ziehen wir wegen dieser Inkonsequenz Jesu nicht den Schluss wie B. Russel, dessen Buch "Warum ich kein Christ bin" ich diese obenstehenden Zitate entnahm, nämlich: das Christentum selbst in Frage zu stellen (B. Russel 1965).

Vielleicht gelingt die Liebe besser in der neuen Ethik, wie sie uns E. Neumann vorstellt. So wie die Liebe Gottesliebe, Selbstliebe, Nächstenliebe und Naturliebe (Liebe der Schöpfung) umfasst, so spiegelt sich in dieser vielfältigen Liebe die integrale Fähigkeit des Menschen, im erkennenden Umgang mit dem Göttlichen, dem eigenen Unbewussten und seiner bewussten Aufschliessung, dem Erkennen des Du und der Anderen in der göttlichen Schöpfung der Natur, zur beglückenden Kraft der Liebe vorzudringen. Die Liebesfähigkeit des Menschen zu erhöhen (oder überhaupt erst aufzubauen), ist das eine, grosse therapeutische Ziel der psychoanalytischen Lehre. Das andere ist bezeichnenderweise die Bemühung um die Arbeitsfähigkeit (siehe weiter unten).

So ist auch der Phasenverlauf der gelingenden Entwicklung der menschlichen Persönlichkeit vom total abhängigen, selbst lebensunfähigen Säugling bis zum vollreifen, liebes- und arbeitsfähigen, integrierten (integren) Erwachsenen (im tiefenpsychologischen Sinne nach E. Erikson -1953 und 1984- ein Gleichnis der Kollektivanpassung <u>und</u> Individuation (in der zweiten Lebenshälfte): eine seelische Reifung, die für uns heute fast ausnahmslos mit dem "moralischen Problem" und seiner Neufassung und Verarbeitung der Auseinandersetzung mit der eigenen unbewussten - auch negativen! - Persönlichkeit und der "Persona", jener Beziehung zwischen dem Ich und dem Unbewussten (in der C. Jung'schen Terminologie, (vgl. C.G. Jung 1921, S. 687 und 1942), verbunden ist, jener Auseinandersetzung, die <u>auch</u> der Veredelung der Konfession zu einer Religion dient. Die Entwicklung der Liebesfähigkeit ist zugleich die Auseinandersetzung mit seinem eigenen Narzismus (gesundes Mass der Selbstliebe) und der Fähigkeit der emotionalen Zuwendung zum Anderen = Liebe Deinen Nächsten wie Dich selbst. Weiters die Gewinnung der Liebesfähigkeit im engeren, auch körperlichen Sinne der Intimitätsfähigkeit, des rückhaltlosen Aufgehens, sich Verlierens und wunderbar verwandelt des Wiederfindens im Du und schliesslich im Sinne der höheren Form der Liebe (Agape) die reife Zuwendung zum Schöpfer (Gottesliebe) und zu seiner Schöpfung als Gemeinschaft der Menschen und der Natur.

Ist die europäische Erbschuld - der Tatbestand des Krieges und der Ausbeutung - eine Bankrotterklärung und Ausserkraftsetzung der Bergpredigt? (vgl. M. Scheler 1933, S. 124 ff.). Oder halten wir es mit Kant: "Das Gute soll sein - auch wenn es niemals und nirgends geschähe!" Das Christentum ist noch jung und besitzt noch die Chance, aus der Krise der Begegnung mit der eigenen dunklen erschreckenden "Schattenpersönlichkeit" (C.G. Jung 1921) das Böse in uns zu verstehen, anzunehmen und in und durch die Liebe in uns zu neutralisieren. "Der Einbruch der Dunkelseite in das abendländische Bewusstsein ist nicht mehr rückgängig zu machen" (E. Neumann 1973, S. 76). Die "alte Ethik" orientierte sich nur an den Ich-Werten, die "neue Ethik" lehnt die Herrschaft einer Teilstruktur der Persönlichkeit ab und fordert die ganze Persönlichkeit als Basis des ethischen Verhaltens (E. Neumann, edb. S. 89).

"Die neue Ethik ist 'total' in zwei Richtungen: einmal, weil sie nicht mehr individualistisch nur die ethische Situation des Individuums berücksichtigt, sondern die Auswirkung der individuellen Haltung auf das Kollektiv mit einbezieht. Zweitens weil sie nicht nur eine Partialethik des Bewusstseins ist, sondern auch die Auswirkung der bewussten Haltung auf das Unbewusste mit in Rechnung stellt, und damit die Totalität der Persönlichkeit als Verantwortlichkeitsträger einsetzt, nicht nur das Ich als Zentrum des Bewusstseins!" (E. Neumann edb., S. 89). Die Nächstenliebe Jesu wird in diesem Sinne zur Liebe des Nächsten als des Schächers und Schattens - zur Feindesliebe! Und dies gibt psychologisch erst den Boden für eine realistische und realisierbare "ethische"

Liebeshaltung, auch dem ausser uns befindlichen Du, dem einzelnen Anderen und der Gemeinschaft (Kooperation) gegenüber.

## 3. Die Arbeit

Arbeit ist unser Schicksal so wie die Liebe. Beide erscheinen schwer vereinbar. Arbeit ist der zumeist auf wirtschaftliche Zielsetzungen - und damit nicht primär selbstzweckhafte - gerichtete Einsatz psychischer Anstrengungen. Sie ist in der Regel betrieblich, d.h. arbeitsteilig organisiert, stellt also eine "wechselseitige Dienstbarkeit" (J. Kolbinger 1985) dar, deren Ergebnisse = bedürfnisbefriedigende Leistungen - in der Regel für Dritte - zumeist unter Einhaltung von Verhaltensmaximen der "Produktivität", "Ökonomität" und "Rentabilität" = den Prinzipien wirtschaftlichen Handelns entstehen. Bei einer tiefergehenden (philosophischen) Betrachtung erweist sich Wirtschaften (fast begriffsgleich mit Arbeit!) als ein letztlich nur geistig zu erfassendes Handlungsprinzip - und nicht als autonomer Gesellschaftsbereich: Wirtschaften als Arbeit ist der "Mittelcharakter", den personelle und materielle Ressourcen vorübergehend im Hinblick auf Ziele annehmen.

Seit der Verstossung des Menschen aus dem Paradies - individuell mit der Geburt - ist Arbeit unabdingbar geworden und enthält immer auch selbstzweckhafte Komponenten, die in einem höheren Sinne der Ich-Liebe zugehören aus der personalen Verantwortung für die Selbstverwirklichung! In diesem Sinne - als Beitrag für die Selbst- und Arterhaltung (physisch und psychisch) - ist Arbeit vernünftig, kann gegenüber der primären Unlustkomponente, die immer auch in der Arbeit besteht, sekundärer Lustgewinn (Ich-Lust) aus der Arbeit gezogen werden. Durch die fatale (lieblose) Entwicklung der Wirtschaft im Abendland, aus einem Zusammenwirken von Aufklärungswissen, protestantischer Wertethik, wirkungsloser (insbesonders das Liebesgebot betreffend) "alter Ethik" und Technokratie haben wir eine Arbeitssituation in unserer Gesellschaft heraufbeschworen, in der neben allen anderen furchtbaren Folgen (soziale Frage, Elend, Klassenkampf etc.) Arbeit selbst - vor dem auch eine Möglichkeit glückhaften

Miteinanderseins - zu einem primären psycho-physischen Stressfaktor geworden ist. In grossartiger Weise haben u.a. zu dieser Tragödie K. Marx und E. Durkheim Stellung bezogen. Marx sieht in seiner epochalen Analyse den gesellschaft-zerstörenden Verlust des ganzheitlichen Arbeitsinhaltes im Sinne seiner Entfremdungsthese als das Fremd-werden:

- des Arbeiters gegenüber dem Produkt,
- des Arbeiters vom Prozess seiner Arbeit
- und schliesslich des Arbeiters von seinen Arbeitskollegen (K. Marx 1844).

In einem sehr tiefen wie gleichermassen weiten Sinn des Wortes ist damit eine Zerstörung der Kooperation als Liebes-Basis in der Wirtschaft analysiert worden. E. Durkheim (1893), dessen Anliegen nur als eines der Wissenschaft von der Ethik verstanden werden kann, sieht die Hauptaufgabe zur Überwindung der "Anomie" in der Erstellung eines "neuen" moralischen Code! Sehr aufschlussreich ist diesbezüglich neben dem Schlusswort (in der Conclusion) in seinem Werk vor allem das Vorwort zur ersten Auflage. ANOMIE - A-NOMIA, Gesetzeslosigkeit, kann letztlich verstanden werden im Sinne des englischen Wortes anomy, das, erstmalig 1591 erwähnt (siehe Oxford English Dictionary), die Bedeutung von "disregard of divine law" besitzt und in meiner Deutung letzlich meint:

**Die Abwesenheit der Liebe von der Arbeit.**

Dabei wohnt der Arbeit (aus dem gesellschaftlichen Zwang zur Arbeitsteilung) primär doch ein verbindendes, liebevolles Aufeinander-angewiesen-sein, ein kooperatives, gemeinschaftsbildendes Element inne. Das ist ja die Wurzel der Organisationslehre und eben dort wird die neue Lehre von der Organisationskultur ansetzen müssen, falls sie nicht ein leeres, säkulares Modewort bleiben will. Arbeit kann nicht sinnvoll begrifflich von Spiel, Musse, Kunst und Sport etc. getrennt werden. Ebenso wie sie zweckhaftes und selbstzweckhaftes Handeln untrennbar vereint - bzw. deren Trennung katastrophale Folgen zeitigt! Noch heute gilt K. Büchers einleitender Satz im ersten Kapitel seines Werkes: "Obwohl die Arbeit den Ausgangspunkt aller wirtschaftlichen

Erscheinungen bildet, so ist doch ihr Wesen bis jetzt von den Nationalökonomen nur selten einmal gründlicher untersucht worden. Die meisten behandeln sie wie eine absolute ökonomische Kategorie..." (K. Bücher 1923, S. 1). Unsere grundsätzliche Arbeitsscheu (horror laboris) ist vielleicht gar nicht so grundsätzlich; besonders die Arbeitsweise der Naturvölker, bei der Bedarfsarbeit vorwiegt - eine Arbeit, die nicht (zumindest primär nicht) Erwerbsarbeit ist, eine Arbeit, auf die nicht bloss der Besitz, sondern der Genuss folgt! -, weist darauf hin. Die "Mühe" bei der Arbeit ist ungleich der Lastenempfindung. Arbeit - insbesondere bei Naturvölkern - ist (schon rein technisch betrachtet) sehr mühevoll: "Drei Dinge fallen dabei besonders ins Gewicht: die Unvollkommenheit der technischen Hilfsmittel, die Langwierigkeit der Arbeitsprozesse und der ausgesprochen künstlerische Charakter aller ihrer Produkte, die auf längere Dauer berechnet sind" (K. Bücher ebd., S. 9).

Die Arbeit - der einzige, wirklich produktive, jedenfalls primäre Produktionsfaktor in der Wirtschaft - hat eine so zentrale und integrierende Stellung in der menschlichen Gesellschaft, dass jegliche Betriebswirtschafts- und Managementlehre, die diesen Tatbestand nicht in den Mittelpunkt ihrer Objekterkenntnis rückt, letztlich zum Scheitern verurteilt ist. Die moderne komplexe Gesellschaft fusst auf der gegenseitigen Abhängigkeit hochqualifizierter und differenzierter Arbeit und Arbeits- (=Berufs)gruppen; früher wurden Gesellschaften eher durch Sitten, Gleichartigkeit und Autorität der Ältesten u.a.m. zusammengehalten (Th. Caplow 1958). Die soziale Funktion der Arbeit - und damit der Wirtschaft und der Unternehmung - ist integral; auch integral für die Person. Die psychische Gesundheit ist zentral abhängig vom Gelingen der Arbeitsmotivation. Die "neue Ethik" spielt sich vor allem ab in der inneren Auseinandersetzung des Menschen mit seinen seelischen Strukturen und Motiven. Die Arbeit gehört ohne Zweifel zu den hervorragendsten realitätsorientierten Ich-Leistungen, sie ist ein Musterbeispiel für Triebökonomie durch Sublimierungsleistung, also der Umwandlung von libidinöser und aggressiver ES-Energie in realitätsgerechte Sekundär- (oder Ich-) Energie. Diese Verschiebungsmöglichkeit primär prozesshafter Triebenergie auf die Berufsarbeit und die mit ihr verbundenen menschlichen Beziehungen verbindet sich mit der durch diese Berufsarbeit gelingenden Identitätsgewinnung, ohne welche eine reife menschliche Persönlichkeit überhaupt nicht entstehen kann. So wie die Liebe enthält die Arbeit - beide zusammen das wesentliche Ganze des Menschen bildend - die zwei amalgierten Komponenten unserer seelischen Urenergie: Libido und Aggressivität! Beide dienen der Lebenserhaltung, wenn sie nicht getrennt (atomisiert) werden.

## 4. Kooperation

Zusammen-Arbeit, schicksalhaft-notwendige Arbeitsteilung und Koordination, aufeinander angewiesen sein, nur letztlich gemeinsam überleben können, auf den Leistungsbeitrag niemandes verzichten können, ist eo ipso schon eine ethische Kategorie. Ein Verhaltenskodex der Gesellschaft, der kleineren Gemeinschaften, der Unternehmung, jeglichen Betriebes - besonders klar dargelebt in der Familie, dem menschlichen Urbetrieb.

Kooperation ist auch im Rahmen der sechs Managementfunktionen ein wesentlicher Bestandteil der Organisationsfunktion (M. Hofmann 1987).

Kooperation als gemeinsames Leisten, auch im Sinne eines "spielerischen" sich gegenseitig Übertreffenwollens im Sinne eines fairen ( = sportlichen) Wettbewerbs, nicht als Nullsummenspiel eines Wettkampfes oder einer missverstandenen sogenannten "freien" Wettbewerbswirtschaft.

Diese so existentielle kategoriale Kooperationsaufgabe steht in einer direkten Beziehung zum Liebesgebot.

Liebe ist ja Aufeinander-angewiesen-sein, aber auch Aufeinander-angelegt-sein, ist Grunderfindung und Identität des schöpferischen Logos. Auch in der narzisstischen Komponente, des im richtigen Ausmass lebensnotwendigen sich mit sich selbst liebevoll Einlassens. Vor allem aber ist Liebe als Nächsten-Liebe triebgesteuerte Möglichkeit und vernunftgeleitetes Verhalten grundsätzlicher, toleranter und vorbehaltsloser Zuwendung zum Du und den Anderen, in Einschränkung, teilweise Abwehr aggressiven Verhaltens. Triebgesteuert, insoweit ja unmittelbare, instinktsichere Zuwendung etwa schon des Neugeborenen zur Mutter die Richtung vorgibt, in der der Mensch in seiner existentiellen Abhängikeit und Angewiesenheit auf den Anderen "Gott sei Dank" auf liebesgesteuerte Verhaltensmuster sich verlassen kann. Vernunftgesteuert insofern, als der gereifte, intimfähige und selbstachtende Erwachsene Einsicht und Erkenntnis für die AGAPE (die Liebe Gottes zu uns Menschen, Johannes 3.16) aufbringen kann und die daraus entspringende Liebe der Menschen untereinander, die Feindesliebe (!) und die Liebe der Geschlechter zueinander und schliesslich diese wunderbare Einheit, die zwischen Eros (der leidenschaftlichen Sehnsucht) und der philia (dem wohlgesinnten Liebhaben und herzlich Verbundensein) und schliesslich der überhöhenden AGAPE bestehen kann. Das hebräische Alte Testament hat insgesamt acht Worte und Wortstämme, um Liebe in ihren verschiedenen Sinnfärbungen auszudrücken. Schliesslich dient ja auch der Aggressionstrieb, eingebunden mit der Libido in eine einheitliche seelische Energie (Triebkern), letztlich der Erhaltung und Verteidigung der Liebe, dem Schutz des Lebens, hat somit ursprünglich aufbauenden Charakter.

Kooperation ist die Gestalt der Liebe, Ausformung der Liebe im Betrieb, im Unternehmen, überall dort, wo Arbeitsteilung für unsere Existenzsicherung notwendig wird, könnten wir uns auf die Macht der Liebe verlassen, wenn wir sie nur voll wagen würden, uns voll und couragiert dieser unserer stärksten Kraft hingeben würden.

Warum gelingt Liebe, Kooperation so oft auch nicht, wird Zusammenarbeit immer wieder gestört, zerstört, verhindert? Weil Liebesfähigkeit - in dem weiten und empathischen Sinne der AGAPE - keine selbstverständliche und leicht erreichbare Verhaltensweise ist, sondern mühevoll in Selbsterkenntnis und durch viele negative Erfahrungen und einen leidvollen Lernprozess aktiv angestrebt werden muss und wohl nie in einem idealen Mass gelingt. Der liebesfähige Mensch ist der voll reife mündige Erwachsene, der im Erikson'schen Sinne durch alle acht Lebenskrisen hindurch die

Integrität der Persönlichkeit erreicht hat.

Aber wie unheilvoll und hindernisreich dieser Weg auch sein mag, es gibt keine Abkürzung, kein Weg führt vorbei an der Kooperationsnotwendigkeit der Menschen, besonders auch innerhalb jener Gattung von Betrieben, die wir in der Wirtschaft Unternehmungen nennen und die seit über 200 Jahren das Geschehen in dieser Welt so nachhaltig verändert und beeinflusst haben. Die "Gesellung" im Betrieb (A. Mayer 1951, S. 58) auf der Basis der "sozialen Natur des Menschen", seinem vitalen Drang, in Gesellschaft zu sein, aufbauend und durch das Liebesgebot ethisch überhöht und zusammengehalten, stellt sich jenseits aller nötigen hierarchischen und funktionalen Ausgliederungen grundsätzlich als eine horizontale und vertikale Gruppen-Gliederung dar, innerhalb welcher die Unternehmensführung u. a. als zusammenhaltende, für eine gedeihliche Unternehmenskultur verantwortliche Instanz eine auch ethisch begründete Aufgabe der Herstellung kooperativer Arbeitsverhältnisse zu erfüllen hat.

Ethisch insoweit, als es keine Ausnahme von der Erfüllung des Liebesgebots gibt (es macht nicht Halt vor den Toren der Unternehmung!), und betriebliche Kooperation ist nur ein anderes Wort für den Tatbestand liebevoller Zusammenarbeit. Eine andere Form der "Zusammenarbeit", die auf Angst, Drohung, Zwang, rein auf Gelderwerb orientierter Leistung oder atomisierter Arbeitsteilung beruht, verdient diesen Namen nicht.

## 5. Ethik und Unternehmensführung

So komme ich zur Schlussfolgerung, dass Unternehmungsführung - die Gesamtverantwortung, die ein Individuum für die Erreichung eines bestimmten Zieles zu übernehmen bereit ist und die es nur tragen kann, wenn es mit adäquater Macht ausgestattet und auch Sanktionen ausgesetzt, sich auf arbeitsteilige Hilfe seitens anderer (seiner Mitarbeiter) verlassen kann - wie jede Führungsaufgabe ihre Berechtigung in einem höheren Sinne letztlich nur ethisch ableiten kann.

Unternehmungsführung hat ihre Basis in der sittlichen Verantwortung:

I. Für Personen auf der Basis der Geschöpfesliebe (Selbstliebe/Nächstenliebe)

II. Für Sachen, für die Natur auf der Basis der Naturliebe.

Für Personen trägt die Unternehmensführung zweierlei sittlich begründete Verantwortung. Einmal auf der Basis der Selbstliebe die sittliche Verantwortung für sich selbst; die permanente Aufgabe des Führers, Vorbildlichkeit und echte Autorität durch Selbsterkenntnis und andere Lernprozesse zu fördern.

Dann auf der Basis der Nächstenliebe in einem grundsätzlich empathischen Verhalten die Entwicklung und das Wohlergehen seiner Mitarbeiter zu fördern und mitzuhelfen, ihnen motivierende, identitätsfördernde Arbeit zuzuordnen. Ebenfalls auf der Basis der Nächstenliebe für Kooperationskultur zu sorgen bzw. echte Konfliktlösungen herbeizuführen und diese grundsätzliche kooperative Gesinnung auch auf den Umgang mit den Kunden und mit den Marktpartnern auszudehnen.

Für Sachen trägt die Unternehmensführung auf der Basis der Naturliebe, der liebevollen Hinwendung zu Gottes Schöpfung und der Erkenntnis der menschlichen Mitverantwortung für den permanenten Schöpfungsgang Verantwortung für einen schonenden, nicht zerstörenden, exzessiven, egoistischen Umgang mit den Naturgrundlagen als Einsatzstoffe für die Wirtschaft - ebenso aber auch Verantwortung für Produkt- und Leistungsqualitäten, die dieser göttlichen Natur und auch den Menschen in ihr keinen Schaden zufügen.

Unter diesem praktischen Gesetz der Liebe in der Unternehmensführung würden viele Produktionsweisen, Produktqualitäten, Verhaltensweisen und Bewertungsverfahren untragbar und obsolet. Im Widerspruch zum Liebesgebot steht beispielsweise jegliche Produktion von Kriegsmaterial, Produktionsverfahren, die dem Menschen an Leib und Seele Schaden anrichten (Verfremdung), aggressives, liebloses, ausbeuterisches Führungsverhalten, ungerechte Ertragsverteilungsverfahren u.a.m.

Die Geschäfts- und Wirtschaftswelt hat bislang in einem hohen - zu hohen - Masse vom untrennbaren Ganzen von Arbeit und Liebe keine Kenntnis genommen. Das Christentum ist von seiner revolutionärsten und zentralsten Aussage her - vom Liebesgebot - noch wenig ernst genommen worden, praktisch bislang gescheitert. Angst, Lieblosigkeit und Vernichtungspotentiale haben die Oberhand.

Der Liebe in der Arbeitswelt mehr Chancen einzuräumen, ist nicht Angelegenheit einer esoterischen, weltfremden Haltung, sondern Förderung einer ganz praktischen Vernunft, die mit Schrecken erkennt, dass sonst der tödliche Wahnsinn der absolut lieblosen Produkte und Produktionsverfahren weiterhin Oberhand bekommt. In einer solchen Situation wird die Aufgabe der Unternehmensführung wahrlich in ganz besonderer Weise eine "ethische". Freilich im Verbund mit der ethischen Verantwortung aller auch in den anderen Gesellschaftsbereichen Tätigen.

## Bibliographie


Aristoteles, 1933: Nikomachische Ethik, übersetzt von E. Rolfes, erschienen in der Aristoteles-Ausgabe der Philosophischen Bibliothek von Mesner, Bd. 5. Leipzig

Bücher K., 1923: Arbeit und Rhythmus (erste Auflage 1896!). Leipzig

Caplow Th., 1958: Soziologie der Arbeit. Meisenheim am Glan

Deussen P., 1905: 60 Upanishad des Veda, aus dem Sanskrit übersetzt. Leipzig. Zit. bei Spann O.

Durkheim E., 1893: De la division du travail social; hier: The Division of Labour in Society, London 1964

Erikson E.H., 1953: Wachstum und Krisen der gesunden Persönlichkeit. Stuttgart. Ders., 1984: Identität und Lebenszyklus. Frankfurt

Freud S., 1915: Zeitgemässes über Krieg und Tod. Wien

Hegel G.W., 1905[2]: Enzyklopädie der philosophischen Wissenschaften im Grundriss. Leipzig

Hofmann M., 1987: Einführung in die Allgemeine Managementlehre, Teil I. Wien

Jung C.G., 1921: Psychologische Typen. Zürich Ders., 1942: Psychologie und Religion - die Terry lectures 1937, gehalten an der Yale University. Zürich

Kolbinger J., 1980: Betriebswirtschaftslehre als Lehre von der sozialen Leistungsordnung. Berlin

Marx K., 1844: Das Kapital.

Mayer A., 1951: Soziale Rationalisierung im Betrieb. München

Neumann E., 1973[3]: Tiefenpsychologie und neue Ethik. München

Russel B., 1965: Warum ich kein Christ bin. München

Scheler M., 1933: Vom Ewigen im Menschen, Die christliche Liebesidee und die gegewärtige Welt. Berlin

Schleiermacher F.E.D., 1841: Grundriss der philosophischen Ethik.

Smith A., 1776: The wealth of nations. London. Hier Denk's edition 1933, London, und On the Theory of Moral Sentiments, 1762

Spann O., 1970: Religionsphilosophie, Bd. 16 der Gesamtausgabe. Graz. Erstausgabe 1947 Wien

Tawney R.H., 1927: Religion and the Use of Capitalism. London. Hier in der deutschen Übersetzung von Moser in: Sammlung Dalp, Bd. 6, Bern 1946.

Ziegler A., 1987: Ethik in der Sicht der katholischen Soziallehre im gleichen Band

# Die Ethik aus der Sicht der Unternehmungsführung

W. Hess[1]

Walter Hess war von 1964-1981 Delegierter und Vizepräsident des Verwaltungsrates der Zellweger Uster AG und ist seither als Berater für unternehmungswirtschaftliche Probleme tätig. Er ist Präsident des Verwaltungsrates der Sprecher + Schuh AG, Aarau, sowie der Aktiengesellschaft Adolph Saurer, Arbon, und Mitglied verschiedener weiterer Verwaltungsräte. Er ist Dozent an der ETH Zürich und der HSG.

**Zusammenfassung**

Ethik soll Richtschnur für das richtige sittliche Verhalten sein. In der Unternehmungsführung stösst deren Erfassung auf vielfältige Schwierigkeiten, die folgenden Gegebenheiten entspringen: der Unterschiedlichkeit der Auffassungen in den verschiedenen Kulturkreisen, ihrem Wandel, den einander entgegenstehenden Wirkungen einer Handlung, dem Zwang zur Erhaltung der Wettbewerbsfähigkeit, der häufig zum Kampf um Überleben zwingt. Viele der ethischen Entscheidungen der Unternehmung müssen daher in einer Grauzone vollzogen werden. Diese steht in einer vierfachen Beziehung: zum Markt und den Kunden, zu dem in ihr arbeitenden Menschen, zu ihren Kapitalgebern und zu ihrem Umfeld. Jedem dieser Kreise gegenüber bestehen für sie besondere Verantwortlichkeiten, deren Erfüllung durch Konflikte belastet ist. Mittels Credos wird versucht, allgemeine Grundsätze des Verhaltens für die Unternehmung festzulegen.

Der Verfasser dieses Artikels schreibt diese Zeilen aus der Optik eines international tätigen Unternehmers und damit aus dem praktischen Erlebnis mit der Ethik in der Wirtschaft. Mit dem Wort "international" werden unterschiedliche Mentalitäten, unterschiedliche Religionen, unterschiedliche Kulturkreise oder kulturelle Hintergründe angesprochen.

Mit dem Blick auf unterschiedliche Kulturkreise stellt sich vorerst die Frage, ob die unternehmerische Tätigkeit unter dem ethischen Aspekt in Abhängigkeit dieser Unterschiede verschiedenarti-

---

1 Walter Hess, lic.rer.pol., Rebenstrasse 55, CH-8307 Effretikon.

Management Forum
Ethik und Unternehmensführung
ed. by Charles Lattmann

gen Betrachtungen unterworfen werden müsste. Die Praxis zeigt, dass die ethische Betrachtung tatsächlich unterschiedliche Strukturen aufweist, im besonderen Mass zwischen verschiedenen Kulturkreisen. Aber auch innerhalb eines Kulturkreises sind erhebliche Unterschiede festzustellen, denken wir an die Unterschiede in Europa und schliesslich auch an die Unterschiede im Lande selbst. Unterschiede können aber auch im engen Raum auftreten. Denken wir an einen Bäckerei- oder Metzgereibetrieb in einer ländlichen Gegend ausserhalb einer industriellen Agglomeration, der Kontakt mit einer Kundschaft aus den unterschiedlichsten Kulturkreisen (Türken, Sizilianer, Araber, Asiaten usw.) hat.

Die Ethik soll uns Richtschnur für das richtige sittliche Verhalten sein, für das Gute und das Böse, für das Richtige und das Falsche.

Auch wenn die Ethik teilweise philosophisch differenziert ausgestaltet und begründet wird, so hat sie ihre Wurzel immer in Religionen. Nachdem wir auf unserer Welt unterschiedliche Religionen und unterschiedliche Kulturkreise haben, so stellt sich für einen international tätigen Menschen vorerst die Frage, inwiefern die Auffassung des ethisch Richtigen und Falschen oder Schwergewichte davon bei den verschiedenen Kulturkreisen deckungsgleich oder eben unterschiedlich sind. Die Schweiz, Europa oder das Abendland tragen den Stempel der christlichen Ethik. Zu behaupten, dass die christliche Ethik weltweit gültig ist, wäre zumindest anmassend.

Meine geschäftlichen Erfahrungen in unterschiedlichen Kulturkreisen haben mich gelehrt, dass sehr viele Dinge unterschiedlich betrachtet werden, dass andere Auffassungen eben auch in ethischer Richtung nicht einfach pauschal als falsch deklariert werden dürfen. Wer also in verschiedenen Kulturkreisen zu tun hat, der muss einmal feststellen, dass etwas, was an einem Ort als ethisch richtig betrachtet wird, am anderen Ort als ethisch falsch bewertet wird oder dass zumindest die Gewichte in der Bewertung des Handelns sehr unterschiedlich liegen. Dies trifft übrigens auch im christlichen Kulturkreis zu. Nicht nur zwischen der Schweiz, Sizilien, USA und Österreich wird vieles unterschiedlich gewichtet, sondern sogar in unserem Lande zwischen Kantonen und Regionen. Diese Problematik macht die Beurteilung nicht einfacher, aber reduzieren wir das Problem auf die eigenen Kulturkreise und Religionen. Die schlüssige Antwort ist schon dort nicht einfach zu finden.

Eine ebenfalls schwierige Frage ist die Abgrenzung des Begriffs Ethik. Wo beginnt die ethische Betrachtung und wo hört sie auf. Es gibt gewisse Gebiete, in denen die Antwort noch einfach zu finden ist: Ist es wahr, ist es nicht wahr? Schwieriger ist bereits die Beurteilung der Interessenlage. Wann ist eine ausgeglichene Interessenlage bei Geschäftspartnern vorhanden? Wann zwischen Produzent und Konsument? Wann wird der Konsument übervorteilt? Die Schwierigkeit liegt in den Rand- oder Grauzonen. Zentrale Aspekte, wie z.B. die Frage nach der Wahrheit, dürften einfacher zu beantworten sein als die Frage nach der Gewinnmaximierung, nach dem Kündigungsschutz usw.

Die freie wie die soziale Marktwirtschaft basiert auf der Wettbewerbsfähigkeit der Unternehmung. Aus sozial-ethischen Gründen ist die langfristige Existenz der Unternehmung als Arbeitgeber wichtig. Diese ist dann sichergestellt, wenn die Wettbewerbsfähigkeit erhalten bleibt. Je grösser der Wettbewerb, desto sicherer wird der Kunde oder Konsument nicht übervorteilt; es werden keine "sündhaften" Gewinne gemacht. Hier muss darauf hingewiesen werden, dass es neben der freien Marktwirtschaft auch noch Oligopole, Monopole und Kartellbindungen gibt, welche zwar das Überlebensprinzip sichern und damit die "Arbeitsplatzethik" verbessern, aber gleichzeitig die Gewinnmaximierung fördern und damit nicht zu den tiefstmöglichen Preisen offerieren.

Ähnliche Probleme ergeben sich bei protektionistischen Strukturen. Man will zwar Arbeitsplätze sichern, zwingt aber den Konsumenten Ware zu kaufen, die er andernorts billiger bekäme. Man erodiert seine Kaufkraft. Einfacher wäre, die Löhne zu senken, billiger zu produzieren, voll wettbewerbsfähig zu sein und damit billiger zu verkaufen.

Eine besondere Gruppe sind die staatlichen Monopole und der

staatliche Verwaltungsapparat, der nicht unter Konkurrenzdruck steht und damit zu hohe Kosten erzeugt, die er dann zwangsweise auf den Konsumenten überwälzt. Es entsteht zwar keine Übervorteilung aus der Sicht des Gewinns, aber eine Erosion der Kaufkraft. Hingegen besteht eine absolute Arbeitsplatzsicherung.

Mit Ausnahme dieser Gruppe, die im modernen Staat aber bereits Hunderttausende von Arbeitnehmern umfasst und alle Bürger zum Kunden hat, besteht die Wirtschaft aus einem Kampf ums Überleben, Sieger ist wie in der Natur der Stärkere. Je nach der Spannweite des Begriffs Ethik stehen wir bereits vor einem unlösbaren Dilemma. Die wirtschaftlichen Regelmechanismen töten die schwachen Unternehmungen. Dazu braucht es nicht einmal die böse Absicht eines Unternehmers, der gezielt einen Konkurrenten "kaputt" machen will. Wer in der internationalen Wirtschaft tätig ist, erlebt diese Problematik täglich. Für den Verfasser ist dieses Problem ausserhalb der ethischen Betrachtung. Er weiss aber, dass es darüber auch andere Auffassungen gibt.

Nach diesen generellen Betrachtungen gehen wir etwas tiefer auf die Unternehmungsführung ein. Eine heute oft angewendete und akzeptierte Darstellung ist die Aufgliederung der Unternehmung in vier Beziehungsgruppen, die auch gleichzeitig Verantwortungsgruppen der Führung sind.

Ein innerer Kreis:

Produkt-Markt-Kunde<br>Mensch<br>Kapital

und ein äusserer Kreis:

das Umfeld der Unternehmung.

Es gibt auch noch eine umfassendere Betrachtung in sogenannten Grundstrategien, die sich zwar teilweise funktional wie instrumental mit der obigen Gliederung überdeckt, nämlich eine

Strategie des Verhaltens der Unternehmung
Strategie der Menschenführung
Strategie der Tätigkeit
Strategie der Organisation

Die Strategie der Organisation dürfte keine Ansatzpunkte für ethische Betrachtungen ergeben. Die übrigen können Zündstoff enthalten. Ob die Tätigkeit einer Unternehmung ethischen Betrachtungen unterliegt, hängt wiederum davon ab, wie weit der Begriff gefasst wird. Ist die Herstellung von Waffen als Spielzeug unethisch? Die Lieferung von echten Waffen an Afghanistan oder Nicaragua durch Russen und Amerikaner überschreitet jedenfalls meine Auffassung des ethisch Vertretbaren genau gleich wie die Unterstützung von Terrororganisationen durch die Kirchen.

Ist die Herstellung von Pulver, das für den Krieg wie für den Frieden (z.B. Strassenbau) gebraucht wird, ethisch vertretbar? Mikrolektronik brauchen wir für Herzschrittmacher wie für Kriegsgeräte und die Chemie-Branche zur Verhinderung einer Welthungersnot und zur Entwicklung eines Abwehrstoffes gegen Aids usw. Es sei lediglich darauf hingewiesen, dass man sich bei einer monokausalen Betrachtung von Tätigkeiten sehr schnell in einen unentwirrbaren Knäuel von Widersprüchen verwickelt.

Einige Überlegungen zur Strategie der Menschenführung. Die heutige unwidersprochene Auffassung über Führung beruht auf einem partizipativen Führungsstil, in dem auch Verantwortung delegiert wird. Durch Begrenzung der Kompetenzen wird der ethischen Betrachtung der Verantwortung generell Rechnung getragen. Es wird ein möglichst grosser Handlungs- und Entscheidungsspielraum für Mitarbeiter geschaffen. Wenn wir von situativer Führung sprechen, überschreiten wir die Schwelle des Generellen. Wir geben zu, dass eigentlich jede Führungs- und Entscheidungssituation etwas Einmaliges und damit auch Erstmaliges und nicht Wiederkehrendes ist. Dialektisch ausgedrückt, können wir zwischen einer objektiven und einer subjektiven Situation unterscheiden. Objektiv wäre die sachlich einmalige Situation zu beurteilen. Subjektiv der Faktor Mensch, dessen Reaktion das Resultat entscheidend beeinflusst. Mit der persönlichen Rücksichtnahme sind wir dann wieder bei der ethischen Betrachtung angelangt.

Wie steht es nun, wenn ein sogenannt "verdienter Vorgesetzter" durch einen psychischen Wandel seine Mitarbeiter so behandelt, dass bei diesen Frustration und Demotivation entstehen? Solche Probleme gehen dann bekanntlich über die Unternehmung hinaus in die Familie, in die Politik usw. Solche Entwicklungen sind häufig bei Führungstechnokraten: je intelligenter, desto gefährlicher. Der Mensch wird analysiert und optimiert und oft noch durch einseitige materielle Vorteile manipuliert.

Im Verhältnis zwischen (direkten) Vorgesetzten und (direkten) Mitarbeitern, also im Führungsbereich im engeren Sinn, hat die Rücksichtnahme auf einen Einzelnen dort ihre Grenze, wo eine Mehrzahl darunter leidet. Dies kann Mitarbeiter oder Vorgesetzte betreffen. Oft gibt es keine Kompromisse, das Problem ist durch Handeln im Interesse des Ganzen zu lösen. Der ethische Konflikt ist unausweichlich, der Führer hat ihn in seinem "Rucksack" mitzutragen.

Noch einige Gedanken zur Strategie des Verhaltens der Unternehmung und des Unternehmers. Diese werden oft in Credos festgehalten und in Chefetagen an den Wänden, quasi als Reklameschilder, aufgehängt. Es gibt gute Credos. Sie sind oft sehr ähnlich. Sie sind dann gut, wenn man sich täglich und stündlich daran erinnert, aber sie sind nicht widerspruchsfrei. Die Schweizerische Gesellschaft für Management (ASOS) hat 1982 einen "Verhaltenscodex für das Schweizer Management" veröffentlicht. Ein Beispiel eines solchen Verhaltenscodex sind die als Anlage wiedergegebenen Unternehmungsgrundsätze der Zellweger Uster.

- Wir wollen durch die Entwicklung, die Herstellung und den Verkauf von materiellen und immateriellen wirtschaftlichen Gütern eine volkswirtschaftlich sinnvolle Leistung erbringen.
- Wir anerkennen die Verpflichtungen gegenüber Individuum und Gesellschaft, die sich uns in einer liberalen, auf persönlicher Freiheit und menschlicher Würde gründenden Gesellschafts- und Wirtschaftsordnung stellen, und wollen einen Beitrag zur Erhaltung lebenswerter Umweltbedingungen leisten.

- Wir wollen unser Handeln auf die Sicherung der langfristigen Existenz der Unternehmung ausrichten. Deshalb sind wir bestrebt, mit unserer wirtschaftlichen Tätigkeit einen angemessenen Gewinn zu erarbeiten.

- Wir sind der Überzeugung, dass die Konkurrenz eine unerlässliche Voraussetzung für das Funktionieren unserer Wirtschaft darstellt. Durch Leistung wollen wir unsere Konkurrenzfähigkeit auf den Absatzmärkten, als Arbeitgeber und am Kapitalmarkt sicherstellen.

- Wir sind bestrebt, für unsere Kunden Problemlösungen zu erarbeiten und ihnen qualitativ hochstehende Produkte zu vorteilhaften Bedingungen anzubieten. Wir garantieren einen einwandfreien Service.

- Wir wollen uns durch führungsmässige und organisatorische Effizienz der Herausforderung durch den steten Wandel gewachsen erweisen. Die Führung durch Zielsetzung und Delegation von Verantwortung und Kompetenzen soll unseren Mitarbeitern ein grösstmögliches Mass an Handlungsfreiheit gewähren.

- Wir wollen Arbeit, Organisation und Führung so gestalten, dass die Mitarbeiter in ihrer Tätigkeit Befriedigung und Bestätigung finden und sich beruflich und persönlich entfalten können. Daraus soll ein angenehmes und dynamisches Betriebs-, Arbeits- und Leistungsklima entstehen.

- Wir wollen eine offene Informationspolitik verfolgen. Intern heisst dies, dass wir unsere Mitarbeiter über das Unternehmensgeschehen auf dem laufenden halten, extern, dass wir auch die Öffentlichkeit über wichtige Gesichtspunkte informieren, soweit dies ohne Beeinträchtigung wesentlicher Interessen des Unternehmens möglich ist.

Zellweger Uster AG

Hans C. Bechtler
Präsident des Verwaltungsrates

Walter Hess
Vizepräsident und Delegierter
des Verwaltungsrates

In diesen Credos wird zu zentralen Fragen der Unternehmungsführung Stellung genommen, insbesondere auch zu der Tatsache, dass die Unternehmung Teil der Gesellschaft ist und sich in ihrem Kräftefeld befindet. Die Unternehmungsführung trägt dafür eine Verantwortung. Sobald man sich die Frage stellt, ob das Umfeld auch bereit sei, für die Unternehmung Verantwortung zu tragen, so wird der ethische Konflikt offenkundig. Greifen wir aus den Themen, die in Credos behandelt wurden, nur einige Beispiele heraus.

Wir wissen, dass der <u>Gewinn</u>, zumindest in seiner Höhe, in sozialethischen Kreisen umstritten ist. Wir wissen aber auch, dass die Auswertung gewagter Erfindungen zumindest in den ersten Verkaufsjahren hohe Gewinne voraussetzt.

Ein anderes Beispiel: die Öffentlichkeit nimmt gelassen zur Kenntnis, wenn Unternehmungen jahrelang keine <u>Dividende</u> zahlen, reagiert aber sehr heftig, wenn über Entlassungen mangels Konkurrenzfähigkeit oder über die Frage des Teuerungsausgleiches diskutiert wird. Aktionäre sind nicht immer Grosskapitalisten!

Ein weiteres Beispiel: im zentraleuropäischen und nordamerikanischen Wirtschaftsraum gilt die Bezahlung von <u>Schmiergeldern</u> als eine Verletzung des ethischen Credos der Unternehmungsführung. Damit möchten wir zwar nicht die Behauptung aufstellen, dass dieses Credo bei uns von industrieller wie auch von gewerblicher Seite her nicht verletzt werde. Die Käuflichkeit, die Korruption, oder eben die Bezahlung von Schmiergeldern wird zweifellos offen bekämpft, auch wenn sie hinter der hohlen Hand als eine geschäftsfördernde Methodik gehandhabt wird.

Ganz anders ist es im Grossraum des Indischen Ozeans, in Südamerika oder in Osteuropa. Wer nicht schmiert, versteht nichts vom Geschäft. Die Korruption ist in weitesten Kreisen eine Selbstverständlichkeit. Ohne Korruption werden überhaupt keine Geschäfte gemacht. Das Feilschen, das Belohnen der Geschäftsbeziehungen ist ein Teil des Geschäfts. Möglicherweise spricht man dann von Korruption, wenn bei diesen Methoden zu grosse Summen mitspielen. Die Abgrenzung, was ethisch durchaus erlaubt und was ethisch nicht mehr erlaubt ist, dürfte sehr schwierig sein. Wenn also ein schweizerischer Geschäftsmann in der Schweiz mit Schmiergeldern operiert, verletzt er die ethischen Grundprinzipien. Wenn der selbe Geschäftsmann auf den Philippinen, in Brasilien, Saudiarabien oder Polen mit Hilfe von Schmiergeldern Geschäfte tätigt, dann verletzt er die Spielregeln nicht. Wenn er darauf verzichtet, macht er dort überhaupt keine Geschäfte. Wer masst sich hier an, die ethischen Massstäbe zu setzen?

Es gibt neben dieser "Makro-Betrachtung" auch noch eine solche, die sich auf Menschen bezieht. Ich weiss etliche Fälle, wo Mitarbeiter zur Annahme von Schmiergeldern verführt und nachher erpresst wurden und am Ende ihre Stelle verloren. In der "Mikro-Betrachtung" ist es auch gar nicht einfach festzulegen, wo Dank, Anerkennung und Freundschaft aufhören und wo die Bestechung beginnt. Wer ist bereit, hier den Richter zu spielen?

Ein sehr einfaches Beispiel unterschiedlicher ethischer Betrachtung ist die Gültigkeit einer Abmachung. In der Steigerungsform: das Wort - der Handschlag - ein klares Vertragswerk - ein "raffiniertes" Vertragswerk, mit dem man durch einige Schachzüge eventuell aus einer eingegangenen Verpflichtung wieder heraus kann. Letzteres ist sicher ethisch anrüchig. Für mich ist das Wort gültig. Hat man sich aber richtig verstanden? Sollte die Sache nicht noch unmissverständlich schriftlich festgehalten werden? Ich ziehe oft eine schriftliche Formulierung vor aus Rücksichtsnahme gegenüber dem Partner, um festzustellen, ob man sich verstanden habe.

Ich habe lange in ländlichen Verhältnissen in einem kleinen Dorf gelebt, wo man es als ausgesprochen störend empfand, mündlich Vereinbartes schriftlich zu untermauern, es erregt sogar Misstrauen. Im Geschäftsverkehr werden sehr oft Aktennotizen gemacht, ohne dass damit ein Misstrauen zum Ausdruck kommen soll. Es sind so viele verschiedenartige Geschäftsfälle vorhanden, dass man glaubt, es sei, um sich besser daran zu erinnern und um seine Abmachungen einhalten zu können, eben notwendig den Tatbestand schriftlich festzuhalten. Man kann das Schriftstück dann wieder hervornehmen und sich wieder in die Sache hineindenken, sofern es nötig ist. Das Schriftstück ist dann ein Instrument der Arbeitsrationalisierung und der Versachlichung.

Nun gibt es oft auch umgekehrte Gründe, etwas schriftlich festzuhalten. Man kennt den Partner als "Schlitzohr" und weiss, dass er sich gerne nicht mehr an etwas erinnert. Es gibt aber hier nicht nur Unterschiede zwischen Dorf und Geschäftsteil, sondern eben auch zwischen Ländern und Kulturen.

Eine andere Konfliktzone ist die Erhaltung von Arbeitsplätzen. Man kauft als freier Bürger das Auto seiner Wahl, z.B. ein Produkt aus Japan. Gleichzeitig steigt man auf die Barrikaden, wenn eine europäische Automobilfabrik Personal entlässt. Nun gibt es für ein Land, das stark vom Aussenhandel abhängig ist, auch treffende Argumente: wenn wir Japan nichts abkaufen, so kauft Japan uns auch nichts ab. Ein Konflikt zwischen Sozialethik und globaler Wirtschaft.

Wenn wir die Ehtik im engeren Beziehungskreis der Unternehmung betrachten, so sind es letztlich Beziehungen zwischen Menschen. Dies trifft auch für die Beziehung zum Kunden zu, die nach unserer Auffassung zum engeren Kreis gehört; denn ohne Kunden keine Unternehmung und ohne Unternehmung keine Arbeitsplätze.

Ein völlig anderes Bild ergibt die Betrachtung des Umfeldes der Unternehmung, hier dominiert die Anonymität. Wir können auch von den Rahmenbedingungen der Unternehmungsführung sprechen, den binnen- und den aussenwirtschaftlichen. Bei den aussenwirtschaftlichen sind der Markt, aber auch Wettbewerbsverzerrungen durch Handelsmanipulationen (Protektionismus und Subventionisumus) sowie Standortunterschiede die grossen Probleme. Bei den binnenwirtschaftlichen dominieren die institutionellen Rahmenbedingungen. Diese können zum Nutzen oder Schaden der Unternehmung ausgelegt sein. Sie kosten etwas und belasten die Rechnung der Unternehmung.

Die ethische Problematik besteht darin, dass sie im Gegensatz zu den engen Beziehungskreisen anonym sind. Sie sind auch zwangsläufig generell ausgelegt. Auf die besondere Lage der Unternehmung nehmen sie nicht Rücksicht, weil dies kaum möglich ist. Hier entsteht wiederum ein Konflikt. Der Unternehmer hat Verantwortung für sein Umfeld zu tragen; eine spezielle Unternehmung, ein spezielles Umfeld. Niemand trägt indessen Verantwortung für die speziellen Probleme seiner Unternehmung. Wenn die Rahmenbedingungen für die Unternehmung existenzgefährdend sind, hat der Unternehmer Verantwortung für negative Einflüsse zu tragen, die ausserhalb seines Einflussbereiches sind. Hier besteht wiederum eine ethische Konfliktzone.

Wir haben am Anfang auf unterschiedliche Mentalitäten und unterschiedliche Kulturkreise hingewiesen. Neben religiösen Grundauf-auffassungen sind dafür auch Wertvorstellungen massgebend. Wir wissen, dass sich diese über den Zeitmassstab gesehen, wandeln. Wir können dies auch bei der Betrachtung der Beziehungsgruppen der Unternehmung erkennen. Spätestens seit dem 2. Weltkrieg ist der Wandel in der Gewichtung der Umfeldbeziehungen der Unternehmung am grössten und der Wandel zu den Beziehungen zum Kapital am kleinsten.

Der Wandel besteht nicht nur im Phänomen Technik. Auch im Markt ist der Wandel gewaltig. Vom Regionalen zum Nationalen, von der Volkswirtschaft zur Weltwirtschaft. Auch der Wandel in der Menschenführung ist beträchtlich, die Abkehr von der gottgegebenen Autorität spürt nicht nur die Kirche, sondern auch der Unternehmungsführer. Führungsautorität muss heute und noch mehr morgen durch Verhalten erobert werden. In der Arbeitswelt sind grosse Veränderungen seit längerer Zeit im Gang, die sich aber immer umfassender auswirken. Starke Triebfedern sind veränderte Wertvorstellungen. Der heutige Mensch sucht grössere Freiheitsgrade, nicht nur in der Unternehmung, sondern auch von anderen Gesellschaftsgruppen, z.B. vom Staat.

Denken wir auch an die heutige Rolle der Medien, d.h. der Information. Sie ist sicher in 10 Jahren anders, aber auch anders als vor 20 Jahren.

Was wollten wir mit diesen Überlegungen aufzeigen? Zweierlei: Einmal der Hinweis, dass die Unternehmung ein komplexer kybernetischer Regelprozess ist, bei dem monokausale Betrachtungen zu keinen Problemlösungen führen. Unternehmungsführung ist eine interdisziplinäre Aufgabe. Sie muss sich in vielen Fällen mit der Welt und damit unterschiedlichen Bewertungen auseinandersetzen.

Zum zweiten wird die Führung der Unternehmung vom Wertewandel beeinflusst. Wir sind zwar persönlich überzeugt, dass es eine unverrückbare Grundwahrheit gibt. Die Frage nach der Wahrheit stellte sich im Jahre 1000 gleich wie sie sich im Jahre 2000 stellen wird. Aber es gibt bei der Ethik auch Fragen der Abgrenzung des Begriffs und es gibt Grauzonen, in denen der Wertewandel eine Rolle spielt, ob uns dies angenehm ist oder nicht.

Nach meiner Auffassung handelt der Unternehmer dann ethisch verantwortlich, wenn es ihm gelingt, zu seinen vier Beziehungs- und Verantwortungsgruppen eine ausgewogene Beziehung herzustellen:

Produkt-Markt-Kunde
Mensch
Kapital
und
Umfeld.

**Isoliert betrachtet sind alle vier Gesichtspunkte** letztlich **sinnleer, weil eine Unternehmung nur in der Kombination** aller vier **Gesichtspunkte überhaupt existent ist.**

Volkswirtschaftlich ist eine Unternehmung ein Instrument, das Marktleistungen für Dritte erbringt.

Betriebswirtschaftlich kann eine Unternehmung auf die Dauer nur existieren, wenn sie Geld verdient.

Gesellschaftspolitisch ist eine Unternehmung ein Instrument, das Arbeitsplätze schafft.

Ökologisch ist eine Unternehmung Teil eines grossen Ganzen, dessen Interesse sie bei ihrem Handeln mitberücksichtigen muss.

Staatspolitisch ist eine Unternehmung
Empfängerin von Leistungen z.B.
Ausbildung
Erbringerin von Leistungen
z.B. Steuern

Wenn die Kosten-Nutzen-Rechnung nicht aufgeht, müssen einer oder beide zurückstecken. Es sei erinnert, dass beide, Staat wie Unternehmung, nur Mittel zum Zweck und nicht Selbstzweck sind.

Eine (privatwirtschaftliche) Unternehmung ist also weder ein Instrument, um Geld zu verdienen, noch ein Instrument, um Arbeitsplätze zu schaffen oder den Staat mit Geld zu versorgen, noch ist die Unternehmung isoliert betrachtet ein Instrument der Marktleistung. Sie ist ein komplexes interdisziplinäres kybernetisches offenes Regelsystem. Entsprechend komplex ist die ethische Problematik.

Mit programmatischen Erklärungen kann dieses Problem nicht vereinfacht werden. Dies soll zwar das unermüdliche Bestreben nach der Durchsetzung der Grundwahrheiten nicht beeinträchtigen. Die Rolle der Ethik in der Unternehmungsführung ist damit gleichzeitig sehr einfach und sehr komplex. Wir tun gut daran, wenigstens beim Einfachen nicht zu versagen.

# Buchbesprechung

Arthur Rich: Wirtschaftsethik, Grundlagen in theologischer Perspektive

Gütersloh (Gütersloher Verlagshaus Gerd Mohn) 1984, 224 Seiten

Nach einer Tätigkeit zuerst in der Seelsorge und dann, als Direktor des Lehrerseminars des Kantons Schaffhausen, in der Erziehung, bekleidete Arthur Rich von 1954 bis 1976 den Lehrstuhl für Systematische Theologie der Universität Zürich. In seiner Lehr- und Forschungstätigkeit erhielt die Sozial- und Wirtschaftsethik einen immer höheren Stellenwert. Rich hat sich insbesondere in die Frage der Mitbestimmung der Arbeitnehmer in der Unternehmung vertieft, für welche er mit Überzeugung eintrat. Im Jahre 1964 erfolgte auf seine Anregung die Gründung des Instituts für Sozialethik an der Universität Zürich, das er bis zu seiner Emeritierung leitete. Im Jahre 1985 verlieh ihm die Hochschule St. Gallen in Anerkennung der durch seine Forschung errichteten Bausteine einer Wirtschaftsethik die Würde eines Ehrendoktors.

Auf Grund seines gesamten bisherigen Wirkens war Arthur Rich besonders berufen, an die schwierige Aufgabe einer systematischen Darstellung der diesen Teilzweig der Ethik bestimmenden Probleme heranzutreten. Der erste der beiden vorgesehenen Bände eines diesem Zweck dienenden Werkes liegt seit zwei Jahren vor. In ihm strebt Arthur Rich eine Aufzeigung der Grunderkenntnisse an, auf welche die Durchdringung der ethischen Probleme der Wirtschaft und des Wirtschaftens aufzubauen hat. Er gewinnt sie aus dem Ganzen der in der allgemeinen Ethik entwickelten Betrachtungsweisen und der ihnen entsprungenen inhaltlichen Aussagen. Sein Buch bietet einen entsprechenden Gesamtüberblick, der von der beschreibenden bis zur normativen und Metaethik reicht, von den Lehrmeinungen des Naturrechts bis zu John Rawls Gerechtigkeitslehre, von der Pflichtethik Kants bis zur Verantwortungsethik Max Webers, vom Utilitarismus bis zur normativen Sozialwissenschaft Gerhard Weissers, vom kritischen Rationalismus bis zur kritischen Theorie der Frankfurter Schule. Trotz der Gedrängtheit und Dichte der Darstellung gelingt es Rich dank der Klarheit der Gedankenführung und seiner Ausrichtung auf das Wesentliche eine leicht verständliche Gesamtschau zu vermitteln, welche eine vorzügliche Einführung in die allgemeine Ethik bietet.

Die Ethik hat es nach Rich mit viererlei Grundbeziehungen des Menschen zu tun:

1. jener zu seinem Selbst in der Individualethik,
2. jener zum Du des andern Menschen in der Personalethik,
3. jener zu der ihn umschliessenden Natur in der Umweltethik,
4. jener zu den kulturell geschaffenen Institutionen, von denen alle drei erwähnten Bereiche erfasst werden, in der Sozialethik.

Wirtschaften geschieht in strukturierten Gebilden. Die Wirtschaftsethik erweist sich daher als Teil der Sozialethik.

Richs Hauptanliegen in diesem ersten Band seines Werkes besteht in der Aufweisung eines Weges, um zu widerspruchslosen und anwendbaren Sollensaussagen über das Verhalten in der Wirtschaft zu gelangen. Er bleibt bei dieser methodologischen Frage stehen und verweist alle inhaltlichen Aussagen in den geplanten zweiten Band. In dieser noch vorwiegend formalen Schau decken sich Wirtschafts- und Sozialethik, so dass er eine Grundlegung der letzten als Ganzes herleitet.

Seine Sicht ist dabei jene des gläubigen evangelischen Christen und entspringt daher einer theologischen Betrachtung. Sie tritt aber nicht als ein mit dem Anspruch unbedingter Geltung auf Grund übernatürlicher transzendentaler Erkenntnisse ausgestattetes Aussagensystem hervor. Sie ist vielmehr auf eine argumentative Begründung ihrer Aussagen ausgerichtet, die auch dem auf einem anderen Boden Stehenden zugänglich sein soll. Dadurch öffnet sich Richs Sozialethik - trotz ihrer theologischen Ausgangsgrundlage - dem Gesichtsfeld realwissenschaftlicher Forschung. Es sind vor allem drei seiner Grundüberlegungen, die sich einem autoritären Dogmatismus entgegenstellen, nämlich:

1. Max Weber folgend, verneint er die Möglichkeit einer empirische

Gültigkeit beanspruchenden Begründung ethischer Wertnormen. Eine solche kann auch von religiösen Glaubenserfahrungen nicht erfüllt werden. Diese sind personenbestimmt und zugleich stets in einem geschichtichen Kontext eingebunden. Sie müssen daher für eine Klärung und Überprüfung offen bleiben und können nur in einem vernunftgeleiteten Prozess kommunikationsfähigen Argumentierens vermittelt werden.

2. Die christliche Glaubenserfahrung und die ihr entspringenden Merkmale des Humanen im Sinne des Menschengerechten haben nach ihm ihre Wurzeln im allgemein menschlichen Erlebnisfeld. Sie sind daher dem menschlichen Verstehen zugänglich. Ihre Aufweisung hat sich deshalb diesem gegenüber zu bewähren, ohne auf die Wirklichkeit überschreitenden Bezüge auszuweichen.

3. Die ethischen Sollensforderungen beziehen sich auf die Lebenswirklichkeit und müssen daher den sie bestimmenden Gegebenheiten Rechnung tragen. Sie sind deshalb nicht nur der Forderung des Menschengerechten, sondern auch jener des Sachgemässen zu unterstellen.

Rich unterscheidet drei Ebenen der sozialethischen Argumentation:

1. Die Ethik ist Ausfluss des menschlichen Daseinsbezugs. Für den Christen ist dieser durch die zu Gott führende Grunderfahrung von Glauben, Hoffnung, Liebe bestimmt. Nach Rich ist sie auch dem Erleben des Nichtchristen zugänglich: Glauben als Vertrauen in das Leben, Hoffnung als solches in die Zukunft und Liebe als beides verbindende, bejahende Erfahrung. Ohne sie ist eine Zuwendung zum Sein in der Welt nicht möglich. Rich sieht in diesen drei Erfahrungsinhalten unabdingbare Voraussetzungen menschlicher Existenz. Ihre Aufweisung stellt die erste Ebene seines sozialethischen Ansatzes dar.

2. Die zweite Ebene besteht in der Ableitung von Kriterien des Menschengerechten im Sinne solcher, die mit der menschlichen Daseinserfahrung aus Glauben, Hoffnung und Liebe im Einklang stehen. Der Standort, von dem Rich dabei ausgeht, ist der religiöse Sozialismus, der sich aber bei ihm durch kritische Re-

zeption von Anstössen vor allem der Theologie Barths und Brunners entscheidend modifiziert. Diese Theologie setzt in den Mittelpunkt ihrer Betrachtung die der christlichen Heilserwartung entsprechende zur Vollkommenheit entfaltete von Gott gewollte Lebensordnung des Letzten, des Eschaton. Ihr gegenüber erweist sich die tatsächlich bestehende Ordnung als verfallen. Das dieser Sicht auf zwei Welten entspringende Spannungsverhältnis findet in Richs existential-ontologischem Ansatz dadurch eine Lösung, dass das Bestehende - das Vorletzte - in seiner Tatsächlichkeit hingenommen, die Existenz in ihm aber dem Anruf des Letzen, des Eschaton, unterstellt wird und auf Grund der von ihm abgeleiteten Kriterien zu prüfen hat, wie das Menschengerechte in ihm wirksam werden kann. Dadurch wird aber die wirkliche, empirisch erfassbare Welt und nicht etwa die transzendentale, eschatologische Ordnung zum Gegenstand ethischen Urteilens. Die dazu anzuwendenden Kriterien sind auf diesen Gegenstand abzustimmen. Da es um Menschengerechtes geht, sind sie - wie die Grunderfahrung, der sie entspringen - menschlichem vernunftgeleiteten Verstehen zugänglich. Rich unterscheidet deren sieben. Da mit Wandlungen ihres Gegenstandes - der Lebenswirklichkeit - auch bei ihnen Veränderungen eintreten müssen, bilden sie ein offenes System.

3. Diese sozialethischen Kriterien geben Gesichtspunkte ab zur Beurteilung, ob ein Sachverhalt dem Menschengerechten entspricht oder nicht. Hingegen vermögen sie nicht aufzuweisen, wie die ethischen Zielsetzungen verwirklicht werden können. Die komplexen Strukturen und Prozesse der Gesellschaft und Wirtschaft, die sie zum Gegenstand haben, werden durch die Bedingungen der Situation in der Wirklichkeit bestimmt, in welcher sie eingebettet sind. Diesen Bedingungen ist daher bei allen Gestaltungsmassnahmen Rechnung zu tragen. Das Menschengerechte kann nur im Rahmen des Sachgemässen verwirklicht werden. Dies hat durch die Erarbeitung von Handlungsrichtlinien in Maximen zu geschehen, welche die dritte Ebene von Richs Ansatz darstellen. In sie geht einerseits der normative Gehalt des Menschengerechten und anderseits der kognitive Gehalt der von ihnen jeweils erfassten Sachverhalte ein. In ihnen wird auf diesem Wege die Brücke zwischen normativer Ethik und Realwissenschaft

geschlagen. Sie unterstehen der Voraussetzung, dass sich dem von ihnen gebotenen Handeln keine unbeeinflussbaren Bedingungen entgegenstellen, in welchem Fall sie aufgegeben werden müssen. Gerade wirtschaftliches Handeln kann auf Grund der Knappheit der seinen Gegenstand abgebenden Güter in Sachverhalte dieser Art eingebunden sein. Als solche gelten aber nicht Bedingungen, welche auf menschliche Willensentscheidungen zurückzuführen sind, und zwar selbst dann nicht, wenn sie unvorhergesehenen zwangsweise auftretenden Wirkungen des Handelns entspringen; denn dieses Handeln hat auch solche Folgen zu verantworten. Anderseits ist die Durchführbarkeit einer Handlung noch kein hinreichender Grund für ihre ethische Rechtfertigung. Diese erfordert stets, dass ihre Wirkungen dem Menschengerechten genügen.

Aus dem vorläufigen Plan des zweiten Bandes wird ersichtlich, dass die in der Theorie entworfenen und die in der Praxis gestalteten Formen der Wirtschaftsordnung den Schwerpunkt von Richs Untersuchung abgeben werden. In ihnen treten ohne Zweifel die erheblichsten Rahmenbedingungen wirtschaftlichen Handelns hervor. Sicherlich wird zu dieser makroökonomischen Sicht bei der Behandlung der wirtschaftlichen Sinnfrage und der Probleme der heutigen Industriewirtschaft auch die mikroökonomische, einzelwirtschaftliche hinzutreten. Dennoch erhebt sich die Frage, ob zu einer vollständigen Auslotung des ethischen Problemfeldes der Wirtschaft nicht ein gesonderter dritter Band erwünscht wäre, in dessen Mittelpunkt die Unternehmungsethik gestellt würde. Für eine solche hat Rich schon wichtige Grundlagen in seinen bisherigen Veröffentlichungen, insbesondere in seinem Buch über die Mitbestimmungsfrage erarbeitet, deren Vertiefung und systematische Ausweitung besonders erwünscht wären.

Welche Fortsetzung der vorliegende erste Teil seiner Wirtschaftsethik auch finden wird, ist es sicher, dass Rich in ihm einen Markstein von wegweisender Bedeutung für die Auseinandersetzung mit dem von ihm seit mehr als drei Jahrzehnten bearbeiteten Problemfeld gesetzt hat.

Charles Lattmann